Sport Project Management

{体育学教学与实践丛书}

- 2016年度教育部人文社会科学研究青年基金项目"基于多维视角的体育社会组织绩效评价体系研究"（项目编号16YJC890005）阶段性研究成果
- 2014年度湖北省教育厅科学技术研究项目计划"创新驱动下湖北省体育科技与体育产业协同发展研究"（项目编号Q20144103）阶段性研究成果

体育项目管理

董芹芹 ◇ 编著

中国·武汉

内 容 提 要

本书参照项目管理的流程,系统地介绍了项目管理的理论知识和实践操作,以 PMBOK 的知识框架为基础,系统、详细地介绍了项目管理过程中涉及的各种活动,融项目管理知识体系介绍和操作能力培养为一体。书中采用循序渐进的方法,将项目管理过程按时间顺序归为五大基本管理活动、九大知识体系,深入浅出地讲解了项目管理每个过程、每个知识体系的概念、方法和技巧,将项目管理的理论结合体育管理实践,归纳出体育项目管理的特点与规律;凸显项目管理在体育领域主要项目中的应用。书中还分析了项目管理中常见的典型问题,并在每章的末尾对该章的要点进行了总结回顾。本书内容系统、知识全面、通俗易懂,结合案例分析,具有很好的知识性和操作性,适于全国普通高等体育院校、高师体育院系硕士研究生及本、专科学生专修、选修使用,亦可作为体育专业成教人员及体育干部培训教材,同时还可作为体育教师的教学用书以及体育行政管理人员的工作参考用书。

图书在版编目(CIP)数据

  体育项目管理/董芹芹编著.—武汉:华中科技大学出版社,2018.2
  (体育学教学与实践丛书)
  ISBN 978-7-5680-2584-3

  Ⅰ.①体… Ⅱ.①董… Ⅲ.①体育项目-项目管理-高等学校-教材 Ⅳ.①G808.22

  中国版本图书馆 CIP 数据核字(2017)第 036048 号

体育项目管理   董芹芹 编著
Tiyu Xiangmu Guanli

策划编辑:周晓方 杨 玲	封面设计:原色设计
责任编辑:苏克超	责任校对:张会军
责任监印:周治超	

出版发行:华中科技大学出版社(中国·武汉)   电话:(027)81321913
     武汉市东湖新技术开发区华工科技园   邮编:430223
录　　排:华中科技大学惠友文印中心
印　　刷:武汉华工鑫宏印务有限公司
开　　本:710mm×1000mm　1/16
印　　张:23.25　插页:2
字　　数:405 千字
版　　次:2018 年 2 月第 1 版第 1 次印刷
定　　价:58.00 元

本书若有印装质量问题,请向出版社营销中心调换
全国免费服务热线:400-6679-118 竭诚为您服务
版权所有 侵权必究

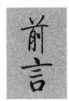

Preface 前言

项目管理作为一项成熟的管理技术在国际上的许多行业被广泛运用,但在中国的体育活动中,项目管理的运用还处于非常初级的起步阶段。随着越来越多的大型体育活动落户中国,我们急需一种科学有效的管理手段来运作、组织这些活动。由于体育活动具有过程性、一次性、独特性、目标确定性、组织的临时性和开放性、不确定性和风险性的特点,所以项目管理的方法可以适用于大型体育活动。

国内目前介绍项目管理知识的相关书籍大致有四种类型:①面向工程项目管理的教材,这类书籍比较成熟,使用历史较长;②翻译书籍,大多是直接翻译国外教材和著作,这类教材是国内读者直接了解国外大学项目管理教育内容的一个重要途径;③外国原版教材,大多是直接影印国外原版教材,是国内大学开设双语教学的一种工具;④国内学者在借鉴国外教材和著作的基础上整理而成的教材,大多按照PMBOK(项目管理知识体系)把各类相关知识进行整合。

体育活动的开展与项目运作密不可分,对体育院校的学生来说,"体育项目管理"是一门相当重要的课程,对于培养学生的项目组织和项目管理能力具有十分重要的作用。本书在充分研究体育项目特点和群体案例的基础上,有针对性地总结出适合于体育院校学生的"体育项目管理"教学内容和方法,将项目管理的理论结合体育项目管理实践,归纳出体育项目管理的特点与规律,凸显项目管理在体育领域主要项目中的应用。

作者
2017年2月

Contents 目录

第一章 项目及项目管理基础

- 1/ 第一节 什么是项目
- 9/ 第二节 项目的生命周期
- 15/ 第三节 项目利益相关者
- 21/ 第四节 什么是项目管理
- 31/ 第五节 项目管理的产生及其发展
- 35/ 第六节 项目管理知识体系

第二章 项目组织

- 45/ 第一节 项目组织的概念
- 46/ 第二节 项目组织的类型及其优缺点
- 55/ 第三节 项目组织结构的设计

第三章 项目经理与项目团队

- 65/ 第一节 项目管理领域中的核心概念
- 67/ 第二节 项目经理的角色定位
- 70/ 第三节 项目团队的建立和发展
- 75/ 第四节 项目人力资源管理

78/	第五节	项目人力资源的形成
84/	第六节	项目人力资源绩效管理
95/	第七节	项目人力资源的培训与开发

98　第四章　项目启动与项目评估

98/　第一节　项目需求
99/　第二节　项目目标
100/　第三节　项目论证与评估

127　第五章　项目范围管理

128/　第一节　项目范围管理概述
130/　第二节　项目范围规划
133/　第三节　项目范围的定义
137/　第四节　制作工作分解结构
141/　第五节　项目范围核实
143/　第六节　项目范围控制

151　第六章　项目进度管理

152/　第一节　项目进度计划的编制
170/　第二节　项目进度计划的执行及其动态监测
176/　第三节　项目进度控制
179/　第四节　项目进度更新

186　第七章　项目成本管理

187/　第一节　项目资源计划

191/ 第二节 项目成本估算
195/ 第三节 项目成本预算
204/ 第四节 项目成本控制

213 第八章 项目质量管理

213/ 第一节 项目质量管理及其管理体系
219/ 第二节 项目质量规划
225/ 第三节 项目质量保证
228/ 第四节 项目质量控制

235 第九章 项目冲突与沟通管理

235/ 第一节 认识项目冲突
239/ 第二节 项目沟通及其管理
250/ 第三节 面对冲突的项目沟通管理

255 第十章 项目采购与合同管理

256/ 第一节 采购管理概述
266/ 第二节 工程项目采购
270/ 第三节 货物采购
272/ 第四节 咨询服务采购
275/ 第五节 合同管理

283 第十一章 项目的风险管理

284/ 第一节 项目风险与风险管理
289/ 第二节 项目风险管理规划

294/ 第三节 项目风险识别
302/ 第四节 项目风险分析
307/ 第五节 项目风险应对规划
311/ 第六节 项目风险监控
315/ 第七节 专题：大型体育赛事的项目风险管理

331 第十二章 项目后评价

331/ 第一节 项目后评价概述
340/ 第二节 项目后评价的程序和方法
348/ 第三节 世界银行项目后评价模式简介
350/ 第四节 项目后评价的成果——后评价报告

358 第十三章 项目管理职业资格认证

363 参考文献

第一章

项目及项目管理基础

主要内容

- 什么是项目
- 项目利益相关者
- 项目管理的产生及其发展
- 项目的生命周期
- 什么是项目管理
- 项目管理知识体系

> 在当今社会中,一切都是项目,一切都将成为项目。
> ——Paul Grace(美国项目管理专业资质认证委员会主席)

第一节 什么是项目

一、项目的定义

从人类开始有组织的活动起,就一直执行着各种规模的"项目":史前人

类的围猎是人类历史上最早的项目;中国的古长城、埃及的金字塔是古代较大型、较复杂的项目;美国的"曼哈顿计划""阿波罗登月计划"以及中国的原子弹、氢弹"两弹计划"是近代较成功的项目;三峡工程、英法海底隧道、香港新机场等是现代项目管理的绝佳范例。项目无处不在,建设桥梁、房屋、铁路、公路或其他建筑是项目;安装一条新的生产线是项目;开发一种新产品是项目;制订一个新的营销计划是项目;修建新的体育场馆、举办体育赛事、策划体育赞助活动、组织体育旅游活动等也都是项目。在日常生活中,我们也被各种项目所淹没,房屋装修、修理水龙头、组织野餐、养育孩子、撰写书稿等等,都是项目。正如美国项目管理专业资质认证委员会主席 Paul Grace 所讲:"在当今社会中,一切都是项目,一切都将成为项目。"

项目来源于人类有组织的活动的分化。人类有组织的活动随着人类的发展逐步分化为两类:一是连续不断、周而复始的活动,人们称之为"作业或动作"(Operation),如企业日常生产产品的活动;二是临时性、一次性的活动,人们称之为"项目"(Projects),如企业的技术改造活动、一项环保工程的实施、大型体育赛事等。

什么是项目?项目的差别是如此之大,以至于很难对其进行界定。让我们来回顾一下国内外研究项目的学者所提供的一些定义。

Graham(1985)的定义为:一个项目是一组人员和其他资源临时被集合起来去完成一个明确目标,该目标通常具有一个固定的预算和一个固定的时期。

Buchanan 和 Boddy(1992)的定义为:项目具有开端和结局,是人们在成本、进度和质量等参数范围内为达到既定目标而实施的一种独特事业。

Gray(1994)的定义为:一个项目有专门的资源,一个专一的责任点,资源和可交付物品移动的清楚界限,有限的持续时间,它是一件一次性的工作任务,并具有目标。它是组织工作的一种有用方式。如果没有有意的介入,项目就不会自动产生。

美国项目管理协会(PMI)(2004)的定义为:项目是为完成某一独特的产品、服务或任务所做的一次性努力。

项目的定义真可谓五花八门,但其内涵和特征是一致的,项目所具有的以下特性说明了项目与其他活动的区别。

一个项目就是一次独一无二的冒险。在一定程度上,项目与项目之间没有重复性,每一个项目都有其独自的特点。

项目有一个明确的目标(目的)。项目工作追求一个特定的、可能实现的目标,目标贯穿项目工作的始终,所有的项目工作都围绕这个目标进行。

项目都有客户。客户是提供必要的资金,以达成目标的实体,它可能是一个人、一个或多个组织、一个团队或政府。客户不仅包括目标资助人,而且包括其他利害关系方,项目目标可简单地表达为使客户满意。

项目包含一定的不确定性。项目开始时会在一定的假定和预算基础上进行时间、成本、质量的估计,假定和预算存在一定程度的不确定性,从而带来了项目目标的实现的不确定性。另一方面项目不像其他事情可以试做,失败了可以重来,项目后果的不可挽回决定了项目具有较大的不确定性。

项目需要资源。无论是简单还是复杂的项目,都需要消耗资源,都要受到人力、财力、物力的限制。

项目的生命期是有限的。项目是一种临时性的任务,它要在有限的期限内完成,当项目的基本目标达到时就意味着项目已经寿终正寝,尽管项目所建成的目标也许刚刚开始发挥作用。

项目要经过一系列相互关联的任务。项目的复杂性是固有的,必须完成多个任务,而且这些任务是相互关联的,前期任务未完成,后面的任务就无法启动。如果这些任务不能协调地进行,就不能实现整个项目的目标。

项目组织具有临时性和开放性。项目往往需要临时组建一个班子去实现,一旦项目完成,班子就会解散。参与项目的组织往往有多个,它们通过合同、协议或其他的社会联系组合在一起,项目组织没有严格的界限。

综上所述,我们可以为项目下这样一个定义:项目是在限定条件下,为实现特定目标而执行的一次性任务。这个定义包括以下三层含义。

(1) 项目是一项有待完成的任务,有特定的环境与要求。这一点明确了项目自身的动态概念,即项目是指一个过程,而不是指过程终结后所形成的成果。例如,人们把一个新图书馆的建设过程称为一个项目,而不把新图书馆本身称为一个项目。

(2) 项目必须在一定的组织机构内,利用有限的资源(人力、财力、物力等)在规定的时间内完成任务,任何项目的实施都会受到一定的条件约束。在众多的约束条件中,质量、进度、费用是项目普遍存在的三个主要约束条件。

(3) 项目任务必须要满足一定性能、质量、数量、技术指标的要求。这是项目能否实现,能否交付用户的必备条件。功能的实现、质量的可靠、数量的饱满、技术指标的稳定,是任何可交付项目必须满足的要求,项目合同对于这些均具有严格的要求。

二、项目的特征及属性

(一) 项目的特征

通过对项目定义的理解和认识,可以归纳出项目作为一类特殊的活动(任务)所表现出来的区别于其他活动的特征。

1. 项目的一次性

项目是一次性任务。一次性是项目区别于其他活动(任务)的基本特征。这意味着每一个项目都有特殊性,不存在两个完全相同的项目。项目的特殊性可能表现在项目的目标、环境、条件、组织、过程等诸方面,两个目标不同的项目肯定各有其特殊性,即使目标相同的两个项目也各有其特殊性。

2. 项目目标的明确性

人类有组织的活动都有其目的性。项目作为一类特别的活动,更有其明确的目标。从对项目概念的剖析可以看到,项目目标一般由成果性目标与约束性目标组成。其中,成果性目标是项目的来源,也是项目的最终目标。在项目实施过程中,成果性目标被分解成项目的功能性要求,是项目全过程的主导目标;约束性目标通常又称限制条件,是实现成果性目标的客观条件和人为约束的统称,是项目实施过程中必须遵循的条件,是项目管理的主要目标。可见,项目的目标正是成果性目标和约束性目标两者的统一。

3. 项目的整体性

项目是为实现目标而开展的任务的集合,它不是一项项孤立的活动,而是一系列活动有机组合而形成一个完整的过程。强调项目的整体性,也就是强调项目的过程性和系统性。

(二) 项目的属性

以上分析的是项目的外在特征,外在特征应该是其内在属性即项目本身所固有的特性的综合反映。结合项目的概念,项目的属性可归纳为以下六个方面。

1. 唯一性

唯一性又称独特性,这一属性是项目得以从人类有组织的活动中分化出来的根源所在,是项目一次性属性的基础。每个项目都有其特别的地方,没有两个项目会是完全相同的。建设项目通常比开发项目有更多的相同之处，显得更程序化些，但在有风险存在的情况下，项目就其本质而言，不能完全程序化。项目主管之所以被人们强调很重要，是因为他们有许多例外情况要处理。

2. 一次性

由于项目的独特性，项目任务一旦完成，项目即告结束，不会有完全相同的任务重复出现，即项目不会重复，这就是项目的一次性。但项目的一次性属性是对项目整体而言的，它并不排斥在项目中存在着重复性的工作。

3. 多目标性

项目的目标包括成果性目标和约束性目标。在项目实施过程中，成果性目标都是由一系列技术指标来定义的，同时都受到多种条件的约束，其约束性目标往往是多重的。因而，项目具有多目标性。如图 1-1 所示，项目的总目标是多维空间的一个点。

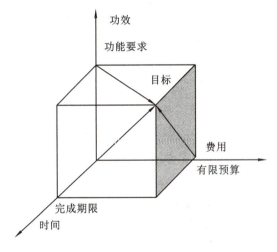

图 1-1　项目的多目标性示意图

4. 周期性

项目是一次性的任务，因而它是有起点也有终点的。任何项目都会经历启动、实施、结束这样一个过程，人们常把这一过程称为"生命周期"。项目的生命周期性还表现为，在项目的全过程中，启动阶段比较缓慢，实施阶段比较快速，而结束阶段又可能比较缓慢的规律。

5. 相互依赖性

项目常与组织中同时进行的其他工作或项目相互作用，但项目总是与项目组织的标准及手头的工作相抵触。组织中各事业部门（行销、财务、制造等）间的相互作用是有规律的，而项目与事业部门之间的冲突则是变化无常的。项目主管应清楚这些冲突并与所有相关部门保持适当联系。

6. 冲突性

项目经理与其他经理相比，生活在一个更具有冲突特征的世界中，项目之间有为资源而与其他项目进行的竞争，有为人员而与其他职能部门进行的竞争。项目组的成员在解决项目问题时，几乎一直是处在资源和领导问题的冲突中。

体育赛事项目的特点

通过对项目管理特点和体育赛事特点的研究可知，体育赛事是一个典型的项目，基本上具有项目所有的一切特点，主要表现在以下几个方面。

（1）过程性。任何一项体育赛事均具有明确的开始、运作和结束过程，这符合作为项目性质的基本特征。体育赛事项目也要涉及启动、计划、实施、控制与收尾这5个基本的过程。

（2）一次性。体育赛事项目有明确的起点和终点，它可以借鉴以往体育赛事项目的运作过程，但由于比赛的主观和客观因素会发生变化，具体情况会有所不同，所以不可以完全照搬先例，也不会有相同的复制。体育比赛的魅力也正是在于其不确定性、不可重复性和不可预测性。因此，一次性是运作体育赛事项目与其他重复运作或操作工作的最大区别。

（3）独特性。每个体育赛事都具有自己的独特性，不同的体育赛事项目本身之间就存在着较大的差异。即使是相同项目的比赛，也会因时间、地点、人物等客观条件和不同的组成因素而存在差异，比如同样是世界杯，可能因为举办地、参赛球队、参赛球员、对阵情况等因素的不同而吸引不同的赞助商去赞助，吸引不同的人群去关注。所以每场体育比赛都是独一无二的。

（4）目标的确定性。体育赛事的管理运作必须有明确的目标，如任务要在规定的时段或规定的时点之前完成，这样才能在赛事期间提供基本的客观比赛环境。如为球员在赛事规定的范围内准时准点地提供良好的比赛服务与支持，为观众提供体育赛事产品及良好的服务，为赞助商提供展示、推销自己产品的平台等其他需满足的要求。

（5）组织的临时性和开放性。运作体育赛事的管理机构在运作过程中，由于涉及很多方面，其人数、成员、职责都是在不断变化的，参与到体育赛事运作的组织往往也有多个，如奥运会这样的大型体育赛事，就要涉及很多部门，它们通过协议或合同等关系组织到一起，在体育赛事运作的不同时段以不同程度介入到运作过程当中。因此，体育赛事运作组织没有严格的边界，具有临时性和开放性。

（6）不确定性和风险性。体育赛事管理因为是一次不可预知的管理活动，所以存在着不确定性和风险性。它不同于其他项目可以试做和重做。体育赛事的运作受到很多客观因素的影响，比如突发的天气因素可能导致体育比赛暂停、延期甚至取消。2008年北京奥运会中，一场在上海进行的女子足球半决赛，就因为突降大暴雨而中断比赛，延时十多分钟后才继续进行。所以体育赛事存在着很大的不确定性和风险性，体育赛事项目管理一旦失败就会成为既成事实，从而永远失去重新运作的机会。

三、项目的组成要素

为了达到预期的目标，项目由以下五个要素构成：

（1）项目的范围；

（2）项目的组织；

（3）项目的质量；

（4）项目的费用；

（5）项目的时间进度。

项目目标五要素中，项目的范围和项目的组织是最基本的，而项目的质量、时间进度、费用可以有所变动。

福琼（Fortune）和彼得斯（Peters）在《从失败中学习：系统解决》一书中指出，失败简单地说是某事出了问题，超越这个简单论断，可以发现失败有四种类型：未达到目标；出现不希望产生的负面效应；设计失败；目标不合适。福琼和彼得斯指出，几乎所有关于失败的论断都是主观的，它们被个人看法、环境以及各种期望所渲染，当项目涉及多个干系人时更是如此。某些人认为是成功的项目，却可能会被另一些人认为是失败的项目。

墨菲（Murphy）等人对650多个项目的研究成果表明：项目成功与否完全取决于项目关键人物对项目的满意度。导致项目失败的原因很多，常见的有

以下几种:
(1) 项目目标定义不当或不切实际;
(2) 上层领导理解和支持不够;
(3) 项目计划不够慎重和完善;
(4) 项目成员角色和责任不明确;
(5) 项目人力资源不足或配置不当;
(6) 项目出现太多不受控制的变化。

项目失败的原因是多方面的,也是复杂的,项目的失败通常是几个原因联合作用的结果。避免项目失败的方法就是要避免发生以上错误,并遵守成功项目的基本准则:

(1) 透彻分析项目目标、获得客户许可并加以准确定义和恰当规划,以方便项目相关人员交流和沟通;
(2) 配备最佳的项目团队成员和适当的资源;
(3) 注重项目成功的三项标准并在项目团队中全面贯彻:准时,项目预算控制在既定范围内,项目得到委托人和用户的赞许;
(4) 项目委托方要主动介入项目活动;
(5) 项目的实施应采用市场运作机制。

四、项目与运营

项目与运营是既有区别,又有联系的。从表1-1可以看出项目与运营有四个方面的区别:首先,它们的目的不同,项目管理的目的是要结束一件工作,而运营则是要更好地维持经营;其次,工作性质不同,项目的工作目标是独特的、创新的、不可重复的,而运营则是重复地做同样的工作,通俗的解释是,项目就是每次都干不同的活,而运营则是每次都干一样的活;再次,工作环境不同,项目的工作环境多是开放的,受内外部的影响因素较多,有较大的风险,而运营多处于人造的、封闭的、相对安全的、风险较小的工作环境中;最后,管理组织不同,项目的组织工作多是临时性的,项目结束就解散了,而运营则是相对稳定和持久的,一般都有常设组织和管理架构。

表1-1 项目与运营的区别

项目(project)	日常运作(operation)
一次性	重复性

续表

项目(project)	日常运作(operation)
有明确的开始和结束时间	相对无时间限制或界限
临时性的组织	稳定的组织
环境易变	环境稳定
资源需求多变	资源需求稳定
运用事先制订的计划来指导	运用标准化的作业指导书来指导
风险不确定	风险相对稳定
效果性	效率性

图 1-2 显示了项目与运营的联系。项目和运营之间并无明显的界线,在某些时候它们甚至会有重叠。也许是时间上的衔接,也许是执行层面上的重合。比如举办一场大型体育赛事,那是项目,比赛结束进入常规的维持,就是运营了。再如开幕式上舞蹈演员的表演,叫作运营,而你去学习一段舞蹈,就叫项目了。

图 1-2 项目与运营的联系

第二节 项目的生命周期

项目从开始到结束,必然要经历的几个不同的阶段,叫作项目的生命周期。对于项目的生命周期,有许多不同的观点。

Joraon 和 Machesky(1990)将其描述为由一系列微型项目组成的一种阶

段性开发生命周期。

Weiss 和 Wysocki(1994)将其描述为界定、计划、组织、执行、完工五个阶段。

美国宾夕法尼亚州立大学技术援助项目主任 Jack Gido(1999)关于项目生命周期的观点为,项目生命周期分为识别需求、提出解决方案、执行项目、结束项目四个阶段。

一、项目生命周期四阶段理论

在关于项目生命周期的各种理论中,项目生命周期四阶段理论被广泛接受。项目生命周期四阶段理论在实际工作中又可根据不同领域或不同方法再进行具体的划分。例如,按照软件开发项目的特点,其项目生命周期可分为需求分析、系统设计、系统开发、系统测试、运行维护五个阶段;按照建筑业的特点,一般将项目分成立项决策、计划和设计、建设、移交和运行等阶段;对于 IT 服务项目来说,厂商看项目是从接到合同开始,到完成规定工作结束,但客户看项目是从确认有需求开始,到使用项目的成果实现商务目标结束,后者生命周期的跨度要比前者大。因为项目的根本目标是满足客户的需求,所以按后者划分比较有益,对项目管理成功也大有帮助。图 1-3 是 Jack Gido 提出的项目生命周期及其资源投入模式。

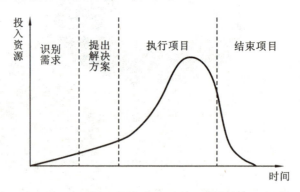

图 1-3　项目生命周期及其资源投入模式

(一) 第一阶段:识别需求

当需求被客户确定时,项目就产生了。项目生命周期的第一阶段就是由客户和项目承约商就客户的需求进行识别,确认客户现实的真实需求和未来的潜在需求,分析投资收益比,研究项目的可行性,以明确项目的目标、产品、服务或要解决的问题,同时分析识别项目面临的各种制约因素。通常的做法是由客户以书面文件的形式明确自己的需求,并向个人、项目团队或组织(项目承约商)征询"需求建议书"(RFP),要求项目承约商提交在成本约束和进度约束下满足客户需求的书面文件,以进一步识别、正确确定客户需求并决定项目是否由其承担。

并非所有的项目都有一个正式的REP,某些项目的这个阶段可由客户单独完成,如在一组单个个体之间召开的会议上,人们通常会很随意地讨论并定义需求,进而确定项目承约商。但对于重要、大型或必须由外部项目团队完成的项目,项目承约商提前介入是非常有利的:一方面可了解客户真正需要什么;另一方面早期的交流可建立良好客户关系,为后续的项目投标和合同奠定基础。

(二) 第二阶段:提出解决方案

项目生命周期的第二阶段主要由各项目承约商向客户提交标书、提出满足客户需求的方案,双方就方案及其目标进一步进行磋商,确定最优方案并与项目承约商签订合同。这个阶段是赢得项目的关键,项目承约商既要展示实力又要合理报价,他们会花大量时间和精力提出解决客户问题、满足客户需求的方案及其所需资源的种类、数量、执行方案所需的时间等,并形成书面文件提交给客户,参与项目执行权的竞争。在客户对多个项目承约商的项目方案书进行评估并选出中标者后,客户和中标商将共同协商签署项目合同或协议,项目承约商开始承担项目责任。

这个阶段容易出的问题是,因看不见最终产品,项目营销人员为了获得项目执行权不惜"随便说",甚至过度承诺(因不用他们去执行),由此会造成客户对项目产生过高的期望值,在项目交付使用时与项目公司发生冲突,导致项目公司的损失。预防的方法是一方面在合同中明确定义项目的目标和工作范围,另一方面在项目公司一层建立合同审核机制。

(三) 第三阶段:执行项目

项目生命周期的第三阶段主要是执行项目方案,从项目公司角度来看,这才是项目的开始。本阶段的内容包括:为细化项目目标,制订详细的工作计划;组建项目团队;协调人力和其他资源,执行项目计划;定期监控项目进展,分析项目偏差,采取必要措施进行偏差纠正;使客户满意于项目任务高质

量地在预算内按时完成,实现项目目标。

在这个阶段,项目监控和纠偏工作与项目目标的实现休戚相关,特别是一些不确定性较大的项目如 IT 项目以及有众多项目同时运行的 IT 公司,项目监控显得非常重要,必须建立全方位、一体化的监控体系跟踪项目的运行状态,否则难以保证项目实现预定目标。

(四) 第四阶段:项目结束

项目生命周期的最后阶段是项目结束阶段,在这个阶段有两个任务:一是项目结束的后续活动,即项目成果的移交与接收、项目款项的清算等;二是项目绩效的评估,一方面确认客户对项目的满意度及项目是否达到客户的期望值,另一方面分析项目缺陷,总结经验教训,总结未来执行项目可资借鉴的经验。项目的评估可以请客户参加,让其表达意见,并争取下一个商业机会,或请求将项目作为成果向其他客户展示。最后,举行庆祝仪式,让项目成员释放心理压力、享受成果。

在上述项目生命周期中存在两次责任转移:第一次在签订合同时,标志着项目成败的责任已经由客户转移给项目承约方;第二次是交付产品时,标志着项目承约方完成任务,开始由客户承担实现项目商务目标的责任。第一次责任转移时清晰定义工作范围非常重要,开始说得越清楚则完工后越容易交回去。如果开始没说清楚也会"皆大欢喜",因为项目承约方觉得"反正没说清楚,到时咱不做";而客户觉得"到时让他们做,当然不会另外加钱了"。而一旦发生这样的情况,客户是占上风的,一是客户可以拒绝付款;二是一个不满的客户会使项目承约商丧失大量商业机会。

 体育赛事项目的生命周期是什么?每个阶段的主要工作内容有哪些?

二、项目生命周期中的重要概念

1994 年,美国 Standish Group 对于 IT 行业 8400 个项目(投资 250 亿美元)的研究结果表明:项目总平均预算超出量为 90%,进度超出量为 120%,项目总数的 33% 既超出预算,又推迟进度,在大公司,有 9% 的项目按预算和进度完成。造成项目周期拖延或费用超出预算的原因很多,但没有好的阶段和里程碑划分无疑是其中最重要的原因。图 1-4 可以形象地说明这一点。

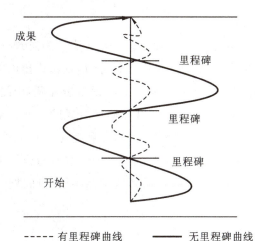

------ 有里程碑曲线　　——— 无里程碑曲线

图 1-4　项目生命周期中的重要概念——里程碑

图 1-4 中,项目的成功需要走很长的路程,从开始到成果完成之间并没有现成的路可走(项目的一次性),如果项目经理追求一步到位而不做阶段划分,因为距离目标太远,难免走不少的弯路还不容易觉察(不好比对)。当感觉到偏离目标的时候再进行校正,已走了很多的弯路,校正后可能又偏离到另外一个方向,同样不易觉察,如此反复,便形成图 1-4 中这条实线的轨迹。如果把项目的实施过程分为若干个阶段,每个阶段都有标志性里程碑,那么,每个阶段都有明确的目标,虽然每个阶段仍免不了走弯路,但由于目标相对较近,不至于绕很大的弯子,这样便形成图 1-4 中虚线的轨迹。显然,这两条轨迹的长度是不相同的,实线比虚线要长出很多。这意味着什么？意味着前者比后者要多花很多费用和时间！意味着项目费用超出预算和进度大大拖延！

做项目的人很容易成为温水里的青蛙,在不知不觉中陷入困境,要时刻警惕近期目标不明的风险。

项目生命周期中有三个与时间相关的重要概念:检查点、里程碑和基线,描述了在什么时候对项目进行什么样的控制。

1. 检查点

在规定的时间间隔内对项目进行检查,比较实际与计划之间的差异,并根据差异进行调整。可将检查点看作是一个固定"采样"时点,而时间间隔根据项目周期长短不同而不同,频度过小会失去意义,频度过大会增加管理成本。常见的间隔是每周一次,项目经理需要召开例会并上交周报。

2. 里程碑

里程碑是完成阶段性工作的标志。里程碑在项目管理中具有重要意义,首先,对一些复杂的项目,需要逐步逼近目标,里程碑产出的中间"交付物"是每一步逼近的结果,也是控制的对象。如果没有里程碑,中间想知道"他们做得怎么样了"是很困难的。其次,可以降低项目风险。通过早期评审可以提前发现需求和设计中的问题,降低后期修改和返工的可能性。另外,还可根据每个阶段产出结果分期确认收入,避免血本无归。最后,一般人在工作时都有"前松后紧"的习惯,而里程碑强制规定在某段时间做什么,从而合理分配工作,细化管理。

3. 基线

基线是指一个(或一组)配置项在项目生命周期的不同时间点上通过正式评审而进入正式受控的一种状态。基线其实是一些重要的里程碑,但相关交付物要通过正式评审并作为后续工作的基准和出发点。基线一旦建立后,变化就要受控制。

三、项目生命周期的特征

综上所述,项目生命周期可以分成识别需求、提出解决方案、执行项目和结束项目四个阶段。项目存在两次责任转移,所以开始前要明确定义工作范围。项目应该在检查点进行检查,比较实际和计划的差异并进行调整;通过设定里程碑渐近目标、增强控制、降低风险;而基线是重要的里程碑,项目交付成果应通过评审并接受控制。项目生命周期的长度从几个星期到几年不等,依项目的内容、规模及复杂程度而定,并且不是所有项目都必然经历项目生命周期的四个阶段。一般来说,当项目在商业环境中执行时,项目生命周期将以更正式、更有内在结构性的方式展开,而当项目由私人或志愿者执行时,则项目生命周期趋向于较随便、不太正式。但无论项目生命周期经历几个阶段,都具有以下几个特征。

1. 项目资源耗费的变动性

项目开始时投入的费用和人力都比较低,随着项目的不断推进,进入项目执行、控制阶段,项目活动数量迅速增加,人力、物力投入水平也急剧增长,达到最高峰,此后项目进入评估、收尾阶段,投入水平随之降低,直至项目终止,投入为零。

2. 项目风险的变动性

项目开始时不确定性和项目风险最高,随着项目任务一项项完成,不确定性因素逐渐减少,项目成功概率随之增加。

3. 项目纠错费用随项目进程的急剧增长性

随着项目的推进,项目变更和纠错的花费将急剧增长,错误发现得越晚,修正的成本将呈现几何级数增长。因此在每一个项目阶段结束时应及时进行总结回顾,尽可能以较小的代价纠正错误,将偏差和错误"扼杀在摇篮里"。

第三节 项目利益相关者

项目当事人是指项目的参与各方。简单项目的当事人也简单,如假日旅行只有自己参与,生日家宴只有主人和客人两方参与。大型、复杂的项目往往有多方面的人参与,例如顾主、投资方、贷款方、承包人、供应商、设计师、监理工程师、咨询顾问等。他们一般是通过合同和协议联系在一起,共同参与项目。所以项目当事人往往就是相应的合同当事人。图1-5是项目参与人之间的联系举例。

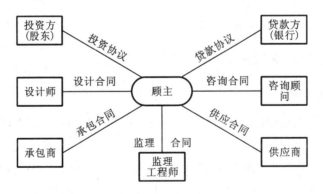

图1-5 项目参与人之间的联系举例

项目利益相关者包括项目当事人和其利益受该项目影响(受益或受损)的个人和组织,也可以把他们称作项目干系人。除了上述的项目当事人外,项目利益相关者还可能包括政府有关部门、社区公众、项目用户、新闻媒体、市场中潜在的竞争对手和合作伙伴等,甚至项目班子成员的家属也应视为项目利益相关者。

项目利益相关者既可能是项目的受益者,也可能是项目的风险承担者,甚至有可能是项目的受害者。项目利益相关者的要求包含明确的和隐含的,也可以分为必需的、想要的、期望的等不同层次。项目不同的干系人对项目有不同的期望和需求,他们关注的目标和重点常常相去甚远。例如,业主也许十分在意时间进度,设计师往往更注重技术,政府部门可能关心税收,附近社区的公众则希望尽量减少不利的环境影响等。

再如政府部门对群众办公的信息系统,上层管理机关往往希望能够采集尽可能多的信息以便对数据进行多种多样的统计分析,并对信息进行有效控制而增加一些审批流程;基层对外办公的窗口则因为办公速度的压力希望减少信息输入;而客户的客户(办事群众)则希望相关政府机构能够简化工作流程,加快办事速度。因此对项目利益相关者的愿望进行平衡可能是相当困难的事情。如果对项目所有干系人没有进行足够的沟通和影响,使其尽可能地参与项目,则可能因为项目开始时项目范围和一些具体要求不够完整清晰,也可能因为某个项目利益相关者后期因为认识的变化而提出新的要求,造成工期的延长,成本的增加,甚至项目的完全失败。因此从项目的启动开始,项目经理及其项目成员就要分清项目利益相关者包含哪些人和组织,他们各自的需求和期望是什么?通过沟通协调对他们的需求和期望进行管理并施加影响,调动其积极因素,化解其消极影响,争取他们对项目的支持,减小他们对项目的阻力,以确保项目获得成功。

一、项目利益相关者构成情况

1. 项目发起人

项目发起人是项目的执行组织(如一个企业)内部或外部的个人机体,他们以现金或实物为项目提供资金、资源,是对项目的获利负有责任的人。项目发起人有时指首先执行项目的人,他可能是客户,但在许多情况下是第三方。一般来说,项目发起人负责保证项目得到合适的预算款项,其计划可以接受,项目组织具有达到要求的结果所需要的资源。发起人这个角色担负着相当大的责任,必须向所有关心项目成功与否的人证明项目的优势。

2. 项目/程序管理小组

这个小组由高级管理人员组成,往往包含项目发起人。小组成员定期会面,对现行项目的状况进行审查。他们选择并提议新的项目,解决主要的问题,并决定组织中哪些项目行动应优先安排。该小组对于跨越职务界限的项目非常重要,可保证大家协调努力,做出决策,并有效地加以实施。

3. 项目经理

项目经理是对保证按时、按预算、按工作范围及按所要求的性能水平完成项目全面负责的人,他从项目开始到结束都要管理日常的项目实施工作。在很多情况下,项目经理的职权很弱,不能完全控制这些过程。

4. 项目小组

项目小组成员负责按时完成所有计划的工作。任何一位小组成员,当被项目经理委任为掌权者,如子项目小组的领导人时,也必须负责一项子工作。小组成员有两种:一种是核心小组成员,一般是以全职身份,或投入大部分精力,在项目实施全过程中始终是项目小组一员的人;另一种是扩展小组成员,在需要其技能与知识时才为项目小组所用,通常在核心小组的严密指导下工作。需要强调的是,每个小组成员必须清楚应该向谁汇报工作。

5. 客户

客户是项目交付成果的使用者。项目中总是要面对多方面的客户,有直接的客户和间接的客户,有内部客户和外部客户,每种客户均有不同的利益。为了定义客户需求,项目小组必须准确理解客户的业务,区分不同客户的需求,并在不同需求之间求得平衡与折中。这是一项艰难的工作,但必须做好,因为实际上,项目的成功和失败就是用是否满足客户需求来定义的。项目经理有责任把自己与客户的关系转变成一种契约的形式,这将明确双方各自应履行的任务和职责。通常,这不是一个由各方签署的正式的契约,而是一个非正式的协议。

6. 其他的与项目有利益关系的组织或个人

一些关键的利益共享者,可能会对项目施加非常大的影响。项目或项目中的某些活动影响到这些人的利益时,他们会采取积极、中立或消极的态度来对待项目。项目管理者应列出在项目实施中对项目的目标、工作内容或进展有影响的、除了项目小组成员之外的所有人,分析和了解他们的立场,并对他们加以管理。

二、不同参与人在项目管理中的角色

在项目中,不同的参与人扮演不同的角色,从不同的角度对项目进行管理。以下对主要方面的参与人,即投资者、经营者(顾主、客户)、设计者和实施者各自对项目的管理予以简要说明。他们除了遵守项目管理的一般原则外,其管理的具体职责、重点,采用的管理技术甚至各自需要管理的项目生命期的内容都会有区别。

1. 投资者对项目的管理

项目投资者通过直接投资、发放贷款、认购股票等各种方式向项目经营者提供项目资金,他们自然要关心项目能否成功,能否盈利或能否收回本息。因此,他们必须对项目进行适当的管理。尽管他们的主要责任在投资决策,其管理的重点在项目启动阶段,采用的主要手段是项目评估,但是投资者要真正取得期望的投资收益,仍需要对项目的整个生命期进行全程监控和管理。

世界银行对贷款项目的管理是一个典型的例子,它把每一笔贷款作为一个项目来管理,把项目生命期分为项目选定、项目准备、项目评估、项目谈判(包括贷款协议的签订)、项目实施(主要是监督和控制贷款的使用)和项目后评价六个阶段。

项目的投资者可以是政府、组织、个人、银行财团或众多的股东(组成股东和董事会),不论是哪一类投资者,都不应放弃或疏于对他们所投资的项目进行管理。

2. 顾主对项目的管理

除了自己投资、自己开发、自己经营的项目之外,多数情况下顾主是指项目最终成果的接收者和经营者;如果它也参与投资的话,将与其他投资者共同拥有项目的最终成果,并从中获取利益和承担风险。顾主应当对项目负有最大的责任。

顾主的管理责任如下。进行项目可行性研究,或审查受委托的咨询公司提交的可行性研究报告,以确立项目。筹集项目资金,包括自有资金和借贷资金(如果需要的话),满足投资方的各种要求,以落实资金来源。组织项目规划和实施,在多数情况下要采购外部资源,进行合同管理。此时顾主通过其项目班子主要承担协调、监督和控制的职责,包括进度控制、成本控制和质量控制等。接受和配合投资方对项目规划和实施阶段的监控。进行项目的验收、接收和其他收尾工作,并将项目最终成果投入运行和经营。与项目的各干系人进行沟通和协调。在必要时,顾主也可以聘请外部的管理公司作为其代理人对项目进行管理。

3. 设计者对项目的管理

项目成果的设计可以由顾主组织内部的成员来做,也可以利用外部资源。无论哪种情况,设计者都要接受并配合顾主对项目的管理,同时还要对设计任务本身进行管理。

由于项目成果设计往往比项目中的其他工作带有更多的创新成分和不确定性,因此在管理方法和技术上也有其不可忽视的特点。

项目成果在设计出来之前,人们并不确切知道其设计成果会是什么样子。因此,顾主的需求和设计任务的目标都不容易表述得十分具体,特别是对设计品质要求的规定往往有相当程度的灵活余地。设计任务的工作量、完成任务所需的时间和费用较难准确估计。设计工作往往是一种反复比较、反复修改的过程,常规网络计划技术(CPM/PERT)的循序渐进规则往往不完全适用,需要有专门的计划技术。

设计工作是一种创造性劳动,在对人力资源的管理中应更加重视设计人员的自我实现和自我成就。对设计成果的评价难以有统一的尺度,往往采用专家打分的方法。

4. 实施者对项目的管理

项目实施必须满足顾主要求达到的项目目标。经过项目的规划和设计,这些目标通常变得更加具体和明确。

项目实施者对项目的管理职责主要是根据项目目标对实施过程的进度、成本和质量进行全面的计划与控制,以及其他相应的管理工作。

项目实施者可以是顾主组织内部的,也可以是外部的。无论哪种情况,实施者都要接受顾主的监督和管理,与顾主保持紧密的沟通和配合。如果实施者在顾主组织外部,为取得项目实施任务,他还要参与顾主的采购过程(如投标、谈判等)。

项目完成后,实施者要接受顾主的验收,做好项目的收尾和移交。

有的时候,项目的实施者同时又是项目的设计者,接受顾主的全面委托。

三、对项目利益相关者的管理

对项目利益相关者的管理,首先需要收集项目利益共享者的信息,分清他们与项目的关系,确认哪些是对项目至关重要的关键利益共享者、哪些是提供资源或解决争议的决策者、哪些是直接影响项目或受项目直接影响的直接影响者、哪些是间接影响者、哪些是观察者,理解他们的需要,才能有针对性地实施管理。

收集每位利益共享者的信息是不现实的,但对项目决策者和有直接影响的关键利益共享者,是必须给予特别关注的。项目经理和项目成员可初步确定项目重要干系人并设身处地地思考他们的兴趣、需要;他们对项目的影响力、组织权及可为项目提供的经验、知识和特殊的技能;他们因项目可能得到收益、损失、妨碍、影响以及任何你可以想到的与项目有关的其他问题。

运用所得到的信息加以适度证实,确认最重要的利益共享者并与他们建立联系,持续在项目的过程中定期或不定期地告知利益共享者感兴趣的项目信息,向他们解释参与的重要性,以调动他们参与项目的积极性,把消极和中立的利益共享者转变为积极、热心的利益共享者,从而帮助项目的实施。

客户和项目发起人是两个最重要的利益共享者,因此必须与他们建立良好的工作关系。一位能发挥作用的发起人可以通过下列行为为项目提供重大帮助:

(1) 对需要高层管理者决策的问题做出快速反应;
(2) 保持组织中某项自己商定的优先权;
(3) 保持项目的方向,以避免项目范围蔓延;
(4) 保证项目在实施过程中始终集中考虑组织的战略需求;
(5) 与客户建立协作关系;
(6) 使同行按时为项目提供该组织的资源和服务。

许多项目陷入困境都是因为项目发起人没有履行自己的职责,建立与发起人的紧密协作就是使其履行以上最基本的职责。

另外,实现客户的期望、让客户满意是项目的工作目标。但客户的满意有一部分是建立在对项目小组工作的了解之上的。并且也只有充分了解客户的需求才能开发出令客户满意的项目。这些只有通过双方良好的沟通与协作才能达到。

总之,识别、理解和管理与所有项目利益相关者的关系,也是项目管理的一项重要工作。

体育赛事项目利益相关者的相关问题:
(1) 体育赛事利益相关者的概念;

(2) 体育赛事利益相关者的分类；

(3) 体育赛事利益相关者的框架及特征；

(4) 体育赛事主要利益相关者分析；

(5) 体育赛事利益相关者的利益一致与冲突；

(6) 体育赛事利益相关者的利益协调。

第四节 什么是项目管理

一、项目管理的定义

项目管理给人的一个直观概念就是"对项目进行的管理"，这是其最原始的概念。从这个角度讲，项目管理是通过项目各方干系人的合作，把各种资源应用于项目，以实现项目的目标，使项目干系人的需求得到不同程度的满足的系列活动的总和。随着项目及其管理实践的发展，项目管理的内涵得到了较大的充实和发展，项目管理已成为新的管理方式、新的管理学科的代名词，即项目管理是以项目管理活动为研究对象的一门学科，是探求项目活动科学组织管理的理论与方法。对于项目与项目管理，前者是一种客观实践活动，后者是前者的理论总结；前者以后者为指导，后者以前者为基础，就其本质而言，两者是统一的。

很多人认为项目管理就是对项目的运作过程进行管理，无非是"拍脑袋"做决策的东西，只要项目经理是技术高手，可以帮助项目小组的成员解决所有的技术难题，就能保证项目的顺利实施。但是普遍存在并逐渐被人们认识的"20-80现象"告诉我们，20%项目失败的原因来自技术能力的缺陷，而另外80%则来自对项目运作的管理和控制出了问题。

关于项目管理，持不同观念的学者下了不同的定义：

(1) 项目是实现创新的事业，那么项目管理可以理解为为了实现创新的管理；

(2) 项目管理就是合理地把各种资源应用到项目中去，以实现项目的目标，满足既定的需求；

（3）项目管理是指对各种资源的投资活动全过程进行决策、计划、组织、指挥、协调、监督、控制和评价等一系列活动的总称；

（4）项目管理就是为了满足甚至超越项目涉及人员对项目的需求和期望而将理论知识、技能、工具和技巧应用到项目的活动中去。

以上观点可以帮助我们从中了解项目管理的实质，并进一步认识项目管理的四个基本目标。

P：performance，即达到预期的绩效。

C：cost，即在费用、成本和预算约束内。

T：time，即必须按时完成。

S：scope，即符合指定的工作范围大小。

而且这四个变量是相互联系的，比如成本可以表示为绩效、时间和范围的函数。越来越多的组织正在要求项目经理寻求缩短项目完成时间的办法，同时还要控制甚至减少成本，还要保证绩效范围不变。

项目管理的基本要素有项目、干系人、资源、需求，以及目标、组织、环境。项目管理本身作为管理方法和手段，也是一种资源。

思考 给体育赛事项目管理下一个定义。

二、项目管理的特点及其职能

项目管理与传统的部门管理相比，其最大特点是项目管理注重综合性管理，并且项目管理工作有严格的时间期限。项目管理必须通过不完全确定的过程，在确定的期限内生产出不完全确定的产品，日程安排和进度控制常对项目管理产生很大的压力。具体表现在以下几个方面。

项目管理的对象是项目或被当作项目来处理的作业。项目管理是针对项目的特点而形成的一种管理方式，因而其适用对象是项目，特别是大型的、比较复杂的项目；鉴于项目管理的科学性和高效性，有时人们会将重复性的"作业"中的某些过程分离出来，加上起点和终点当作项目来处理，以便于在其中应用项目管理的方法。

项目管理的全过程都贯穿着系统工程的思想。项目管理把项目看成一个完整的系统,依据系统论"整体—分解—综合"的原理,可将系统分解为许多责任单元,由责任者分别按要求完成目标,然后汇总、综合成最终的成果;同时,项目管理把项目看成一个有完整生命周期的过程,强调部分对整体的重要性,使管理者不忽视其中的任何阶段,以免造成总体的效果不佳甚至失败。

项目管理的组织具有特殊性。项目管理的一个最为明显的特征即是其组织的特殊性,主要表现在以下几个方面:

(1) 有了项目组织的概念。项目管理的突出特点是以项目本身作为一个组织单元,围绕项目来组织资源。

(2) 项目管理的组织是临时性的。由于项目是一次性的,而项目的组织是为项目的建设服务的,项目终结了,其组织的使命也就完成了。

(3) 项目管理的组织是柔性的。所谓柔性,即是可变的。项目的组织打破了传统的固定建制的组织形式,根据项目生命周期各个阶段的具体需要适时地调整组织的配置,以保障组织的高效、经济运行。

(4) 项目管理的组织强调其协调控制职能。项目管理是一个综合管理过程,其组织结构的设计必须充分考虑到利于组织各部分的协调与控制,以保证项目总体目标的实现。因此,目前项目管理的组织结构多为矩阵结构,而非直线职能结构。

(5) 项目管理的体制是一种基于团队管理的个人负责制。由于项目系统管理的要求,需要集中权力以使各项工作正常进行,因而项目经理是一个关键角色。

(6) 项目管理的方式是目标管理。项目管理是一种多层次的目标管理方式。由于项目涉及的专业领域往往十分宽广,而项目管理者谁也无法成为每一个专业领域的专家,对某些专业虽然有所了解但不可能像专门研究者那样深刻。因此过去那种管理者对工作的操作进行具体的指导,甚至包括手指怎样动的管理模式,对大多数项目是不可能的。现代的项目管理者只能以综合协调者的身份,组织被授权的专家执行项目,确定项目目标以及时间、经费、工作标准等限定条件;同时,经常反馈信息、检查督促并在遇到困难需要协调时及时给予支持,余下的具体工作则由被授权者独立处理。可见,项目管理只要求在约束条件下实现项目的目标,其实现的方法具有灵活性。

(7) 项目管理的要点是创造和保持一种使项目顺利进行的环境。有人认为"管理就是创造和保持一种环境,使置身于其中的人们能在集体中一道工作以完成预定的使命和目标"。这一特点说明了项目管理是一个管理过程，而不是一个技术过程，处理各种冲突和意外事件是项目管理的主要工作。

（8）项目管理的方法、工具和手段具有先进性、开放性。项目管理采用科学先进的管理理论和方法。如采用网络图编制项目进度计划，采用目标管理、全面质量管理、价值工程、技术经济等理论和方法控制项目总目标；采用先进高效的管理手段和工具，主要是使用电子计算机进行项目信息处理，等等。

三、项目管理的基本职能

1. 项目计划

项目计划就是根据项目目标的要求，对项目范围内的各项活动所做出的合理安排。它系统地确定项目的任务、进度和完成任务所需的资源等，使项目在合理的工期内，以尽可能低的成本和尽可能高的质量完成。

项目的成败首先取决于项目计划工作的质量。任何项目的管理都要从制订项目计划开始，项目计划是确定项目协调、控制方法和程序的基础及依据，是制定和评价各级执行人的责、权、利的依据，是项目经理和项目工作人员的工作依据和行动指南，是对项目进行评价和控制的标准。

2. 项目组织

组织有两重含义，一是指组织机构，二是指组织行为（活动）。项目管理的组织，是指为进行项目管理、完成项目计划、实现组织职能而进行的项目组织机构的建立、组织运行与组织调整等组织活动。项目管理的组织职能包括五个方面：组织设计、组织联系、组织运行、组织行为与组织调整。

项目组织是实现项目计划、完成项目目标的基础条件，组织的好坏对于项目能否取得成功具有直接的影响。

3. 项目评价与控制

项目计划只是根据预测而对未来做出的安排，由于在编制计划时难以预见的问题很多，因此在项目组织实施过程中往往会产生偏差。如何识别偏差、消除偏差或调整计划，保证项目目标的实现，这就是项目管理的评价与控制职能所要解决的。

项目评价是项目控制的基础和依据，项目控制则是项目评价的目的和归宿。

四、项目管理的环境

前面我们介绍过,项目成功的基本标准是项目能在预算控制范围内准时地完成并得到委托人和用户的认可,但是世界银行贷款项目的审查和评价资料表明:项目的成败受制于项目经理直接控制之外的项目环境中的各项因素,项目是否可行,能否取得成功,除了项目管理的原因外,项目所处的外部环境是一个不容忽视、非常重要的因素。

陈远、寇继红等在《项目管理》一书中指出,项目是被其母体组织以内或以外的环境所包围,即在一个大系统中运行的小系统,除其内部各部分的相互作用外,还与其他子系统发生联系和作用——项目只是银河系里的一个小小天体。从项目环境作用的直接性程度划分,项目环境可分为内部组织环境、项目环境和一般环境。项目内部组织环境指项目成员在组织内部体现的团队精神、工作作风及特点,即项目组织文化。项目环境指与项目有直接联系并对项目实施直接产生影响的因素。一般环境指可以对项目的活动产生影响的周围环境。

项目的内部环境将在本书以后的章节详细讨论,这里仅就项目外部环境的若干重要方面作一扼要说明。项目所处的外部环境问题涉及十分广泛的领域,这些领域的现状和发展趋势都可能对项目产生不同程度的影响,有的时候甚至是决定性的影响。项目环境中较关键的因素有:

(1) 政治和经济环境;
(2) 科学和技术环境;
(3) 法规和标准环境;
(4) 文化和意识环境;
(5) 地理和资源环境。

举世瞩目的英吉利海峡隧道项目投资达100亿英镑,是20世纪的一项巨大工程。从拿破仑时代起,近200年来,这个项目的起伏至少有26次,主要原因是英国方面担心来自欧洲大陆国家的入侵。直到20世纪80年代,欧洲共同体(后来更名为欧洲联盟)有了重大进展,在当时的英国首相撒切尔夫人和法国总统密特朗的推动下,才促成这个项目的实施。可见,英吉利海峡隧道项目不取决于科学技术,而取决于它所处的政治和经济环境。大项目受国际、国内的政治、经济形势的影响,小项目也不例外。来势凶猛的东南亚金融危机对众多项目投资者的沉重打击,再次证明了这一点。这些典型的例子说明,国际、国内的政治、经济形势对项目有着重大的影响力。

法规和标准是对项目行为、项目产品、项目工艺或项目提供的服务的特征做出规定的文件。它们的区别在于,前者是必须执行的,而后者多带有提倡、推广和普及的性质,并不具有强制性。法规包括国家法律、法规和行业规章,以及项目所属企业的章程等。它们对项目的规划、设计、合同管理、质量管理等都有重要影响。毫无疑问,法规和标准对项目有着重大的影响,项目能否成立以及能否正常实施并带来经济效益在很大程度上受制于项目涉及的法规和标准。

文化是人类在社会历史发展进程中所创造的物质财富和精神财富的总和,特指精神财富,如文学、艺术、教育、科学,也包括行为方式、信仰、制度、惯例等。文化差异和风俗习惯的不同给项目管理带来了很大的复杂性,忽略文化上的社会禁忌会使项目陷入困境甚至完全失败。因此,项目管理应注重项目的文化和意识环境,要了解当地文化,尊重当地习俗。项目沟通要善于在适当的时候使用当地的文字、语言和交往方式,通过不同文化的良好沟通和交流,逐步实现文化与意识的深度融合,以增进理解、减少摩擦、取长补短、互相促进,获取项目成功。

资源的概念内容十分丰富,可以理解为一切具有现实和潜在价值的东西,包括自然资源和人造资源、内部资源和外部资源、有形资源和无形资源。知识经济时代,知识作为无形资源的价值更加突出。由于项目固有的一次性,项目资源不同于其他组织机构的资源,它多是临时拥有和使用的。资金需要筹集,服务和咨询力量可采购(如招标发包)或招聘,有些资源还可以租赁。项目运作过程中资源需求变化甚大,有些资源用毕后要及时偿还或遣散,任何资源积压、滞留或短缺都会给项目带来损失。资源的合理、高效使用对项目管理尤为重要。

五、项目管理的过程

(一)项目管理过程理论

为了使项目取得成功,项目团队必须在项目管理中选用实现项目目标所必需的合适过程。过程就是一组为了完成一系列事先指定的产品、成果或服务而需执行的互相联系的行动和活动。

Weiss 和 Wysocki 早在 1992 年便提出了项目管理过程五阶段理论,它与

PMBOK 的项目管理五个基本过程在内容上似乎有些差别,但仔细观察后可以发现:最成功的项目管理方法中总隐含着一些基本的原则,相同的特征在成功的项目管理方法中不断重复。

Weiss 和 Wysocki 的项目管理五阶段理论认为项目管理有定义项目范围、制订项目计划、启动项目、监控项目进展、项目收尾五个阶段,各阶段包括的内容如图 1-6 所示。

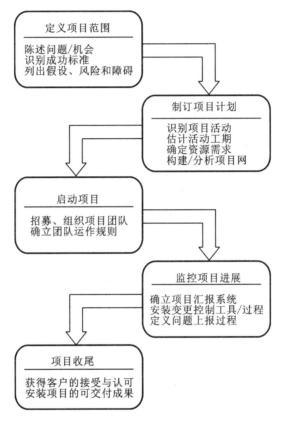

图 1-6　项目管理过程五阶段图

(二) 项目管理过程的基本性质

项目管理过程组之间以它们所产生的成果相互联系。一个过程的成果一般成为另一过程的依据或成为项目的可交付成果。规划过程组为执行过程组提供正式的项目管理计划和项目范围说明书,并随着项目的绩效状况更新该项目管理计划。此外,过程组极少是孤立或只执行一次的事件,它们是在整个项目生命期内自始至终都以不同的程度互相重叠的活动,如图 1-7 所示。

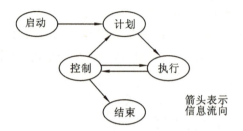

图 1-7 项目阶段中各过程之间的联系

每个项目的每个阶段都存在着一个甚至几个"启动、计划、执行、控制和结束"过程的循环,但每个过程的时间长度和资源投入会有所不同。一般情况下,执行过程消耗的资源和时间最多,其次是计划过程,而启动与结束过程所需的资源和时间最少。

项目的每个阶段都要经历以上五个基本管理过程,它们并非独立的一次性事件,而是按一定的顺序发生,工作强度有所变化,并互有重叠的活动,如图 1-8 所示。

项目阶段和过程之间有相互联系。前一个阶段结束过程的可交付成果(输出)将成为下一阶段启动过程的根据(输入)。两个过程之间的交接同样要有可交付成果。每个过程的可交付成果都应准确、完整,包括一切必要的信息。

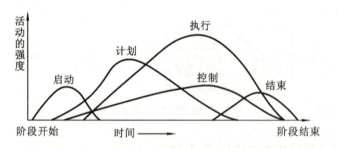

图 1-8 项目阶段中过程的重叠和活动强度

管理过程必要时可以反复和循环(见图 1-9),这是项目过程与阶段的一个主要区别。

每组基本管理过程由一个或多个子过程组成。不同的子过程处理项目不同方面的事务。

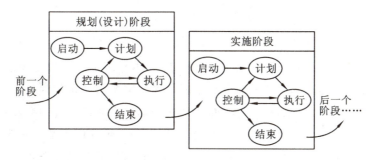

图 1-9　阶段之间和过程之间的相互关系

体育赛事项目管理的过程

不论是规模较大的体育赛事还是规模较小的体育赛事,基本都具有相同的管理过程。

体育赛事项目管理的基本过程根据体育赛事举办时的特点可以划分为体育赛事的启动、体育赛事的计划、体育赛事的组织与实施、体育赛事的控制与体育赛事的收尾这 5 个阶段。

1. 体育赛事的启动

在启动的过程中,主要任务是通过对体育赛事所涉及的领域、投资的效益、技术可行性、环境情况、融资措施等问题进行全方位的分析评估,从而明确体育赛事的投资价值以及在技术上、经济上、社会反响上的可行性。在决定举办某些赛事前提交申办报告。这个过程十分重要,它要求赛事前期的评估和预测要有一定的预见性和准确性,一旦启动就需要全力以赴去完成。

2. 体育赛事的计划

在这一阶段中,要为已决定实施的赛事项目编制各种计划,如赛事场地的工期计划、赛事的成本计划、赛事的质量计划、赛事的资源计划、赛事的安全计划、赛事志愿者的招募计划等与赛事密切相关的各类计划。体育赛事计划在体育赛事运作中占有非常重要的地位,根据具体情况对即将进行的体育赛事实施的过程进行规划和设计,尽最大可能地减少和避免各种非确定因素的干扰和冲击,提供一定的保障,保证赛事有序、顺利地举行。这个过程往往是体育赛事项目运作今后走向的保障和指路牌,需要认真全面地去制定,引导今后工作的方向。

3. 体育赛事的组织与实施

在完成体育赛事的计划工作以后,就可以开始体育赛事项目的组织与实施过程。建立组织,分解合理的项目小组,是体育赛事实施的基础。一般体育赛事组织会通过人力资源的合理分配设立所需要的组织结构(如竞赛管理部、物资部、志愿者部、媒体部等)然后在这个基础上实施各自的职责,每个职能部门及每个人都有自己明确的任务和职责。在部门建立完成的基础上开始开展各自的工作,比如开展志愿者的招募,赞助商的寻找与合作,比赛物资的确定与采购等。这样做可以使责任到人、管理到人,相应的工作由对应的人去完成,基本不会形成串岗、推卸责任等问题,项目的参与者能够很好地明确自己的任务,并按规定实施任务。

4. 体育赛事的控制

在项目实施的同时,需要开展各种各样的项目控制工作,包括赛事预算成本的控制、赛事风险的控制、赛事进度的控制等,以保证项目实施的结果和项目设计与计划的要求以及项目目标相一致。体育赛事的控制是指为保证项目计划、实施、收尾等过程的顺利进行而采取的一系列调控活动。合理有效的控制是保证管理系统各项工作的正常运转、提高管理效率的重要手段。这对体育比赛很重要,因为比赛是一项公开演示的项目,所有物资、时间、人力都要在比赛前到位,否则比赛无法圆满顺利地完成,所以体育赛事的一系列调控活动都是为了保证赛事能在合理的进度上准备和运行。比如2004年雅典奥运会,奥运会开幕式的主体育场在前期施工期间比较拖沓,一度面临奥运会开幕式无法按时举办、需要延期的危机,但是通过反复的时间进度的变化和调控,最终使得奥运会开幕式能够按时顺利举行。

5. 体育赛事的收尾

项目收尾阶段,需要对照项目计划和设计阶段提出的项目目标的要求,检验、评价项目产出物的质量。体育赛事的收尾工作主要包括对赛事的评价和管理收尾工作。包括赛事结束后所取得的社会效益和经济效益的评估评价,并总结办赛期间所遇到的一些问题以及做得好的地方,吸取教训,保留优势,取得第一手的办赛经验,使今后的比赛能够更好地运作。

图1-10为体育赛事运作管理的系统结构。

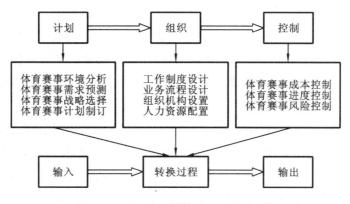

图 1-10 体育赛事运作管理的系统结构

第五节 项目管理的产生及其发展

一、项目管理的历史进程

自从有人类社会以来,人们就在从事着项目管理,只不过以前的项目管理没有今天这样先进的工具、技术和方法,但我们的先人们仍然完成了直至今天仍让我们叹为观止的无数经典项目。现代项目管理通常被认为是第二次世界大战的产物,主要用于国防和军工项目。随着知识经济的发展和信息社会的进步,当今社会已经迈入了一个以项目开发与实施为主要物质财富、精神财富,以生产及服务提供为手段的社会。现代项目管理已成为集技术与方法论为一体的专门学科,在发达国家中已经逐步发展成为企业管理的重要分支,并广泛应用于 IT、金融、服务以及工程等诸多行业,因此现代项目管理也就逐步成为现代社会中主要的管理领域。

研究表明,近代项目管理通常被认为是始于20世纪40年代。20世纪50年代美国出现的关键路径法(CPM)和计划评审技术(PERT)是近代项目管理产生的标志。项目管理最初的计划和控制技术与系统论、组织理论、经济学、管理学、行为科学、心理学、价值工程、计算机技术等以及与项目管理实际结合起来,并吸收了控制论、信息论及其他学科的研究成果,发展成为一门较完整的独立学科体系。

用一句话来给一个学科体系下定义是十分困难的,但我们可以通过美国项目管理学会在《项目管理知识体系纲要》中的一段话来了解项目管理的轮廓:"项目管理就是指把各种系统、方法和人员结合在一起,在规定的时间、预算和质量目标范围内完成项目的各项工作。"

项目管理的理论来自项目管理的实践。时至今日,项目管理已经成为一门学科,但是当前大多数项目管理人员拥有的项目管理专业知识不是通过系统教育培训得到的,而是在实践中逐步积累的,并且还有许多项目管理人员仍在不断地重新发现并积累这些专业知识。项目管理从经验走向科学的过程,应该说经历了漫长的历程,原始、潜意识的项目管理萌芽经过大量的项目实践之后才逐渐形成为现代项目管理的理念。

项目管理在其发展过程中主要经历了以下三个阶段。

一是产生阶段,即古代的经验项目管理阶段。在这个阶段,项目实施的目标是完成任务,如埃及金字塔、古罗马的供水渠、中国的长城等,还没有形成行之有效的方法和计划,没有科学的管理手段和明确的操作技术规范。

二是形成和发展阶段,即近代科学项目管理阶段。在这个阶段,着重强调项目的管理技术,实现项目的时间、成本、质量三大目标,例如利用关键路径法和计划评审技术对美国军事计划及阿波罗登月计划的成功管理。

三是现代项目管理阶段,也是项目发展的成熟阶段。项目管理除了实现时间、成本、质量三大目标,管理范围不断扩大,应用领域进一步增加,与其他学科的交叉渗透和相互促进不断增强,也要强调面向市场和竞争,引入人本管理及柔性管理的思想,以项目管理知识体系所包含内容为指导,向全方位的项目管理方向发展。

总体来讲,项目管理科学的发展是人类生产实践活动发展的必然产物。从最原始的实践活动来看,人的本能及潜意识行为是以完成所给定的项目任务为其最终目标。然而为了完成任务,人们的活动常常受到一定的限制,即对项目的实现需要在时间、费用与可交付物之间进行综合平衡。传统项目管理的概念就是基于实现项目的三维坐标约束而提出的一套科学管理方法,它追求的目标,是在给定的费用限额下,在规定的时间内完成给定的项目任务。在这一界定下,传统项目管理着重于项目实施的环节,并且更多的是站在项目实施方的立场上,分析如何才能更好地完成项目。然而,项目管理涉及的干系人非常广泛,有投资方、设计方、承包方、监理方及用户方等等,为此,项目管理工作中就必须充满多赢的思想,这也就是现代项目管理的理念。现代项目管理已经为项目管理的应用提供了一套完整的学科体系,其追求的目标是使项目参与方都得到最大的满意及项目目标的综合最优化。当代项目与项目管理是扩展了的广义概念,项目管理更加面向市场和竞争、注重人的因素、注重顾客、注重柔性管理,是一套具有完整理论和方法基础的学科体系。

项目管理在我国也有数十年的发展历史。20世纪50年代,在恢复经济建设时期,我国成功地管理了苏联援助的156个项目,奠定了我国工业化的基础。20世纪60年代,我国成功完成了大庆油田、红旗渠、原子弹、氢弹、人造卫星和南京长江大桥等项目。20世纪80年代以来,随着我国恢复在世界银行的合法席位和改革开放的进程,现代项目管理理论和实践在我国得到广泛应用。1991年6月,中国项目管理委员会(PMRC)正式成立,促进了我国项目管理与国际项目管理专业领域的沟通与交流,推动了我国项目管理向专业化和国际化发展。

二、项目管理的发展趋势

1. 项目管理的变革

传统的项目管理虽然使人类创造了许多辉煌成就,但世界经济史无前例的快速变化和高度复杂性使项目决策者的决策只能建立在很少的确定性和大量的推测基础上,因而项目管理面临着前所未有的高风险环境,传统的项目管理已表现出以下几个方面的缺陷。

过分关注项目的时间、预算和性能指标、忽视了客户的重要性。虽然注重项目的时间、预算和性能与满足客户需要从理论上讲是一致的,因为性能指标包含了客户的需要和要求,但项目经理往往容易忽视客户的心理,凭个人兴趣制造些令同行专家羡慕的项目成果。

过分关注项目的方法和工具的应用,无暇顾及其他重要事情。项目管理方法和工具的应用使项目管理人受益匪浅,但项目管理的"20-80"现象以不争的事实说明:项目管理仅有20%失败于项目管理技术方法,80%失败于员工不负责任、政治风波以及不能有效沟通等一些非技术性原因。

项目范围的定义太狭窄。传统的项目管理将项目经理的管理领域定义为项目的执行,即在限定的范围内完成工作,项目经理缺乏足够的预算资源以对项目的投资方负起完全责任,很难有效地为客户服务。

因此,传统项目管理的变革势在必行,必须以满足客户需求为核心,重新定义项目经理的责任与作用,创造更加科学、更加适应新的商业环境的项目管理理论和技术,以更好地发挥项目管理的作用。这种变革有以下两个重点。

1) 以客户为中心是项目管理变革的核心

传统的项目管理以项目时间、成本及性能"三大约束"指标衡量项目成功与否的观念正在飞速地发生变化,越来越多的项目专业管理人员意识到,最惨重的项目失败莫过于所完成的项目不能让客户满意。以客户为中心,让客户满意,增加了客户与项目组再次合作的可能,增强了项目的市场竞争能力,缩短了项目结束时间,从而避免了项目延期和额外开支的增加。

要实现让客户满意需要项目团队全体成员持续的和有意识的努力。首先要重组项目组织的经营方式,建立一个全新的以客户为中心的项目组织文化,强调提供给客户的项目价值最大化,容忍和鼓励逆向思维,以冲破习惯的束缚,激励、挑战和超越自我;在组织内分享权力,适当授权;关注项目预算、汇率、人员的变动,妥善处理好这些不稳定因素,以保证项目的稳定性和连续性;树立项目整体生命周期观点,强调项目关键人员在项目全过程中对项目负责,注重项目成果交付后的正常运行、维修;制定严格的规章制度和周密的程序、方法,确保项目工作不陷入责任真空。

以客户为中心的观点,使项目工作人员的角色从他人开发计划的执行者变成能对客户需求做出迅速而有效反应的参与者。

2) 项目经理的重新定义

项目经理的智慧和有效的管理能创造出巨大价值,他们是项目成功的重要人物。除了传统的项目管理对项目经理素质的要求之外,以客户为中心的项目管理要求项目经理具备多项特殊素质,如对项目目标有透彻的理解,对项目有强烈的责任心,能应付挫折和失望,能忍受项目模糊不清的煎熬,有政治头脑、成本意识和基本经营技巧。除此之外,项目经理还应具有对项目市场商业风险的双重特性,例如:既要顾全大局,又要注重细节;既要保持稳定,又要有一定的灵活性;既具备分析能力,又充分相信直觉;处理人际关系既"软"又"硬"。项目经理必须以客户为中心,才能了解客户的真正需要,做出让客户满意的项目成果。项目经理必须被授予有效的运作权力,以便对客户提出的疑问和变更要求做出直接而有效的快速响应,并真正对项目的盈亏负责。

2. 项目管理的发展趋势

1）项目管理的全球化

知识经济时代的一个重要特点是知识与经济的全球化。因为竞争的需要和信息技术的支撑,促进了项目管理的全球化发展,使国际项目合作日益增多,国际化的专业活动日益频繁,项目管理专业信息实现了前所未有的国际共享。

2）关于项目管理的多元化发展

由于人类社会的大部分活动都可以作为项目来运作,因此当代的项目管理已深入到各行各业,以不同的类型,不同的规模而出现。

3）项目管理的专业化学科发展

近十年来,项目管理的专业化也有了明显的进展,主要反映在以下三个方面。

（1）项目管理知识体系在不断发展和完善之中。美国项目管理协会（PMI）从1984年提出PMBOK（项目管理知识体系）至今,数易其稿,并已将其作为该组织专业证书制考试的主要内容。国际项目管理协会（IPMA）以及其他各国的项目管理组织也纷纷提出了自己的体系。

（2）学历教育从学士、硕士到博士,非学历教育从基层项目管理人员到高层项目经理形成了层次化的教育体系。

（3）对项目与项目管理的学科探索正在积极进行之中,有分析性的,也有综合性的,有原理概念性的,也有工具方法性的。项目管理学科正逐渐走向成熟。

第六节　项目管理知识体系

项目管理需要许多知识和方法。项目管理是从第二次世界大战以后发展起来的,项目管理工作者们在几十年的实践中感觉到,虽然从事的项目类型不同,但是仍有一些共同之处,因此他们就自发组织起来共同探讨这些共性主题,从而促成项目管理知识体系的建立。项目管理知识体系就是项目管理所需知识和方法的总和。其中一部分知识和方法是项目管理学科所独有的,或以独特的方式表达并普遍被接受的,例如项目和项目管理的定义、属性,项目生命期、干系人概念,项目工作分解结构、网络计划技术等。

管理项目还需要用到其他两类知识和方法。一类是通用的管理知识和方法,譬如领导与激励、决策与控制、组织与策划、谈判与沟通、财务与会计以及人事管理、营销管理、系统科学、行为科学等;另一类是各种应用领域的特殊管理知识和方法,这些领域包括信息技术、医药、工程设计与施工、军事、行政、环境保护、社会改革、公共服务等。

目前,项目管理领域有三个广为流行的知识体系:一是以欧洲国家为主体的体系——ICB(国际项目管理专业资质标准),由国际项目管理协会(IPMA)编制;二是以美国为主的体系——PMBOK,由美国项目管理协会(PMI)编制;三是以英国为主的体系——PRINCE(受控环境下的项目),由英国商务部(OGC)开发。下面就这三种及我国的项目管理知识体系作详细介绍。

一、国际项目管理协会的知识体系

国际项目管理协会的项目管理知识体系——ICB包括项目管理中知识和经验的42个要素(28个核心要素和14个附加要素),个人素质的8个方面和总体印象的10个方面,并要求参与该体系的成员国必须建立适应本国项目管理背景的项目管理知识体系,按照ICB转换规则建立本国的国际项目管理专业资质认证国家标准(NCB)。

ICB的42个要素如下。

28个核心要素:

(1)项目和项目管理;

(2)项目管理的实施;

(3)按项目进行管理;

(4)系统方法与综合;

(5)项目背景;

(6)项目阶段与生命周期;

(7)项目开发与评估;

(8)项目目标与策略;

(9)项目成功与失败的标准;

(10)项目启动;

(11)项目收尾;

(12) 项目结构；

(13) 范围与内容；

(14) 时间进度；

(15) 资源；

(16) 项目费用与融资；

(17) 技术状态与变化；

(18) 项目风险；

(19) 效果量度；

(20) 项目控制；

(21) 信息、文档与报告；

(22) 项目组织；

(23) 团队工作；

(24) 领导；

(25) 沟通；

(26) 冲突与危机；

(27) 采购与合同；

(28) 项目质量管理。

14 个附加要素：

(1) 项口信息管理；

(2) 标准和规则；

(3) 问题解决；

(4) 谈判、会议；

(5) 长期组织；

(6) 业务流程；

(7) 人力资源开发；

(8) 组织的学习；

(9) 变化管理；

(10) 行销、产品管理；

(11) 系统管理；

(12) 安全、健康与环境；

(13) 法律方面；

(14) 财务与会计。

二、美国项目管理协会的知识体系

从1981年美国项目管理协会(PMI)组委会批准总结实践经验、制定项目管理"标准"的研究开始,经过二十多年的实践、探索、总结、提高和完善,2004年PMI第四次对研究成果进行修订,形成了2004年版的《项目管理知识体系指南(第3版)》,简称PMBOK(Project Management Body of Knowledge)。PMBOK是一个动静结合的整体,包括动态的项目进程五大过程管理和静态的项目管理九大知识领域,形成了一套独特而完整的科学体系。

PMBOK中的五大过程管理如下。

(1) 项目的初始过程:初步确定项目组成员、确定项目界限、初步确定项目计划、项目初始阶段总结评审。

(2) 项目的计划过程:建立WBS计划、确认项目流程、确认项目计划、评审项目计划、批准项目计划、确定项目计划基线等。

(3) 项目的实施过程:组织和协调人力资源及其他资源,组织和协调各项任务与工作,激励项目团队完成既定的工作计划,生成项目产出物。

(4) 项目的控制过程:制定标准,监督和测量项目工作的实际情况,分析差异与问题,采取纠偏措施等管理工作和活动。

(5) 项目的结束过程:完成项目移交准备工作,完成项目结束和移交工作计划,结束项目,完成项目文档等。

PMBOK体系九大知识领域如下:

(1) 项目整体管理;

(2) 项目范围管理;

(3) 项目时间管理;

(4) 项目费用管理;

(5) 项目质量管理;

(6) 项目人力资源管理;

(7) 项目沟通管理;

(8) 项目风险管理;

(9) 项目采购管理。

三、英国商务部的知识体系

早在20世纪70年代,英国政府就要求所有政府信息系统项目必须采用统一的标准进行管理。1979 年,英国计算机和电信中心(CCTA)采纳 Simpact Systems 公司开发的 PROMPT 项目管理方法作为政府信息系统项目的项目管理方法。在 PROMPT 项目管理方法的基础上,20 世纪 80 年代,CCTA(后来并入英国政府商务部(OGC))出资研究开发 PRINCE。1989 年,PRINCE 正式替代 PROMPT(项目资源组织管理计划技术)成为英国政府 IT 项目的管理标准。1993 年,OGC 又将注意力转移到 PRINCE 新改版 PRINCE 2 的开发。通过整合现有用户的需求,同时提升该方法成为面向所有类型的项目的、通用的、最佳实践(best-practices)的项目管理方法。1996 年 3 月,开发工作正式结束。

PRINCE 是一种对项目管理的某些特定方面提供支持的方法。它是 Projects in Controlled Environments(受控环境下的项目)的首字母缩写,是组织、管理和控制项目的一种行之有效的方法。PRINCE 一经引进,就被广泛应用于公共和私人部门。虽然开发 PRINCE 的初衷是用于 IT 项目,但实际运用中,许多非 IT 项目也采纳了该标准。

目前,PRINCE2 已成为英国政府、公共部门、私有部门广泛接受的项目管理事实标准,PRINCE 2 已风行欧洲与北美等国家。Sun、Oracle 等将 PRINCE 2 作为实施项目的标准管理方法;我国香港特别行政区政府资讯科技署将 PRINCE 2 作为政府项目管理的标准指南;大中华客户关系管理咨询公司的合伙人及 Tri Dynamics 的创办人 David Childs 建议所有的 CRM(客户关系管理)项目都使用 PRINCE 2 作为标准方法。

PRINCE 2 是基于过程(process-based)的结构化的项目管理方法,也是适合于所有类型项目(不管项目的大小和领域,不再局限于 IT 项目)的易于灵活使用的管理方法。

PRINCE 2 的知识体系包括八类管理要素(component)、八个管理过程(process)以及四种管理技术(technology)。PRINCE 2 知识体系的八类管理要素包括:

(1) 组织(organisation);

(2) 计划(plans);

(3) 控制(controls);

(4) 项目阶段(stages);

(5) 风险管理(management of risk);

(6) 在项目环境中的质量(quality in a project environment);

(7) 配置管理(configuration management);

(8) 变化控制(change control)。

以上八类管理要素是PRINCE2管理的主要内容,它们的管理贯穿于八个管理过程中。

PRINCE 2提供从项目开始到项目结束覆盖整个项目生命周期的基于过程的结构化的项目管理方法,共包括八个管理过程,每个过程描述了项目为何重要、项目的预期目标何在、项目活动由谁负责以及这些活动何时被执行。这八个过程包括:

(1) 指导项目(directing a project,DP);

(2) 开始项目(starting up a project,SU);

(3) 启动项目(initiating a project,IP);

(4) 管理项目阶段边线(managing stage boundaries,SB);

(5) 控制一个阶段(controlling a stage,CS);

(6) 管理产品交付(managing product delivery,MP);

(7) 结束项目(closing a project,CP);

(8) 计划(planning,PL)。

PRINCE 2的八个过程中,DP和PL过程贯穿于项目始终,支持其他六个过程。

PRINCE 2手册还介绍了在项目管理过程中常用到的一些技术,有效使用这些技术为项目管理的成功提供了有力的保障。这些技术主要有:

(1) 基于产品的计划(product-based planning);

(2) 变化控制方法(change control approach);

(3) 质量评审技术(quality review technique);

(4) 项目文档化技术(project filing techniques)。

PRINCE 2将八类管理要素(component)、八个管理过程(process)以及四种管理技术(technology)进行了整合,勾画出项目管理的全部视野。

中国电子信息产业发展研究院培训中心李长征、王东红对PRINCE2与PMBOK的比较研究表明,PRINCE2与PMBOK作为项目管理两套不同的标准体系,在世界范围内得到了广泛的应用。这两个知识体系虽然有很多共同点,但区别也十分明显:PMBOK提供了丰富的项目管理知识,但并未告诉人们如何使用这些知识。虽然也包含流程与流程间的关系,以及所需要的技术和工具,但并未指出如何做。与此不同的是,PRINCE 2则是完全基于流程的,而且是基于业务实例(business case)开发的。由于二者基于不同的目的,我们必须承认不可能站在平行的角度去对比二者,当然也不能完全用一种方法代替另一种方法。李长征、王东红认为,PMBOK更加适合对项目管理知识的教学,适合让那些对项目管理感兴趣的人对项目管理各个知识域的理解,在特定的项目中应用该方法时,我们必须和其他的项目管理方法(如PRINCE2)相结合。

四、中国项目管理委员会的知识体系

2001年5月,中国项目管理委员会(PMRC)根据ICB的要求建立了中国项目管理知识体系纲要(C-PMBOK),其后又建立了国际项目管理专业资质认证中国标准(C-NCB)。

中国项目管理知识体系以"与国际接轨并具有中国特色、兼顾知识体系的完整性和开放性、逐步完善和取得广泛的认同"为基本原则来编写,它吸取了世界各国PMBOK中已经成熟的内容和先进的概念和方法,遵循国际惯例,采用国际通用术语,用中国人易于接受的方式和习惯来组织和阐述这些知识内容,反映了中国由计划经济向社会主义市场经济转型阶段的社会经济状况和实际需要。它尽可能覆盖了项目管理所涉及的各方面知识,形成了以项目管理共性知识为核心内容并便于在此基础上补充和扩展的框架。为了使C-PMBOK取得项目管理相关各界人士的广泛认同,C-PMBOK首先完成了中国项目管理知识体系纲要(C-PMBOK)的编制,并确认C-PMBOK的编制是一个逐步完善的过程,它应注重反映在中国项目实践中被证明是正确的、适用的以及能够被广泛接受的内容。

吸取世界各国PMBOK的长处,并考虑适合中国国情,C-PMBOK-O的基本框架如图1-11所示。

第一部分:项目管理的概念、范畴和原则,包括项目的概念和属性,项目相关范畴和内外环境,项目管理的概念与特点等,这表示为矩阵的原点,也是整个知识体系的出发点。

第二部分:项目生命周期,包括项目孵化、启动、规划、实施、收尾和交接。这些阶段覆盖整个项目生命周期的全过程。各阶段之间有一定的顺序,然而相互重叠,并且往往有循环和反复。这表示为矩阵的第一个轴线(X轴)。

第三部分:项目管理的知识领域和技术方法,包括整合管理、范围管理、时间管理、费用管理、质量管理、人力资源管理、沟通与信息管理、采购管理、

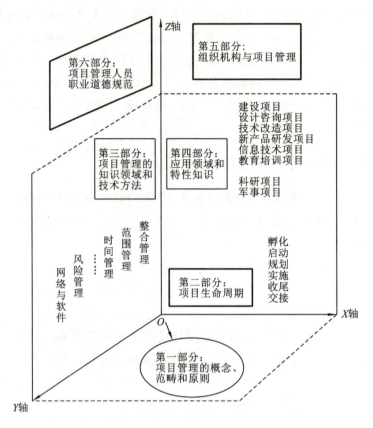

图 1-11　C-PMBOK-O 中国项目管理知识体系纲要结构示意图

风险管理和基于计算机网络的项目管理技术。这表示为矩阵的第二个轴线（Y 轴）。生命周期的各个不同阶段可能或多或少地需要应用第三部分中各个不同的知识领域和技术方法。这些可以表示在矩阵的 XY 平面内，第二、三部分可能会涉及同样的问题，但阐述的角度不同：第二部分着重说明项目进行的顺序、步骤和需要应用什么知识和技术方法，而第三部分需较具体地介绍不同知识领域和技术方法本身。

第四部分：应用领域和特性知识。应用领域可以有各种不同的分类方法，如产业类别、行业类别、产品类别等。如果从管理方法的角度来归类，还可以分为建设项目、设计咨询项目、技术改造项目、新产品研发项目、信息技术项目、教育培训项目、科研项目、军事项目等。各个不同应用领域的项目一般均要经历项目生命周期的每个阶段，但各阶段时间的长短、投入的大小都会有所差别，这些可以表示在矩阵的 XZ 平面内。不同应用领域的项目有其某些方面的复杂性和难点，因此，往往对第三部分中的某些知识领域和技术方法有特殊的要求,这些可以表示在矩阵的 YZ 平面内。

第五部分:组织机构与项目管理,包括基于项目管理的组织机构设计,组织机构中的多项目管理,组织中的项目财务管理,组织中的项目资源管理等。这个部分表示为矩阵的一个基础,位于矩阵的底部,因为组织机构是项目生命得以健康延续,以及项目管理知识和技术方法得以采用的载体。

第六部分:项目管理人员职业道德规范,包括人格品行、工作态度、为人处事原则、对社会公众的责任感等。这部分表示为矩阵的另一个基础,位于矩阵的底部。管理人员的职业道德规范与组织机构一起,成为项目管理知识得以应用并推动项目走向成功的前提,缺一不可。以此体现了项目管理中突出人的因素这一重要的理念。

中国项目管理知识体系以项目生命周期为基本线索,从项目及项目管理的概念入手,按照项目管理的四个阶段论述了各阶段的主要工作及其相应的知识内容,阐述了项目管理过程所需要的共性知识及其方法、工具,共分为88个模块。中国项目管理知识体系框架如表1-2所示。

表1-2 中国项目管理知识体系框架

2 项目与项目管理			
2.1 项目　2.2 项目管理			
3 概念阶段	4 规划阶段	5 实施阶段	6 收尾阶段
3.1 一般机会研究	4.1 项目背景描述	5.1 采购规划	6.1 范围确认
3.2 特定项目机会研究	4.2 目标确定	5.2 招标采购的实施	6.2 质量验收
3.3 方案策划	4.3 范围规划	5.3 合同管理基础	6.3 费用决算与审计
3.4 初步可行性研究	4.4 范围定义	5.4 合同履行和收尾	6.4 项目资料与验收
3.5 详细可行性研究	4.5 工作分解	5.5 实施计划报告	6.5 项目交接与清算
3.6 项目评估	4.6 工作排序	5.6 安全计划	6.6 项目审计
3.7 商业计划书的编写	4.7 工作延续时间估计	5.7 项目进展报告	6.7 项目后评估
	4.8 进度安排	5.8 进度控制	
	4.9 资源计划	5.9 费用控制	
	4.10 费用估计	5.10 质量控制	
	4.11 费用预算	5.11 安全控制	
	4.12 质量计划	5.12 范围变更控制	
	4.13 质量保证	5.13 生产要素管理	
		5.14 现场管理与环境保护	

7 共性知识			
7.1 项目管理组织形式	7.7 企业项目管理	7.13 信息分发	7.19 风险监控
7.2 项目办公室	7.8 企业项目管理组织设计	7.14 风险管理规划	7.20 信息管理
7.3 项目经理	7.9 组织规划	7.15 风险识别	7.21 项目监理
7.4 多项目管理	7.10 团队建设	7.16 风险评估	7.22 行政监督
7.5 目标管理与业务过程	7.11 冲突管理	7.17 风险量化	7.23 新经济项目管理
7.6 绩效评价与人员激励	7.12 沟通规划	7.18 风险应对计划	7.24 法律法规
8 方法和工具			
8.1 要素分层法	8.7 不确定性分析	8.13 责任矩阵	8.19 质量控制的数理统计方法
8.2 方案比较法	8.8 环境影响评价	8.14 网络计划技术	8.20 挣值法
8.3 资金的时间价值	8.9 项目融资	8.15 甘特图	8.21 有无比较法
8.4 评价指标体系	8.10 模拟技术	8.16 资源费用曲线	
8.5 项目财务评价	8.11 里程碑计划	8.17 质量技术文件	
8.6 国民经济评价方法	8.12 工作分解结构	8.18 并行工程	

由于 C-PMBOK 模块化的特点,在项目管理知识体系的构架上,C-PMBOK完全适应了按其他线索组织项目管理知识体系的可能性,特别是对于结合行业领域和特殊项目管理领域知识体系的构架非常实用。各应用领域只需根据自身项目管理的特点加入相应的特色模块,就可形成行业领域的项目管理知识体系。

第二章

项目组织

主要内容

- 项目组织的概念
- 项目组织的类型及其优缺点

很少有项目能够由同样的人启动,由同样的人实施,由同样的人收尾。

——项目管理谚语

第一节 项目组织的概念

组织是一切管理活动取得成功的基础,包括与它要做的事相关的人、资源及其相互关系。"组织"一词含义较广,它既是一个名词,又是一个动词。当组织被用作名词时,组织是由人员、职位、职责、关系、信息等组织结构要素所构成的一个实体概念。当组织被用作动词时,更为确切的表达就是"组织工作"。

项目组织是指为了完成某个特定的项目任务而由不同部门、不同专业的人员所组成的一个特别的工作组织。在一个既定的项目中,项目组织是所有活动的焦点,它从总体上表明一个项目。它的性质是综合的,并成为所有影响项目的内部与外部的活动中心。根据项目活动的集中程度,它的机构可以是由少量的人组成,也可以是一个很庞大的系统。项目组织不受现存的职能组织构造的束缚,但也不能代替各种职能组织的职能活动。

项目组织与其他组织一样,要有好的领导、章程、沟通、人员配备、激励机制,以及好的组织文化等。同时,项目组织也有其与其他组织不同的特点:为实现项目的目标,项目组织和项目一样有其生命周期,经历建立、发展和解散的过程;项目组织根据项目的任务不断更替和变化,它因事设人、事毕境迁,及时调整,甚至撤销;项目组织的利益相关者通过合同、协议、法规以及其他各种社会关系结合起来,他们之间的联系是有条件的,松散的;项目组织不像其他组织那样有明晰的组织边界,项目利益相关者及其个别成员在某些事务中属于某项目组织,在另外的事务中可能又属于其他组织。总之,项目组织与传统的其他组织相比,最大的特点是其有机动灵活的组织形式和用人机制,更强调项目负责人的作用,强调团队的协作精神,组织形式具有更大的灵活性和柔性。

第二节 项目组织的类型及其优缺点

一、项目组织的类型

组织结构是组织内部结构要素相互作用的联系形式,是组织内的构成部分所规定的关系的形式。一般来说,项目组织有三大类型:职能型项目组织、项目型项目组织和矩阵型项目组织。

1. 职能型项目组织

项目的各个任务分配给相应的职能部门,项目成员按专业划分形成部门,每个成员都有一个明确的直接上司,职能部门经理对分配到本部门的项目任务负责,职能部门在自己职能范围内独立于其他职能部门进行工作。而涉及职能部门之间的项目事务和问题由各个部门负责人处理和解决,在职能部门经理层进行协调。职能型项目组织结构如图2-1所示。

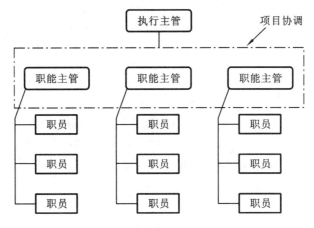

图 2-1　职能型项目组织结构

职能型组织结构的历史最为久远,最早起源于军队,整个结构类似于金字塔的造型,居于顶层的是领导层,之后顺序排列中层和下层。它责权清晰、上下信息通畅、便于统一指挥,目前各级政府、企事业单位和大型项目大都采用这种组织结构。企业常用的职能型项目组织结构如图2-2所示。

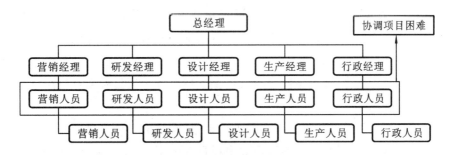

图 2-2　企业常用的职能型项目组织结构

职能型组织结构之所以能够长久不衰是有其原因的。首先,它有一个专业比较集中的团队,同一部门的人员在一起办公、协商,可以起到群策群力的作用,实现知识共享,容易出现创新;其次,便于调动人员形成"大兵团"作战,这种组织结构在面临大项目的时候,可以随时调动任何一个职能部门的人员和物资参与项目,还可以共享专家的指导,即便有团队成员离去,也可以从相应的部门补充人员;最后,便于整体管理,每一名成员或每个小团队都有自己的上级领导,这样非常有利于团队内指令的上传下达。

职能型组织结构也有其缺点。第一,从图 2-2 可以看出,信息的纵向传递很通畅,但横向的传递却要通过自己的上级逐级上传至最高领导,然后按原路再反馈回来,这个循环不但耗时久,而且信息还会有失真或损耗的可能;第二,部门之间具有狭隘性,图 2-2 中的黑框线代表在职能型组织中接到新项目时,需从各部门内抽调人员组成新的项目组,但由于所调人员还隶属于原部门,所以他们的精力不一定都能集中在项目任务上,会影响项目建设的效率和质量;第三,由于逐层授权和部门的专业分工,工作中容易互相争夺资源,项目合作成功时会争权夺利,项目失败时容易互相推诿;第四,由于职能型组织结构的权力过于集中,一旦出现决策失误,将会造成巨大损失;第五,由于部门分工明确,横向沟通欠缺,容易造成各部门的忙闲不均,有时会造成人力资源的浪费;第六,面临新项目时,缺少专门的人来统一指挥整个项目,项目经理只对自己负责的部分严加控制,而其他人还有自己另外的本职工作,这种情况容易造成项目效率低下和管理混乱。

2. 项目型项目组织

项目型项目组织结构又称线性组织结构。与职能型项目组织结构完全相反,其系统中的部门全部是按项目进行设置的,每一项目部门均有项目经理,负责整个项目的实施。系统中的成员或调用或招聘,按项目需要进行分配和组合,接受项目经理的领导。项目可直接获得系统中大部分的组织资源,项目经理具有较大的独立性和对项目的绝对权力,对项目的总体负全责。在项目型项目组织结构中,也常设置有若干部门,但是这些部门一般直接向项目经理报告工作,或为不同的项目提供支持服务。项目型项目组织结构如图 2-3 所示。

项目型项目组织的设置完全是为了迅速、有效地对项目目标和客户需要做出反应,此结构常见于一些涉及大型项目的公司,这类大型项目价值高、期限长。

项目型组织结构是把人员按项目需要分配到各项目组,并且由各组项目经理全权领导。这种结构可以让一名项目经理带领团队去实施一个项目,也可带领几个团队或区域里的团队去工作,充分发挥项目经理的智慧和能力。这种结构有可能在项目结束后就解散,然后在新的项目来临时重新组合。随着时代的进步,职能型组织结构已经不能完全满足政府、企业和大型项目的各种需要,而项目型组织结构以其高度的灵活性和经济性越来越受到人们的

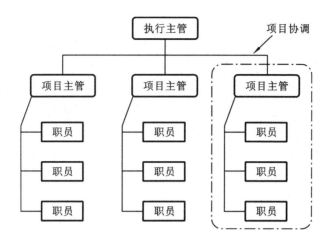

图 2-3 项目型项目组织结构

重视,其最突出的特点就是"集中决策、分散经营"。图 2-4 显示的是企业常用的项目型组织结构。

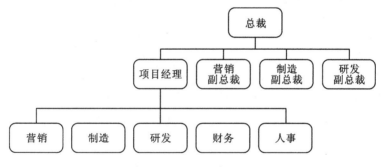

图 2-4 企业常用的项目型组织结构

项目型组织结构的优势如下。

第一,项目型组织结构的最大优势是项目经理对项目有绝对的领导权。从图 2-4 可以看出,项目经理的地位相当于副总裁,而且其项目成员分工明确、各司其职,便于统一指挥。

第二,项目经理与各层沟通顺畅。项目的计划和执行可以越过职能部门直达最高层,精简了环节,提高了效率,降低了信息的失真,减少了沟通失误。

第三,项目型组织结构的反应更迅速。由于项目经理对项目的绝对领导权,因此在接收到领导层的决策后,可以快速反应,调动一切力量完成任务。

第四,项目型组织结构具有较大的灵活性。从结构图上看,项目型组织结构构成非常简单,对命令更便于理解和实施。

第五,项目型组织结构容易产生专家团队。如果连续承接几个类似的项目,那么项目型组织结构将会培养出一批有特长的专家来。

项目型组织结构虽然有较明显的优势,但同时也有较明显的劣势。

第一,管理成本高,资源利用率低。项目型组织结构要求给每个项目团队都配备全套的班子和设备,那么如果多个项目同时进行时,将会引起人员和设备的重复配置,在项目的不同阶段还会产生人员和专家的空闲。另外,各项目为更好地完成任务,不可避免地要进行人才和物资的提前储备,以备不时之需,这种备用人才和物资不一定在项目进行中用得上或充分利用,就造成了较大的浪费。

第二,项目型组织结构由于其相对封闭的运行环境,与其他各项目组和外界缺乏沟通,不利于知识与技术的共享。在进行大型项目工作时,由于脱离组织的职能部门,因此缺少来自组织中资源库的支持。

第三,项目结束后,项目团队成员的解散问题将会影响他们工作的专注力。项目型组织结构主要应用于一些大公司、大项目或对进度有严格要求的项目。

3. 矩阵型项目组织

矩阵型项目组织结构是职能型项目组织结构和项目型项目组织结构的混合体。它既有项目型项目组织结构注重项目和客户的特点,也保留了职能型项目组织结构的职能特点。矩阵型项目组织结构中每个成员和职能部门各司其职,共同为公司和每个项目的成功贡献力量。项目经理对项目的结果负责,而职能经理则负责为项目的成功提供所需资源。矩阵型项目组织结构如图 2-5 所示。

根据项目组织中项目经理和职能经理责、权、利的大小,又可以分为弱矩阵型组织、平衡矩阵型组织和强矩阵型组织三种形式。

1) 弱矩阵型组织

弱矩阵型组织结构是在接到项目时,在组织的职能部门内临时选择一批人来参与到项目中,这些人事先可能互相不熟悉、不了解,在项目的实施过程中职能经理可能会任命一个综合素质相对较高的员工充当项目协调员或联络员的角色。图 2-6 显示的是弱矩阵型组织结构,其中黑色框线内的员工就是具体负责项目的人,而右下角那位员工就是被任命的临时协调员。在整个项目过程中,各员工都在各自的职能部门内工作,由于没有专门的领导,员工们的工作多靠自觉性。弱矩阵型组织保留了职能型组织的大部分特点。

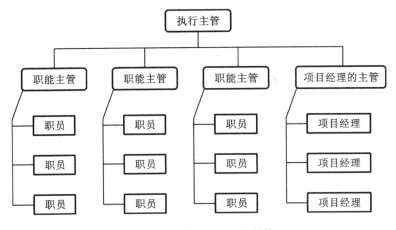

图 2-5　矩阵型项目组织结构

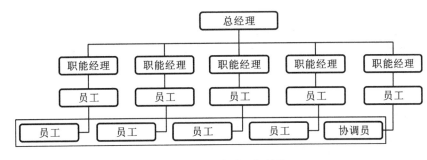

图 2-6　弱矩阵型组织结构

2）强矩阵型组织

强矩阵型组织结构最接近项目型组织结构，但它不脱离组织、不单独成个体，可以从组织中获得较大帮助。同时由于它单独成部门，所以项目经理拥有较大的权限，可以对项目实行全面管理，其受职能部门的影响较小。图 2-7 显示的是强矩阵型组织结构，其中黑色框线内的成员是参与项目的团队成员。

项目经理主要负责项目，职能部门经理辅助项目经理分配人员。项目经理对项目可以实施更有效的控制，但职能部门对项目的影响在减弱。强矩阵型组织类似于项目型组织。

3）平衡矩阵型组织

平衡矩阵型组织结构与弱矩阵型组织结构最大的区别就是它有专门的项目经理来负责项目的进度、时间和成本管理等。此项目经理是由原所在部门的职能经理推荐，上层组织批准后任命的。图 2-8 显示的是平衡型矩阵组织结构，其中黑色框线内是参与项目的项目经理及其团队成员。

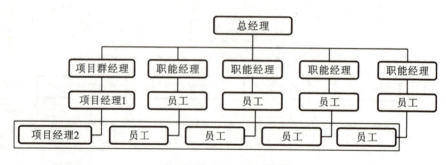

图 2-7 强矩阵型组织结构

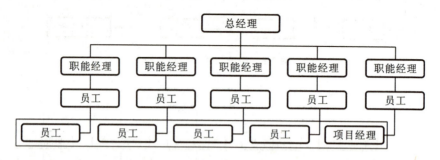

图 2-8 平衡矩阵型组织结构

项目经理负责监督项目的执行,各职能部门经理对本部门的工作负责。项目经理负责项目的时间和成本,职能部门经理负责项目的界定和质量。一般来说平衡矩阵型组织很难维持,因为它主要取决于项目经理和职能经理的相对力度。平衡不好,要么变成弱矩阵型组织,要么变成强矩阵型组织。平衡型矩阵组织中项目经理的权力较小,受所在部门职能经理的影响较大,在实际工作中很容易演变成弱矩阵型组织。

4)复合矩阵型组织

在强矩阵型组织结构的基础上还有演化出的复合矩阵型组织结构,如图 2-9 所示,项目组的某一名或多名成员(黑色框线内最右排中间员工)同时也是另外一个项目组的成员。这种组织方式可以更有效地利用资源,但对项目团队成员的个人素质和项目经理的领导能力有较高要求。

矩阵型组织结构的优势是,它同时具有职能型和项目型两种组织结构的优点,如项目经理有相对较大的管理权,组织形式较灵活,对决策反应快,项目资源浪费较少,团队成员的发展无后顾之忧。

矩阵型组织结构的劣势如下。

第一,双重领导。由于组织内部存在项目经理和职能经理的交叉管理,

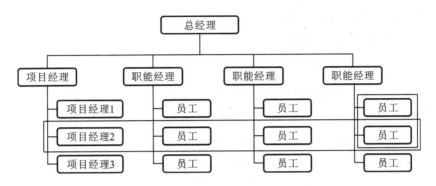

图 2-9 复合矩阵型组织结构

导致管理的界线模糊,致使很多项目团队成员不知要向谁汇报,项目的成败会造成争名夺利或互相推诿。

第二,多个项目同时开工,给项目的监控带来较大的难度。另外,在项目的各个阶段,对资源的需求也不同,这容易造成各项目经理对资源的争夺,从而影响项目的进程。

二、不同组织结构的比较及其适应性

1. 职能型项目组织结构

职能型项目组织结构的优点是将同类专家归在一起,可以产生专业化的优势并减少人员和设备的重复配置,成员有一个在他们具体专业知识和技能上交流进步的工作环境,技术专家可以同时为不同的项目效力,部门内比较容易沟通,工作效率高,重复工作少。这种组织结构的缺点是部门间沟通不畅,各部门往往为追求职能部门的目标而看不到全局目标,不以项目或客户为主,不注重与其他职能部门的团队协作,使整个组织具有一种狭隘性,致使责任不明确、部门间协作成本增大,当项目任务出现问题时,易出现互相推诿与指责,解决问题的速度较慢。

2. 项目型项目组织结构

项目型项目组织结构的优点是项目团队成员被选拔而来,每一项目均拥有具备不同技能的独立人员为之全职工作,项目经理可以完全控制所有资源,上下沟通便捷、协调一致,能快速做出决策及响应,对客户高度负责,注重用户需求,有利于项目的顺利实施。这种组织结构的缺点是设备、人员等资源不能在多个项目间共享,导致该组织结构的成本较高;由于内部依赖关系强,导致与外界沟通不利;由于项目各阶段工作重心不同,极易出现专职人员忙闲不均,总体工作效率低下。项目结束后,项目成员将解散,导致项目成员缺乏事业上的连续性和保障性。

3. 矩阵型项目组织结构

矩阵型项目组织在组织内既按履行职能的不同设立职能部门,又按项目任务的不同设立项目部门(项目负责人)。项目负责人对项目结果负责,职能部门提供完成项目所需资源,二者共同发挥作用完成项目任务。该结构力求发扬职能型组织结构和项目型组织结构的优点,克服二者的不足之处。

矩阵型项目组织结构的优点是组织成员及相应设备属于职能部门,他们能够为适应项目的变化需要而在各项目之间流动,成员的核心职业技能及设备可供所有项目应用,从而能有效利用资源,减少重复和冗余。不同部门的专家可通过项目实施过程进行交流和合作,信息传递迅速,发现问题及时,反应迅速。

这种组织结构的缺点是项目团队成员有两个汇报关系,若分配某个成员同时在数个项目中工作,这个成员就会有好几个经理,这会由于工作优先次序而产生不安和冲突。项目经理和职能经理在涉及工作优先次序、项目中具体人员的分配、工作中的技术方案,以及项目变化等方面时有可能产生矛盾冲突。如果二者之间权力分配模糊不清,会因权力斗争而导致项目运行困难。

没有一种项目组织结构是十全十美的,关键在于针对不同的项目采用不同的管理方法,应用不同的组织结构,才能收到良好的效果。三种组织结构形式比较如表2-1所示。

表2-1 三种组织结构形式比较

组织结构	优 点	缺 点
职能型	・没有重复活动 ・职能优势	・狭隘,不全面 ・反应缓慢 ・不注重客户
项目型	・能控制资源 ・向客户负责 ・成本较低	・项目间缺乏知识信息交流
矩阵型	・有效利用资源 ・所有专业知识可供所有项目使用 ・促进学习、交流知识 ・沟通良好 ・注重客户	・双层汇报关系 ・需要平衡权力

前述三种项目组织结构其实有着内在的联系，它们可表示为一个系列的变化，职能型组织结构在一端，项目型组织结构在另一端，而矩阵型组织结构介于二者之间。

随着某种组织结构的工作人员人数在项目团队中所占比重的增加，该种组织结构的特点也渐趋明显。

一般来说，职能型项目组织结构比较适用于规模较小、偏重于技术的项目，而不适用于环境变化较大的项目。因为，环境的变化需要各职能部门间的紧密合作，而职能部门本身的存在以及权责的界定成为部门间密切配合不可逾越的障碍。当一个公司中包括许多项目或项目的规模较大、技术复杂时，则应选择项目型项目组织结构。同职能型项目组织相比，在应对不稳定的环境方面，项目型项目组织显示出了自己潜在的长处，这来自项目团队的整体性和各类人才的紧密合作。同前两种项目组织结构相比，矩阵型项目组织结构在充分利用企业资源上显示出了巨大的优越性，由于其融合了两种结构的优点，这种组织结构在进行技术复杂、规模巨大的项目的管理时呈现出明显的优势。

第三节　项目组织结构的设计

管理学家巴纳德认为，人类由于受生理的、生物的、心理的和社会的限制，为了达到个人的目的，不得不进行合作。而要使这样的合作以较高的效率实现预定的目的，就必须形成某种组织结构，因此，现代社会存在着难以计数的组织。尽管这些组织形态各异，但它们均有目的性、专业化分工、依赖性、等级制度、开放性等共同特征。任何组织都为了实现某个目的而产生，在分工的基础上形成，组织中的不同职能和部门相互联系，具有一定的上下级关系，紧密地相互依赖，所有组织都与外界环境存在着资源和信息的交流，因而使其具有开放性的显著特征。

根据组织论的观点，组织设计的一般原则如下。

1. 目标一致性原则

组织的设计应有利于实现组织的总目标，真正建立起上下层层保证、左右协调的目标体系。

2. 有效的管理层次和管理幅度原则

管理幅度是指一个上级管理者直接领导的下级人数的多少。管理层次是一个组织中从最高层到最低层所经历的层次数。管理幅度与管理层次成反比,增加管理幅度则会减少管理层次,相反,减少管理幅度会增加管理层次,要结合具体情况制定出合理的管理层次和管理幅度。

3. 责任与权利对等原则

组织设计要明确各层次不同岗位的管理职责及相应的管理权限,需特别注意的是管理职责要与管理权限对等。

4. 合理分工与密切协作原则

组织是在任务分解的基础上建立起来的,合理的分工便于积累经验和实施业务的专业化。合理的分工有利于明确职责,密切协作才能将各部门、各岗位的工作努力转化成实现组织整体目标的力量。

5. 集权与分权相结合的原则

集权有利于组织活动的统一,便于控制。分权则有利于组织的灵活性,但使得控制变得困难。因此集权与分权要适度,适合组织的任务与环境。

6. 环境适应性原则

组织是一个与环境有着资源、信息等交换的开放系统,并受环境发展变化的制约,因此组织的设计要考虑到环境的变化对组织的影响。一方面要建立适应环境特点的组织系统,另一方面要考虑在环境发生变化时组织所应具有的灵活性及可变革性。

一般组织的特征及设计原则同样适用于项目组织,只是必须同时反映项目工作的特征。

不同的项目组织形式对项目实施的影响各不相同,表 2-2 列出了主要的组织结构形式及其对项目实施的影响。

在具体的项目实践中,究竟设计何种组织结构形式没有一个可循的公式,一般在充分考虑各种组织结构的特点、企业特点、项目的特点和项目所处的环境等因素的条件下,才能做出较为适当的选择。因此,在选择项目组织结构形式时,需要了解哪些因素制约着项目组织结构形式的实际选择,表 2-3 列出了一些可能的因素与组织结构形式之间的关系。

实际中存在多种项目组织结构形式,并没有证据证明有一个最佳的组织结构形式,每一种组织结构形式有各自的优点与缺点,有其适用的场合。因此人们在进行项目组织结构设计时,要采取具体问题具体分析的方法,选择合适的组织结构形式。

表 2-2 项目组织结构形式及其对项目的影响

组织形式 特征	职能式	矩阵式			项目式
		弱矩阵	平衡矩阵	强矩阵	
项目经理的权限	很少或没有	有限	小到中等	中等到大	很高,甚至全权
全职工作人员的比例	几乎没有	0~25%	15%~60%	50%~95%	85%~100%
项目经理投入时间	半职	半职	全职	全职	全职
项目经理的常用头衔	项目协调员	项目协调员	项目经理	项目经理	项目经理
项目管理行政人员	兼职	兼职	半职	全职	全职

表 2-3 影响组织结构形式选择的关键因素

组织结构 影响因素	职能型	矩阵型	项目型
不确定性	低	高	高
所用技术	标准	复杂	新
复杂程度	低	中等	高
持续时间	短	中等	长
规模	小	中等	大
重要性	低	中等	高
客户类型	各种各样	中等	单一
对内部的依赖性	弱	中等	强
对外部的依赖性	强	中等	弱
时间限制性	弱	中等	强

2009 上海 ATP1000 网球大师系列赛组织结构

体育赛事种类繁多,不同类别与性质的体育赛事,其运作管理机构也不相同。当体育赛事的主办单位决定由自己承担赛事运作时,赛事的运作管理机构就是主办单位自身;当体育赛事的主办单位将某项赛事的组织运作交由其他单位完成时,赛事的承办单位就成为赛事的实际运作管理机构。

在我国,大型或综合性体育赛事的组织结构一般采用职能型组织结构。职能型组织结构是将组织分成各个部门,这种结构的好处是能够将个人或团队安排到具体的工作领域,从而避免了工作内容和工作责任的重复。

2009上海ATP1000网球大师系列赛的运作管理机构就把赛事的主办单位对于2009上海ATP1000网球大师系列赛的组织运作交于其他单位(上海久事国际赛事有限公司)完成。我国对体育竞赛实行分级分类管理,全国综合性运动和全国单项体育竞赛由国务院体育行政部门管理或者由国务院体育行政部门有关组织管理,地方综合性运动会和地方单项体育竞赛的主办方必须是体育行政部门或者上级机关。

2009上海ATP1000网球大师系列赛是由上海市政府和国家体育总局主办,由上海久事国际赛事有限公司承办的赛事。上海久事国际赛事有限公司和上海网球协会共同成立组织执行委员会,它也是上海网球大师杯赛的实际运作管理机构。2009上海ATP1000网球大师系列赛的组委会设立专门组织项目部,明确各个部门的工作职责,将赛事运作的各方面任务分别委派到各相关部门中去,使赛事各个运作任务有明确的管理者和责任承担者,这样的组织机构比较有利于赛事更好地运作。

2009上海ATP1000网球大师系列赛运作机构的各个部门都有不同的职责划分(见图2-10)。

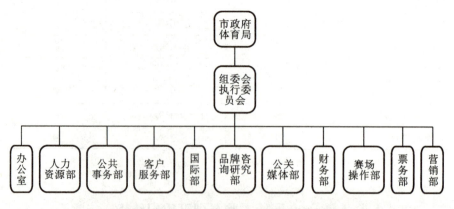

图2-10　2009上海ATP1000网球大师系列赛组织结构图

(1)办公室。与国内外赛事组织机构、主要赞助商、场地方、媒体广告商等重大客户进行谈判和签订合同,积极促进与政府机构、有关赛事活动审批机构等的良好公共关系。分析赛事各类信息,组织制定项目的总体方案,包括赛事概要、赛事组织方针、总体预算和费用控制计划。制定审核赛事和主赞助商促销的详细活动,相应工作内容和责任范围报表。再根据项目要求,制定项目网络计划图、时间进度表、甘特图,确保项目有组织、有计划地按时完成。

(2)人力资源部。根据实际需求制定招聘计划、招聘程序,安排好各工作人员的工作岗位。做好各部门间的人员协调工作;配合比赛有关的各项目进度制定人力资源计划,负责志愿者的招募、分工、组织、培训、工作安置等。

(3)公共事务部。负责各类比赛相关公文的拟定、资料收集,组织企业各种资格认证、证件的申请制作、荣誉申报工作;负责日常行政事务管理、赛场设施管理和采购工作;负责所有内外工作关系、人际关系、现场环境的协调和管理,国内体育机构、政府管理机构的关系协调管理;组织接待和相关外联工作,负责赛事证件的相关事宜。

(4)客户服务部。加强与赞助商的沟通协调,及时反馈赞助商促销需求,合作制订赞助商产品的促销计划、广告计划和服务计划,并组织赞助商在媒体上的广告投放;监控赞助商在广告片和场地广告上的设计、制作和发布工作;负责赞助商在活动和赛事举办期间的一切议程、住宿、交通、膳食安排工作;负责赛事期间赞助商商铺区的搭建和监督管理工作。

(5)国际部。负责与境外项目组织机构的协调沟通,制定赛事活动或其他活动所必需的工作进度表和程序,确保活动正常进行;负责境外运动员的联络、邀请、接待和出入境工作,安排境外人员在中国境内的议程、住宿、交通、膳食;确认场地要求,制定符合境外机构要求的场地计划、确定场地并组织实施场地计划;联系境外志愿者并进行组织管理;协助制订赛事计划、协调处理项目计划实施过程中的问题,办理境外人员和机构的税务、财务事宜和赛事所需设备的出入境手续。

(6)品牌咨询研究部。负责国内市场评估和市场调研、发展战略研究、市场营销策略研究,承担赞助商和票房市场的调查与预测,对各类广告效果进行检测和评估,负责球迷客户服务、赛期公众服务、赛后相关赛事数据统计分析等工作。

(7)财务部。负责项目的预算活动,审核预算报告,项目结算,公司经营活动的预决算;督促赞助款和票款的回笼,建立符合赛事实际情况的财务预算体系和财务管理制度,对各项费用、资金进行控制;负责现场财务日常管理工作。

(8) 公关媒体部。负责国内市场开发的策划和评估,承担媒体策划,组织宣传活动,进行赛事形象宣传、广告投放、赛事报道和媒体关系管理;赛事举办期间,建立并管理新闻中心,汇总新闻并发布;监督和管理赛事期间各转播媒体的工作情况。

(9) 赛场操作部。负责场地具体的设计、建设、统筹协调、场地组织、场地服务、场地布置和维护、设备管理维护、安全保卫、后勤服务等一切与项目实施相关的保障工作的责任部门。

(10) 票务部。负责票房销售操作的执行、票务系统维护、票房代理渠道开发和管理以及赛事期间的检票工作。

(11) 营销部。具体负责管理赞助市场、商铺客户市场开发销售、纪念品和旅游等商务开发。

(资料来源:汪力. 项目管理方法在 2009 上海 ATP1000 网球大师系列赛中的运用[D].上海:上海体育学院,2010.)

案例 我国大学生体育赛事组织结构设计

图 2-11、图 2-12、图 2-13 分别显示了 2008 年北京奥运会组委会组织结构、2004 年全国第七届大学生运动会组委会组织结构和 2011 年深圳世界大学生运动会组委会组织结构。

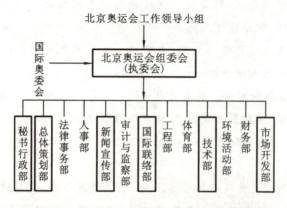

图 2-11　2008 年北京奥委会组委会组织结构

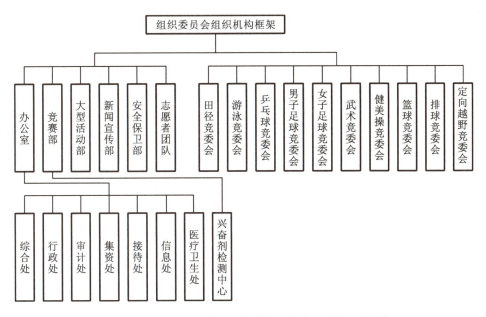

图 2-12　2004 年全国第七届大学生运动会组委会组织结构

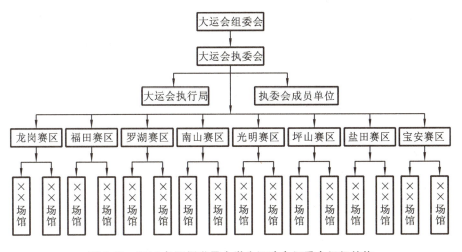

图 2-13　2011 年深圳世界大学生运动会组委会组织结构

从以上三场大型体育赛事项目的组织结构可以看出,前两场体育赛事都选择了职能型组织结构,这是从集中资源办大事的角度考虑。只有深圳世界大学生运动会采用了项目型组织结构。深圳世界大学生运动会在其三级结构下设立了 8 个独立赛区,每个赛区负责人由所在行政区的区长担任,赛区所需人员从各企事业单位抽调。图 2-14 显示了 2011 年深圳世界大学生运动会赛区项目型组织结构。

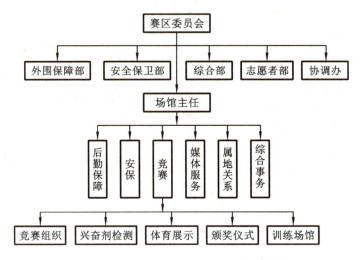

图 2-14　2011 年深圳世界大学生运动会赛区项目型组织结构

深圳世界大学生运动会的"这种独特的竞赛组织结构体系,在以往历届大型综合性运动会当中都没有过"。这也是项目型组织结构首次在综合性大型比赛上出现。从项目管理的视角看,它是以每个赛区为一个项目,赛区主任就是项目群经理,场馆主任就是项目经理,具体赛事及相关活动都是由场馆主任来统一指挥,项目型组织结构以其快速反应的灵活性和项目经理对资源支配权的绝对控制,使本届赛会取得了非常大的成功。但在实际操作过程中也出现了诸如物资供应跟不上、缺乏组织统一领导等问题。

通过对项目组织结构类型的研究和分析,我们可以发现,职能型组织结构和项目型组织结构都有成功应用于大型体育赛事的经典案例,而矩阵型组织结构还吸取了这两种组织结构的优点。因此,根据我国的实际情况,建议在我国大学生体育赛事的赛前筹备阶段,组委会采用职能型组织结构,以做到群策群力谋筹备;在赛中采用强矩阵型组织结构,可以最大限度地以赛事为中心发挥项目管理的优势,积小胜为大胜,最后取得赛事的成功。图 2-15、图 2-16 显示了我国大学生体育赛事组委会赛前和赛中的职能型组织结构与强矩阵型组织结构。

图 2-15 显示了在赛前筹备阶段,组委会采用职能型组织结构,其优势是可以形成统一指挥,集中资源完成赛事的准备工作。

图 2-16 显示了在赛中竞赛阶段,组委会采用强矩阵型组织结构,即成立以各竞赛项目经理为中心的若干个团队(图 2-16 中黑色框线内为各竞赛团

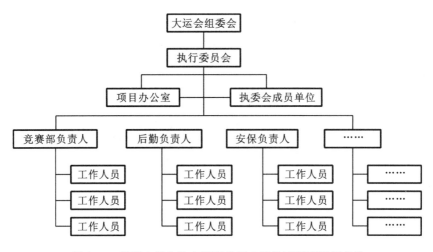

图 2-15　我国大学生体育赛事组委会赛前职能型组织结构

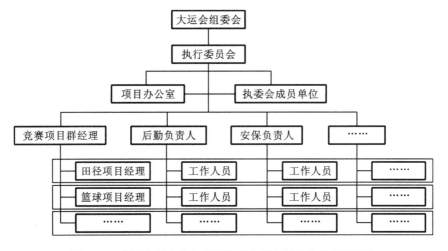

图 2-16　我国大学生体育赛事组委会赛中强矩阵型组织结构

队),在竞赛项目群经理的带领下,协调各部门的相关人员来完成竞赛任务。这样可以减少中间环节,随时调控比赛的各项资源,达到节约成本、提高效率的目的。

(资料来源:陈帅. 我国大学生体育赛事项目管理研究[D]. 长春:东北师范大学,2012.)

第三章

项目经理与项目团队

主要内容

- 项目管理领域中的核心概念
- 项目团队的建立和发展
- 项目人力资源的形成
- 项目人力资源的培训与开发
- 项目经理的角色定位
- 项目人力资源管理
- 项目人力资源绩效管理

> 经理—设定目标—组织—激励—沟通—衡量—开发人力资源。无论是否意识到,每位经理都做着这样的事情,他可能做得很好,也可能不尽如人意,但总是在做着这些事情。
>
> ——彼得·德鲁克

项目的成功完成除了优良的设备、先进的技术之外,更重要的是人的因素。项目经理作为项目管理的基石,他的管理、组织、协调能力,他的知识素质、经验水平和领导艺术,甚至个人性情,都对项目管理的成败有着决定性的影响。

为了完成某个项目,需要把具有各种技能的人组织起来,并要求大家关注同样的目标,密切配合,协同工作,这便形成了项目团队。项目团队的优劣很大程度决定着项目的成败。因此,为项目组建一个优秀的团队,并在项目实施中不断建设、发展之,是项目成功的有力保障。

第一节　项目管理领域中的核心概念

一、项目经理

PMBOK 对项目经理(Project Manager,PM)的定义为:"项目经理是执行组织委派其实现项目目标的个人。"项目经理负责项目的所有方面,包括但不限于:制订项目管理计划;促使项目符合进度和预算的要求;识别、监测和应对风险;准确及时地报告项目指标。另外,通过图 3-1 可以看出,要成为一名合格的项目经理,还要具备扎实的项目管理理论知识,较强的人际交往能力,常规的管理知识,理解并适应项目环境的能力,以及专业和应用领域的知识。最后,一名优秀的项目经理还要具备举一反三的学习能力、触类旁通的领悟能力和见招拆招的随机应变能力。只有把理论知识吃透,才能在实践中游刃有余。

图 3-1 显示了项目经理应具备的素质。

二、项目、项目集、项目组合之间的关系

PMBOK 对项目的定义为:"项目是为创造独特的产品、服务或成果而进行的临时性工作。"

PMBOK 对项目集的定义为:"项目集是一组相互关联且被协调管理的项目。"项目集的协调管理所获得的效益,要超过单个项目所获利益之和。

PMBOK 对项目组合的定义为:"项目组合是指为便于有效管理,实现战略业务目标而组合在一起的项目、项目集和其他工作。"

图 3-2、图 3-3、图 3-4 显示了项目、项目集和项目组合之间的关系,即项目组合包含项目集,项目集包含项目,项目又可分解出很多工作包。

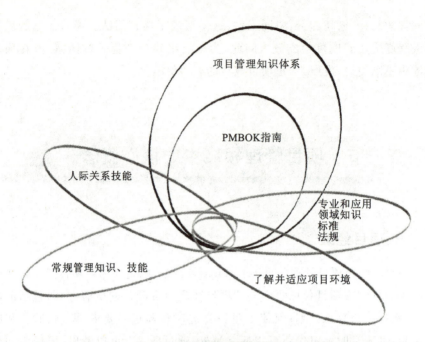

图 3-1 项目经理应具备的素质

图 3-2 项目、项目集、项目组合之间的关系

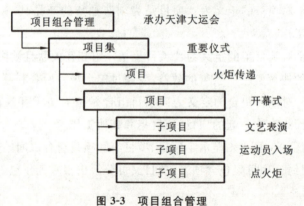

图 3-3 项目组合管理

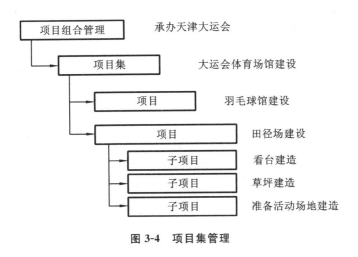

图 3-4 项目集管理

第二节 项目经理的角色定位

项目组织结构模型表明,在整个项目组织中,项目经理就是项目的负责人,有时人们也称之为项目管理者或项目领导者。项目经理领导着项目组织的运转,其最主要的职能是保证组织的成功,在项目及项目管理过程中起着关键的作用,是决定项目成败的关键角色。项目经理是一个管理者,但他与其他管理者有很大的不同。项目经理与部门经理及公司总经理的职责不同,这在矩阵型组织结构中可以明显看出。项目经理对项目的计划、组织、实施负全权责任,对项目目标的实现负终极责任,是项目的直接管理者。而部门经理只能对项目涉及本部门的部分工作施加影响,如技术部门经理对项目技术方案的选择、设备部门经理对设备选择的影响等。总经理通过项目经理的选拔、使用、考核等来间接管理一个项目。因此,项目经理对项目的管理比部门经理和公司总经理更加系统全面,要求具有系统思维。同时,由于项目本质上跨越各种领域,穿过许多组织界限,所以要经常地、快速地做出决策,实施对项目成员、项目执行过程和项目成果的管理,这要求项目经理必须具备多种技能。

一、项目经理的职责

如果没有合适的项目经理,项目管理就不会成功,项目经理在整个项目实施中需要履行以下职责。

1. 计划

项目经理要高度明确项目目标,并就该目标与客户取得一致意见。然后,在与项目团队成员进行充分沟通的基础上共同制订实现项目目标的计划,并建立项目管理信息系统,以便将项目的实际进程与计划进行比较。

2. 组织

组织职能的履行主要是为项目获取合适的资源,将项目任务分解,授权于项目内部成员或项目团队外部承包商,在给定预算和时间进度计划下完成项目任务。组织职能还有一个更重要的内容是营造一种高效的工作环境。

3. 控制

对项目实施过程进行控制,是项目成功的有力保障。因此,项目经理应设计一套项目管理信息系统,跟踪实际工作进程并将其与计划安排进程进行比较,不断纠正项目偏差,完善项目计划。

二、项目经理的能力要求

由于项目的复杂性和多样性,要求项目经理具备各方面的能力。

1. 领导能力

项目经理的领导能力是项目成功的重要前提之一,它要求项目经理能对项目有明确的领导和指导,能解决和处理各种问题,善于起用新人,并使之与团队融洽相处。能迅速做出集体决策与个人决策,能准确无误地沟通信息,能代表项目团队与外界交流,能平衡经济与人力间的矛盾。

2. 冲突处理能力

各种纠纷、冲突和矛盾在项目管理中难以避免。当纠纷与冲突对项目管理功能产生危害时,会导致项目决策失误、进度延缓、项目搁浅,甚至彻底失败。所以项目经理应保持对冲突的敏锐观察,识别冲突可能产生的不同后果,尽量利用对项目管理有利的冲突,同时减少和消除对项目产生严重危害的冲突。

3. 建设项目团队的能力

建设项目团队是项目经理的主要责任之一,为保证项目有一个高效运作的团队,项目经理应对团队成员进行训练和培养,创造一种学习环境,鼓励成员在项目活动中自我发展、勇敢创新,并努力减少他们对失败的恐惧,造就项目团队良好的协作氛围、相互信任的人际关系,从而建设一支有着不竭动力的高绩效的项目团队。

4. 解决问题的能力

项目经理应该有一个及时准确的信息传送系统,要在项目团队、承包商及客户之间进行开放而及时的信息沟通以及早发现项目存在的问题,设计成熟而成本低廉的解决方案来解决问题,把问题可能对项目造成的影响或危害降到最低。

不仅项目经理自身要有解决问题的能力,更要鼓励和培训项目团队成员及早发现问题并独立解决问题的能力。当项目出现较复杂的问题时,项目经理要具有洞察全局的能力,领导团队成员及项目利益关系者共同提出最佳解决方案。

三、项目经理的工作技巧

在具备以上能力的同时,项目经理还应该具备以下一些与人相处的重要技巧。

1. 影响

项目经理的正式权力通常是由项目组织中的高层领导授予的,我们称之为"合法权力"。但项目经理的正式权力往往不大,他们的权力通常来自大家对他们的经验、过去的优秀成绩、说服力和果断的决策力的尊重,即对其影响力的尊重。有的时候,项目经理的"影响力"甚至比正式权力更能在项目组织的领导中发挥作用。因此,项目经理应注意培养自己的其他权力形式,不断提升因其具有的专长而形成的"专长权力",或与组织中更有权力的人在一起而获得"联合权力",或通过获取同事与上司的支持而形成"政治权力"。以增强对项目团队的影响力,获得项目组织所有成员的支持。

2. 授权

与影响力一样,授权也是项目经理的重要能力。授权明确组织成员在目标实现过程中的地位与角色。授权是一个过程,在这一过程中挑出合适的人选,在合适的范围内给予其做出决策和采取行动的合适权力。

授权可以使项目经理从日常琐事中脱身,全力处理全局性、战略性问题;同时也是充分利用项目成员人力资源、提高决策速度及科学性的有效措施。成功授权应在充分了解项目成员的基础上选择适当的人选,阐明所授权力的内容、时间、成本及成果要求,并建立适当的控制机制以确保授权在应有的范围内运行。但授权不等于下放责任,项目经理仍须对整个项目负责。

3. 谈判

谈判是在满足项目要求的前提下,与他人达成协议或妥协的过程。项目经理需要就项目的各个方面进行谈判,如资源、时间、质量、程序、成本及人员。在谈判中,结果总是对一方比对另一方更有利或不利。一个优秀的项目经理必须是一个优秀的谈判者,尽量使谈判双方的受益差距最小,以避免矛盾。

4. 沟通

经常而有效的沟通是项目顺利进行、获取改进项目工作的建议、保持客户满意度的保证。项目经理应具备良好的沟通能力,通过多渠道进行及时、真实和明确的沟通,以获得客户对项目预期目标的清晰理解,使项目团队内部相互信任、协同工作。

第三节 项目团队的建立和发展

一、项目团队的定义

团队是指为了达到某一确定目标,由分工与合作及不同层次的权力和责任构成的人群。团队是相对部门或小组而言的。部门和小组的一个共同特点是,在存在明确内部分工的同时,缺乏成员之间的紧密协作。团队则不同,队员之间没有明确的分工,彼此之间的工作内容交叉程度高,相互间的协作性强。团队在组织中的出现,根本上是组织适应快速变化环境要求的结果,"团队是高效组织应付环境变化的最好方法之一"。项目团队,就是为适应项目的实施及有效协作而建立的团队。项目团队的具体职责、组织结构、人员构成和人数配备等方面因项目性质、复杂程度、规模大小和持续时间长短而异。简单地把一组人员调集在一个项目中一起工作，并不一定能形成团队，就像公共汽车上的一群人不能称为团队一样。项目团队不仅仅是指被分配到某个项目中工作的一组人员，它更是指一组互相联系的人员同心协力地进行工作，以实现项目目标，满足客户需求。而要使人员发展成为一个有效协作的团队，一方面需要项目经理做出努力，另一方面也需要项目团队中的每位成员积极地投入到团队中去。一个有效率的团队不一定能决定项目的成功，而一个效率低下的团队注定会使项目失败。

二、项目团队的组建

要成功组建项目团队，项目经理首先必须拥有一定的人事管理权，能直接参与项目成员的选择，决定其去留，决定其在项目中的角色。所有项目成员的工作必须直接向其汇报。项目经理拥有人事管理权，便可为项目选择最能胜任的成员，并为这些成员分配适宜的角色，使他们各得其所，发挥出较高工作水平。

在项目中，项目经理常会和一些不太了解的人一起工作，这些人性格特点、知识技能和兴趣偏好各不相同，组合在一起不一定能很好地合作。正如将全世界最出色的足球明星组合成一个足球队，并不一定就是全世界最棒的足球队一样。一个优秀的足球队不仅要有能够胜任各关键位置的球员，还要求球员能够配合默契。为了选择最胜任的成员，项目经理必须努力去了解项目团队成员的技能、知识和兴趣，把个人偏好与角色要求相匹配，恰当地运用每个成员的才能，使其各得其所，团队成员才能够相互促进和协作，项目团队才能顺利运转。

找到了优秀的项目人员，并将他们组织起来后，项目经理需要不断地对项目成员构成的小组进行调适，建立起广泛的信任基础，并促进真正的合作，才能真正形成项目团队。

项目团队的建设要以形成以下五种特点为目标。

（1）共同的目标。每个组织都有自己的目标，项目团队更不能例外。共同的目标是项目团队存在的基石，正是在这一目标的感召下，团队队员凝聚在一起，并为之共同奋斗。共同目标包含了个人愿景与个人目标，充分体现了个人的意志与利益。共同目标能产生足够的吸引力，能够引发并保持团队成员的激情，并随着环境的变化而有着相应的调整。每个队员也都了解它、认同它，都认为共同目标的实现是实现共同愿景的最有效途径。

（2）合理分工与协作。项目团队中每个人的行动都会影响到其他人的工作，因此团队成员都需要了解为实现项目目标而必须做的工作及其相互间的关系。每个成员都应该明确自己的角色、权力、任务和职责，即项目共同目标在团队成员间的分解及具体化，同时，更重要的是在目标明确之后，必须明确各个成员之间的相互关系，以便在以后项目执行过程中少花时间和精力去处理各种误解。

（3）高度的凝聚力。凝聚力指成员在项目内的团结与吸引力、向心力，它能使团队成员积极、热情地为项目成功付出必要的时间和努力。

（4）团队成员相互信任。项目团队成员相互关心，承认彼此存在的差异，信任其他人所做和所要做的事情，能自由地表达不同意见，不怕打击报复，大胆地提出一些可能产生争议或冲突的问题。这样的团队必将是一个有效的团队，必将使团队能力得到充分发挥。项目经理应认识到这一点，通过委任、公开交流，自由交换意见来推进彼此间的信任。努力建立团队成员间的相互信任。

（5）有效的沟通。高效的项目团队还需具有高效沟通的能力，拥有全方位的、各种各样的、正式的和非正式的信息沟通渠道，能保证沟通直接、高效、层次少，实现信息和情感上的沟通，形成开放、坦诚的沟通气氛。

三、项目团队的发展

一个项目团队从开始到终止，是一个不断成长和变化的过程。项目管理近20年来的研究表明，项目团队的发展没有任何标准的模式，项目团队不是静止不变的，在小组成员的态度和行为不断调整的过程中，项目经理必须要敏锐地辨识各种冲突的性质，制定并实施切实可行的团队建设措施，建立健全科学的授权与控制机制，使项目团队能长久保持高绩效的运作状态，确保项目任务能顺利完成。

项目团队的生命历程，一般要经历形成、磨合、规范、执行和解散五个阶段。在不同的阶段，项目成员的工作任务及团队间的人际关系有很大的差别，项目经理应采用不同的领导策略加以适应。

1. 形成阶段

在形成阶段，团队成员因项目而走到一起，大家互不相识，不太清楚项目是干什么的和自己应该做些什么。这一时期的特征是队员们既兴奋又焦虑，而且还有一种主人翁感,他们从项目经理处寻找或相互了解,谨慎地研究和学习适宜的举止行为,以期找到属于自己的角色。

在这一阶段,每个成员都试图了解项目目标和自己在团队中的合适角色,项目经理在这个阶段的领导任务是让成员了解并认识团队有关的基本情况,明确每个人的任务,为自己找到一个有用的角色,培养成员对项目团队的归属感,激发其责任感,努力建立项目团队与项目组织外部的联系与协调关系。

当团队成员感到他们已属于项目并且有了自己作为团队不可缺少的一部分的意识时,他们就会承担起团队的任务,并确定自己在完成这一任务中的参与程度。当解决了定位问题后,团队成员就不会感到茫然而不知所措,从而有助于其他各种关系的建立。

2. 磨合阶段

在这一阶段,队员们开始执行分配到的任务。但由于现实可能与当初的期望发生较大的偏离,于是,团队的冲突和不和谐便成为该阶段的一个显著特点。成员之间由于立场、观念、方法、行为等方面的差异而产生各种冲突,人际关系陷入紧张局面,队员们可能会消极地对待项目工作和项目经理,甚至出现敌视、强烈情绪以及向领导者挑战的情形。冲突可能发生在领导与个别团队成员之间、领导与整个团队之间以及团队成员相互之间、团队成员与周围环境之间、团队成员与项目外其他部门之间。这些冲突或是情感上的,或是与事实有关的,或是建设性的,或是破坏性的,或是公开性的,或是隐瞒性的,整个项目团队工作气氛趋于紧张,问题逐渐暴露,团队士气较形成阶段明显下沉。

不管怎样,在这一阶段,团队成员逐步在明确自己所扮演的角色及其功能、权限和责任感,项目经理的领导任务是建立切实可行的行为和工作标准,在团队中树立威信、排除冲突,以理性的、无偏见的态度来解决团队成员之间的争端。

3. 规范阶段

经历了磨合阶段的考验,项目团队确立了成员之间、成员与项目经理之间、团队与外部环境之间的良好关系。在这一阶段,随着个人期望与现实情形——要做的工作、可用的资源、限制条件、其他参与人员的逐步统一,队员的不满情绪不断减少,项目团队逐步适应了工作环境,项目规程得以改进和规范化,控制及决策权从项目经理移交给了项目团队,团队凝聚力开始形成,每个成员为达到项目目标所做的贡献都能得到认同和赞赏,团队成员开始自由地、建设性地表达他们的情绪及评论意见,成员之间开始相互信任,合作意识增强,团队的信任感得以发展。

团队经过这个社会化的过程后,建立了友谊、忠诚和信任,团队成员大量地交流信息、观点和感情,团队成员有了明确的工作方法、规范的行为模式,这一阶段的矛盾程度明显低于磨合时期,项目经理的领导任务主要是在项目成员及任务间进行适当的资源配置。

4. 执行阶段

经过前一阶段,团队确立了行为规范和工作方式,能开放、坦诚、及时地进行沟通,有集体感和荣誉感,信心十足,工作积极,急于实现项目目标。在这一阶段,团队成员能感觉到高度授权,根据实际需要,以团队、个人或临时小组的方式进行工作,团队相互依赖度高,成员经常合作,并在自己的工作任务外尽力相互帮助。随着工作的进展并得到表扬,团队获得满足感,个体成员会意识到为项目工作的结果使他们获得职业上的发展。

相互的理解、高效的沟通、密切的配合、充分的授权,这些宽松的环境加上队员们的工作激情使得这一阶段容易取得较大成绩,实现项目的创新。团队精神和集体的合力在这一阶段得到了充分的体现,每位队员在这一阶段的工作和学习中都取得了长足的进步和巨大的发展,这是一个"1+1>2"的阶段。

在这一阶段,项目成员相互配合,充分发挥着团队集体的主动性、积极性和创造性。项目经理的领导任务主要是适当授权和分派工作,放手让成员自主完成项目任务,通过有效的控制、尊重和信任来激发成员。

5. 解散阶段

对于完成某项任务、实现了项目目标的团队而言,随着项目的竣工,团队准备解散,团队成员开始骚动不安,考虑自身今后的发展,并开始做离开的准备,团队开始涣散。有时,团队仿佛回到了组建阶段,必须改变工作方式才能完成最后的各种具体任务,但同时由于项目团队成员之间已经培养出感情,所以彼此依依不舍,惜别之情难以抑制,团队成员们领悟到了凝聚力的存在。

在这一阶段,项目经理的主要任务是收拢人心,稳住队伍,适度调整工作方式,向团队成员明确还有哪些工作需要做完,否则项目就不能圆满完成,目标就不能成功实现。只有根据项目团队成员在这一阶段的具体情况不断调整领导艺术、工作方式,充分运用项目团队凝聚力和团队成员的集体感和荣誉感,才能完成最后的各项具体任务。

第四节　项目人力资源管理

美国佛罗里达国际大学教授加里·先斯勒说:"许多管理者如总裁、总经理、主管人员、监督人员等之所以进行了成功的管理,恰恰是因为他们掌握了如何雇佣恰当的人来承担工作,并对他们进行正确的评价和激励。"确实,在现代社会,特别是高科技产业快速发展的21世纪,从创造社会财富、促进经济增长和加强竞争优势等方面看,人力资源已逐渐上升到决定性地位,而自然资源越来越退居次要地位,自然资源和资本的竞争将逐渐为人力资源的竞争所代替,人力资源成了第一资源。任何一个项目组织,若无有效的人力资源管理,要实现其项目目标是根本不可能的,人力资源已成为一个企业或项目成败的关键决定因素。大多数项目经理认为,有效管理人力资源是他们所面临的最为艰巨的挑战。

一、人力资源概述

在项目管理中,一个项目的实施需要多种资源,从资源属性角度来看,包括人力资源、自然资源、资本资源和信息资源,其中人力资源是最基本、最重要、最具创造性的资源,是影响项目成效的决定性因素。

而关于人力资源的定义,学术界存在不同的说法。伊凡·伯格认为,人力资源是人类可用于生产产品或提供各种服务的活力、技能和知识。雷西斯·列科认为,人力资源是企业人力结构的生产力和顾客商誉的价值。内贝尔·埃利斯认为,人力资源是企业内部成员及外部的人,即总经理、雇员及顾客等可提供潜在服务及有利于企业预期经营活动的总和。也有人认为,人力资源是指具有脑力劳动或体力劳动的人们的总称。

与其他资源相比,人力资源具有如下特征。

(1) 人力资源是一种可再生的生物性资源。人力资源以人身为天然载体,是一种"活"的资源,并与人的自然生理特征相联系。这一特点决定了在人力资源使用过程中需要考虑工作环境、工伤风险、时间弹性等非经济和非货币因素。

（2）人力资源在经济活动中是居于主导地位的能动性资源。人类不同于自然界其他生物之处在于人具有目的性、主观能动性和社会意识。人类的这种自我调控功能使其在从事经济活动时，总是处在发起、操纵、控制其他资源的位置上。亦即它能够根据外部可能性和自身的条件、愿望，有目的地确定经济活动的方向。并根据这一方向具体地选择、运用外部资源或主动地适应外部资源。人力资源与其他被动性生产要素相比，是最积极、最活跃的生产要素，居于主导地位。

因此，在项目实施过程中，比起对其他资源的管理，项目人力资源的潜能能否发挥和能在多大程度上发挥，要更依赖于管理人员的管理水平，即能否实现对员工的有效激励，能否达到使整体远大于各个部分之和的管理效果。

（3）人力资源是具有时效性的资源。人力资源的形成、开发、使用都具有时间方面的制约性。从个体看，作为生物有机体的人，有其生命周期；而作为人力资源的人，能够从事劳动的自然时间又被限定在其生命周期的中间一段；能够从事劳动的不同年龄段（青年、壮年、老年）其劳动能力也不尽相同。从社会的角度看，在各个年龄组人口的数量及数差之间的联系，特别是"劳动人口与被抚养人口"的比例，存在着时效性问题。由此就需要考虑动态条件下人力资源的形成、开发、分配、使用的相对平稳性。

二、项目人力资源管理概述

基于人力资源的以上特征，通过对与一定物力相结合的人力进行合理的培训、组织和调配，使人力、物力经常保持最佳比例，同时对组织成员的思想、心理及行为进行诱导、控制和协调，充分发挥他们的主观能动性，使人尽其才、事得其人、人事相宜，顺利实现组织目标的过程，就是人力资源管理。

人力资源管理是随着企业管理理论的发展而发展的，它形成于20世纪初科学管理在美国兴起时，是企业职工福利工作的传统做法与泰勒科学管理方法相结合的产物，迄今已有几十年历史。随后兴起的工业心理学和行为科学对它产生了重大影响，推动了它的发展并使之走向成熟。

组织人力资源管理的结果应创造两种绩效：员工绩效、组织绩效。员工绩效主要指通过人力资源管理使员工对工作产生满足感，激发员工从事后续工作的热情及动力。组织绩效主要指通过人力资源管理使组织生产率和效益得到提高。人力资源管理模式的最终目的是提高员工和组织的工作绩效，在实现组织目标的基础上,努力实现员工的个人目标,使组织与员工实现共同发展。

项目人力资源管理是项目管理的核心。项目人力资源管理就是通过不断获得人力资源,把得到的人力整合到项目中而融为一体,保持和激励他们对项目的忠诚与积极性,控制他们的工作绩效并做出相应的调整,尽量开发他们的潜能,以支持项目目标的实现。项目人力资源管理也可理解为对人力资源的取得、培训、保持和利用等方面所进行的计划、组织、指挥和控制活动。具体而言,它包括以下内容。

(1) 人力资源规划。它是指项目为了实现其目标而对所需人力资源进行预测,并为满足这些需要而预先进行系统安排的过程。

(2) 工作分析。它是指收集、分析和整理关于某种特定工作信息的一个系统性程序。工作分析要具体说明为成功地完成该项工作,每个人的工作内容、必要的工作条件和员工的资格是什么。工作分析信息被用来规划和协调几乎所有的人力资源管理活动。

(3) 员工招聘。它是根据项目任务的需要,为实际或潜在的职位空缺找到合适的候选人。

(4) 员工培训和开发。它是指为了使员工获得或改进与工作有关的知识、技能、动机、态度和行为,以利于提高员工对项目目标的贡献,组织所做的系统、有计划的各种努力。培训聚焦为目前的工作,而开发则是为员工准备可能的未来工作。

(5) 报酬管理。它是通过建立公平合理的薪水系统和福利制度以起到吸引、保持和激励员工很好地完成其工作的作用。

(6) 绩效评估。它是对工作行为的测量过程,即用过去制定的标准来比较工作绩效的记录以及将绩效评估的结果反馈给员工的过程。

以上是项目人力资源管理的核心内容,它们从管理程序上来讲,已经在很大程度上规范化了,从管理部门上来讲,也拥有专门的人力资源管理部门,因此属于制度化的人力资源管理。除了有章可循、程序比较固定的这一部分外,还有一些无固定做法可言的内容,这一部分一般为非组织化的人力资源管理或更高层次的人力资源管理,主要包括领导艺术、群体激励、管理沟通、企业文化建设等内容。

项目人力资源管理根据项目目标及其外部环境的变化,采用一定的方法,一方面科学调配项目组织的人力资源,另一方面积极、高效地发挥项目人员的作用,在实现项目目标的同时实现项目组织成员的个人目标。简单地说,项目人力资源管理就是最有效地使用参与项目人员的过程,包括组织计划编制、人员招募、团队建设等内容。组织规划的内容主要是确定项目人力资源计划,根据项目分解结构,确定项目需要的角色、各角色应承担的责任以及诸角色之间的上下级报告关系。组织规划的成果是项目的组织结构图、以矩阵表示的项目角色职责分配表、人员配置管理计划以及必要的文字说明。人员招募的主要内容是物色适合于项目工作需要的人力资源,将其编入项目团队,把组织规划确定的项目角色连同责任和权利分配给各个成员,明确各成员之间的配合、汇报和从属关系。项目团队建设的主要内容是培训、提高、调整、配合项目成员和项目团队整体的技能,使项目团队成为一个高绩效的团队,从而提高项目绩效。

关于项目组织和项目团队的内容,在第三章已作了介绍,本章主要讲述项目人力资源的形成、项目人力资源的绩效管理和项目人力资源的培训与开发等方面的内容。

第五节　项目人力资源的形成

项目人力资源的形成是通过人力资源规划,确定项目角色、职责、汇报关系,并制订人力配置管理计划。项目角色可指定为个人或小组,而这些个人或小组可来自项目实施组织的内部或外部。人员配备管理计划可包括何时、如何招募人员以及人员撤离项目的安排,同时,可确定培训需求、奖赏计划、合规性考虑、安全问题,以及人员配备管理计划对组织的影响。

一、项目人力资源的招聘

有效的招聘要求做大量、仔细的规划,招聘规划一般包括以下内容。

1. 确定项目对人员的需求

工作分析结构图(WBS)把整个项目分解到相对独立、内容单一、易于成本核算与检查的工作单元,而工作分析又具体说明了,为成功完成该工作,员工需具备的资格。因此,依据这两方面的信息,就可以制定出项目所需要人员的确切数量和具体的招聘条件。

2. 确定如何来满足这些需求

要制订一份招聘计划,包括招聘政策、招聘负责人确定、招聘渠道选择、招聘方法和招聘预算等。

1) 招聘方式

招聘政策的制定为整个招聘活动规定了方向。为了满足项目的职位空缺,需要考虑以下两个问题。第一,用核心人员还是应急人员去填补,应急人员虽然为组织工作,但基本上属于一种临时"租借"的人员。在项目中经常会遇到一些特别的技术要求,因此临时性人员的使用会比较多见,而且有迅速扩大的趋势。第二,如果是核心人员,项目招聘又有内部来源和外部来源两个战略可供选择。一般认为,内部招聘的优点有:

(1) 雇主已经很熟悉内部候选人的资格;

(2) 内部招聘花费较少;

(3) 内部招聘能更快地填补工作空缺;

(4) 内部候选人更熟悉组织的政策和实践,因此需要较少的培训。

然而,内部招聘也会产生一些问题。当一个职位空缺时,许多雇员都会被考虑补充那个职位,当然大部分人会被否决,一些被否决的候选人可能会产生怨恨。另一个和内部招聘相联系的潜在问题也会发生,那就是这些人必须在他们过去的同事面前扮演一个新角色,特别是在过去的朋友成为下级后,扮演新角色的难度会更大。因此,虽然内部来源是主要来源,但在存在以下情形时也会采用外部招聘:

(1) 需要外部人员给组织带来新的理念和创新;

(2) 没有合格的内部候选人申请;

(3) 组织需要增加它在某个特殊的未被充分使用群体中的雇员百分比。

2) 招聘渠道的选择

根据招聘规划,招聘渠道主要有内部招聘和外部招聘两种形式。

最常用的内部招聘渠道如下。

(1) 查阅组织档案。在组织人力资源信息系统中能加以存储的关于每位雇员工作技能的信息,如果工作出现空缺时,计算机搜寻技能文件,以便为空缺工作辨认拥有所需技能的雇员。它的优点是能很快找到候选人。缺点是在计算机数据库中存储的技能清单只限于客观或实际的信息,如教育程度、资格证书、上过的训练课程及所掌握的语言。带有主观性的信息,如人际技能、判断力、正直等可能被排除了,然而对许多工作来说,这类信息是至关重要的。

(2) 主管推荐。优点是主管一般很了解在其手下工作的员工,会提供具体而详细的候选人信息。缺点是主管的推荐通常很主观,因此易受偏见和歧视的影响。

(3) 工作张榜。工作张榜是内部招聘最常用的方法,至少对非管理层是这样的。典型的工作张榜系统是将工作空缺通知贴出以使所有雇员都能看到,通知工作描述、薪水、工作日程和必要的工作资格。工作张榜系统有许多优点:第一,提高了公司最合格雇员将被考虑从事该工作可能性;第二,给雇员一个对自己职业生涯开发更负责任的机会。许多雇员试图提高他们的工作技能和绩效,因为他们认为这样的努力能带来更大的晋升机会。缺点是用这种方法填补空缺职位要花费较长的时间,而且该系统可能会影响主管雇佣他们选择的人。

从外部招聘的渠道如下。

(1) 雇员举荐。许多组织发现这种办法很有效,所以它被广泛应用。据调查,通过雇员举荐的求职者一般比通过其他渠道招聘到的人员表现更好,而且在组织中工作的时间更长。因为雇员对于空缺的职位和候选人都很了解,可以准确地判断出两者是否合适。

(2) 毛遂自荐。优点是这种招聘方法既有效又成本低。另外,既然候选人已经花时间了解过公司,他们更容易受到高度激励。缺点是依靠求职者毛遂自荐有一个时间问题,申请和简历可能要在文件中储存一段时间,等到职位出现空缺时,许多求职者可能已找到了其他工作。

(3) 招聘广告。可能最广为人知的通知潜在求职者工作空缺的方法是招聘广告。广告可以登载在报纸、杂志或因特网上,也可以出现在电视上。优点是广告可在相对短的时间内使信息传递至大量受众,实际上几乎所有的公司都使用这样的招聘广告,这种方法有助于保证求职者数量足够多。缺点是效率低。研究发现,通过报纸广告被雇佣的人与那些通过其他方式被雇佣的人相比,工作表现较差,而且更常旷工。

(4) 校园招聘。校园招聘通常用于工程、财务、会计、计算机科学、法律等领域的专业化的初级水平的工作。实际上,低于3年工作经历的约50%的经理和专业人员是在校园里招聘到的。缺点是代价高而且耗时间。组织提前9~11个月就必须确定他们的招聘需求,而且正常情况下必须等到学生毕业才能雇佣。

(5) 就业代理机构。就业代理机构和经理搜寻公司代表了外部招聘求职者的另一途径。这里,雇主通过与适当的代理机构/公司接触并告知工作所需的资格来开始招聘过程。代理机构承担了寻找和筛选求职者的任务,并向雇主推荐优秀的求职者以备进一步筛选。

(6) 猎头公司。猎头公司是一种专门为雇主"搜捕"和推荐高级主管人员和高级技术人员的公司,他们设法诱使这些人才离开正在服务的企业。猎头公司的联系面很广,而且它特别擅长接触那些正在工作并对更换工作还没有积极性的人。它可以帮助项目管理人员节省很多招聘和选拔高级主管等专门人才的时间。但是,借助猎头公司的费用要由用人单位支付而且费用很高,一般为所推荐的人才年薪的 1/4 到 1/3。

二、项目人力资源的选择

(一) 选择程序

人员选择活动典型地遵照一个标准模式,从一个最初的筛选会谈开始,止于最后的就业决策。这个典型的选择程序由七个步骤组成:①最初筛选;②填写申请表;③就业考试;④综合面谈;⑤背景调查;⑥体格检查;⑦最终雇佣决策。这个程序中的每一步都力图扩充组织对求职者背景、能力和动机的了解,并增加决策者据以做出预测和最终选择的信息。

(1) 最初筛选。这实际上包括两步:筛选探询和筛选面谈。成功的招聘活动将吸引许多求职者。根据工作描述和明确化要求,这些求职者将有部分被排除。导致排除的因素包括不理想的经历和教育水平。筛选面谈包括向求职者提供详细的工作信息,从而使不合格者自动退出,这对双方都有好处。

(2) 填写申请表。一旦通过了最初的筛选,求职者就要填写组织的有关求职表。要求填写的信息可能包括求职者的姓名、住址和电话号码。但有些组织要求填完 6~10 页的综合性个人历史文件。一般而言,申请表概括性地表明求职者在以前的个人生涯中干过什么,技能和成就如何。

(3) 就业考试。许多组织很大程度上依靠智力、性格、能力和兴趣测试来提供主要信息输入,甚至书法分析和说谎测试也被用于更深刻地了解候选人。

(4) 综合面谈。通过了最初筛选、申请表填写和考试的求职者,将获得参加综合面谈的权利。求职者可能会见人事部门人员、组织行政人员、潜在的公司和同事等。综合面谈主要涉及申请表和笔试,包括没有涉及的方面或需要进一步考试的事项。它应该直接指向与工作有关的问题。有关询问和话题应反映工作的特别特征和它所要求的任职者品质。

(5) 背景调查。对于可能成为雇员的求职者要进行背景调查,这包括:与求职者以前的雇主联系以确证候选人的工作记录和业绩评价;与其他有关的人员联系,并确认申请表上注明的教育水平。

(6) 体格检查。这是一个附加程序,主要是排除那些身体条件不合格的求职者。

(7) 最终雇佣决策。如果一项选择活动到达了体格检查阶段并获得了通过,则选择决策的主动权就落到了求职者手中。研究表明,人们普遍趋向于选择与个人性情相符的工作。"社会人"偏向医疗心理学、外交、社会工作等;"研究人"喜爱生物学、数学或海洋学,而管理、法律或公共关系职业对企业型人才有吸引力。大多数工作选择研究也表明,个人对某一工作的吸引力的看法是很重要的。

(二) 选择方法

在项目人力资源的选择上,有两种选择方法:面试和测试。

1. 面试

1) 面试前的准备

面试前的准备主要包括以下四个方面的工作。一是确定目标。每次面试都应该有明确的目标,清楚此次面试必须了解何种信息,达到何种目的。二是在工作分析的基础上编制各种问题。这些问题可以包括工作环境、工作经验和工作技巧方面的问题,以及工作要求和对应试者本身的要求等问题。三是决定如何评价面试的结果,即要制定若干标准以判断问题及回答是否正确的或有效的。四是对面试的控制。即要将面试的目的、面试的问题事先记录下来,在面试中可以经常提醒主试者始终围绕目标进行面试。

2) 面试类型

聘用面试可分为以下几类。

(1) 非结构化面试。面试者可以即兴提问,不必遵循特定的形式及方向。通常,对每一位应聘者都从相同的问题开始,但随着应聘者的回答,面试者就可以顺着他的答案来确定问题的方向和深度,使面试者能深入了解所有感兴趣的问题。

（2）结构化面试。面试者必须遵循预先设定的问题和程序向应聘者提问，可采用事先由专家设定的结构化面试表，以免遗忘该向应聘者提出的问题。有时，还可由专家群体针对不同问题事先设定"理想的"答案，以及可能出现的不同答案的得分。

（3）群体面试。它有两种方式：①由多位面试者分别同应聘者面谈，每位面试者或者问自己所关心的问题，并按自己的观点对应聘者做出单独的评估，或者都以标准化的评分表对应聘者提问和评分，并在最后做出聘用决定前相互比较；②由一群面试者同时对应聘者进行面试，这样可以避免重复，使面试更加深入和有意义，但可能会加重对应聘者的压力。

（4）压力面试。如果受聘者将要从事的工作需经常面对一定的压力，就有必要测试应聘者在工作压力下的表现。一般做法是，面试者通过背景资料先找出应聘者的"弱点"，向应聘者提出一连串带有压迫性的甚至比较粗鲁的问题，迫使应聘者采取防卫的态度，以此来观察其应变能力。

3）面试中应注意避免的问题

（1）过早下结论。面试者经常在和应聘者交谈的最初几分钟内，甚至只根据应聘者的申请表和外貌，在开始面试之前，就已做出了是否聘用的决定，而使面试流于形式。

（2）过分强调应聘者的缺点。面试者经常把面试过程当成收集应聘者缺点资料的过程，特别是在面试前就已得到的这方面的资料，其对面试影响很大。

（3）对工作缺乏了解。不清楚究竟需要聘用什么样的员工，只能凭主观想象，因此，容易做出错误判断。

（4）用人的压力。如果面试者得知组织急于用人，他对应聘者的评价会明显偏高。

（5）权重置错。在面试过程中，要求主考官根据对申请人多方面的考察，对其表现进行综合考虑。但是，现实中，主考官往往会不恰当地强调某些方面，而忽略另一些方面，导致面试产生误差。

（6）求职者次序的影响。求职者次序会影响主试者对求职者的评价。

面试中除了一些常见的错误会影响面试的有效性外，重视与工作无关的身体语言和性别的影响，也会妨碍面试者对应聘者做出准确的评价。

2．测试

在人员的选择过程中，应用较多的是心理测验技术和评价中心技术。心理测验是判定候选人个体差异的有效手段,一般包括能力测验、能力倾向测验、成就测验、人格测验和情景测验法。

(1) 能力测验。能力测验分为普通能力测验和特殊能力测验,前者就是通常所说的智力测验,后者多用于测量个人在音乐、美术、体育、机械、飞行等方面的特殊才能。

(2) 能力倾向测验。能力倾向测验也称为性向测验,是测量一个人从事某一种职业的潜能或能力,分为综合性向测验和特殊性向测验两种。综合性向测验用以鉴别个人多种特殊潜在能力,特殊性向测验只为鉴别个人在某一方面具有的特殊潜能。

(3) 成就测验。成就测验的目的在于测量一个人对某项工作实际上能做到什么程度,能分辨出哪些人较有能力去执行某项工作。

(4) 人格测验。人格测验的目的是了解候选人的人格特质,一般采用"自陈法"和"投射法"。"自陈法"就是按事先编好的人格量表(若干问题),由候选者本人挑选适合于描写个人人格特质的答案,然后从量表上所得分数判断候选者的人格类型。"投射法"就是提供一些未经组织的刺激材料,让候选人在不受限制的条件下自由地表现出他的反应,使其不知不觉地将自己的感情、欲望、思想投射在其中,从而可以窥见其人格。

(5) 情景测验法。这种方法是将候选者置于一个模拟的工作场景中,从而观察和评价其在模拟的工作场景压力下的行为。通过情景模拟,可以直接观察候选人的实际工作能力,准确判断其是否能胜任所申请的职位。

在标准的选择程序模式下,我们可以采取面试和测试两种方法来具体地选择,即将面试(非结构化面试、结构化面试、群体面试、压力面试)与测验(能力测验、能力倾向测验、成就测验、人格测验、情景测验)相结合,从而及时、准确地选择项目所需的人力资源。

第六节 项目人力资源绩效管理

人力资源绩效管理是项目管理的核心内容,是实现项目目标的基础和前提。它是依据项目团队成员与项目负责人之间达成的协议,来实施一个双向式互动的沟通过程。该协议对成员的工作职责、工作绩效如何衡量,员工和负责人之间应如何共同努力以维持、完善和提高成员的工作绩效,成员的工作对项目目标实现的影响,找出影响绩效的障碍并排除等问题做出了明确的要求和规定。

一、项目人力资源的激励

(一) 激励

激励,顾名思义,它是"激"和"励"的组合。我们可将其定义为:通过调整外因来调动内因,从而使被激励者向着预期的方向发展。因此,"激"即引发动机,"励"即强化行为,所以激励实质上是一个通过外部引导行为来激发内部动机的过程。

所谓动机,是指人做出行动的主观原因,经常以愿望、兴趣、理想等形式表现出来。它是个人发动和维持其行为,使之导向某一目标的一种心理状态。产生动机的原因有二:其一是需要,包括生理需要和社会需要;其二是刺激,包括内部刺激和外部刺激。在同一时刻,人的动机有若干个,但真正影响行为的动机只有一个,有时还会产生复杂多样的甚至互相矛盾的动机,这时就须通过思想斗争,使其中一种动机占优势,此即优势动机。动机具有始发功能、选择功能、强化功能和为了达到目标而形成一定模式的调整功能。

1943年,美国心理学家马斯洛提出著名的需求层次理论,该理论假设每个人都有五个层次的需要:生理需要、安全需要、社会需要、尊重需要、自我实现的需要。从激励的角度来看,员工未被满足的需要是有效激励的前提条件。马斯洛认为,上述五种需要是按次序逐级上升的。当下一级需要获得基本满足后,追求上一级需要就成为驱动行为的动力。实际上今天社会中大多数人在正常情况下,他们的每种基本需要都是部分得到满足,部分得不到满足。

美国心理学家麦克里兰提出一种成就动机理论。成就动机是社会性动机之一,是指个人对于自己认为重要的工作、任务去从事、完成并希望达到某种理想地步的一种内在驱动力,简单地说,就是人们在执行任务时追求成功的动机。麦克里兰认为,成就动机强的人对工作和学习非常积极,对事业有冒险精神,对同事业成功有关的词非常敏感,能约束自己,不受社会所左右。已有的研究表明,成就动机大小同父母和教师对儿童期的"独立性训练"有关。

因此,项目管理人员必须了解项目团体中每个成员的主要需要,以便于满足这些人的特别需求,引导他们为项目目标服务。

(二) 激励理论

了解了人的动机以后,如何有效地将人的动机和项目所提供的工作机会、工作条件和工作报酬紧密地结合起来,是项目人力资源激励的主要内容。

以下四种理论将对激励过程的具体实施起指导作用。

1. 赫茨伯格的双因素理论

美国心理学家赫茨伯格对工程师和会计群体进行调查后发现,促使员工在工作中产生满意或良好感觉的因素与产生不满或厌恶感觉的因素是不同的,前者往往和工作内容本身联系在一起,后者则和工作环境或条件相联系,它们分别被定义为激励因素和保健因素。

赫茨伯格指出,激励因素(内部因素)包括工作富有成就感,工作成绩能得到社会承认,工作本身具有挑战性,负有重大责任,在事业上能得到发展和成长等。这类因素的改善,往往能给员工以很大程度的激励,产生工作的满意感,有助于充分、有效、持久地调动员工的积极性。保健因素(外部因素)是指和工作环境或条件相关的因素,包括行政管理、技术管理、工资、工作条件、安全设施和人际关系等,这是保持员工达到合理满意水平所必需的因素。但是这些因素并不构成激励,就像保健可以防病,但不可治病一样。

赫茨伯格认为,在两种因素中,保健因素的扩大会降低一个人从所做的工作中得到的内在满足,而外部动机的扩大会引起内部动机的萎缩。因此,应避免削弱内在动机的作用,尽量扩大个人努力工作的内在动机的积极作用。

管理人员必须了解哪一种因素导致个人满意,哪种因素使个人不满意。为了调动个人的积极性,管理者应该设法利用这些因素,将个人的不满意限制到最低程度,增加个人的满意程度。根据具体情况,采取适宜的措施,既要认识保健因素的重要性,又要注意更多地用激励因素来调动职工的积极性。

2. 弗隆姆的期望理论

维克多·弗隆姆队为,员工选择做或不做工作主要基于以下三个具体因素。

第一个因素是员工对自己做某项工作的能力的知觉。如果员工相信他能够做,则动机就是强烈的;如果认为不能,则动机将降低。

第二个因素是员工的期望。如果他做了这件事,会带来一定的结果。换句话说,如果员工相信从事这项工作会带来渴望的结果,则做这项工作的动机会很强烈;相反,员工若认为不能带来所期望的结果,则动机不足。

第三个因素是员工对某种结果的偏好。如果一位员工渴求加薪、晋升或其他结果,则动机会很强烈。但如果员工认为这是一个消极的结果,如额外压力、更长的工作时间或合作者的嫉妒,则不会受到激励。

根据弗隆姆的理论,员工的动机依赖于三个因素。换句话说,动机依赖于员工认为其是否能达到某种结果,这种结果是否能带来预期奖赏以及员工是否认为此奖赏有价值。如果员工对这三个因素评价都很高的话,其动机强度便可能很高。

因此,项目管理人员者首先必须根据每个人的能力,分配给他们合适的岗位职责,使他们发挥出自己的专长;管理人员同时也要让下属知道,表现好、绩效高,则会受到组织奖励;管理人员还要能确定哪些奖励对哪些人适用。只有三者具备,才可能实现对项目人员的有效激励。

3. 斯戴西·亚当斯的公平理论

公平理论是美国心理学家斯戴西·亚当斯提出的一种激励理论。该理论着重研究工资报酬分配的合理性、公平性对职工积极性的影响。公平理论指出,职工的工作动机,不仅受到其所得绝对报酬的影响,而且受到相对报酬的影响。即一个人不仅关心自己收入的绝对值(自己的实际收入),而且关心自己收入的相对值(自己收入与他人的比例)。每个人都会不自觉地把自己付出的劳动和所得的报酬与他人付出的劳动和所得的报酬进行社会比较,也会把自己现在付出的劳动和所得的报酬与自己过去付出的劳动和所得的报酬进行历史比较。当他发现自己的收支比例与他人的收支比例相等,或者现在的收支比例与他人或自己过去的收支比例相等时,则认为是应该的、正常的,因而心情舒畅,努力工作。但当他发现自己的收支比例与他人或过去不相等时,就会产生不公平感,从而影响工作的积极性。

亚当斯的研究结果显示,如果报酬制度要有效地促进个人的动机行为、激发职工积极性,则个人必须相信这种报酬制度是公平合理的。公平理论的关键是输入与输出结果的概念。输入是指个人向组织投入工作上的努力、技能、教育、资历等因素。输出是个人感到应获得一定报酬的依据。输出结果是指组织向个人提供的报酬,如工资、福利、表扬、晋升等。在同一组织内,一个人的输入与输出结果必须与其他人相同。亚当斯的研究表明,个人将自己的情况与别人相比后,总会调整他们的输入,以求使输入-输出关系对等。项目管理人员必须做到合理分配、同工同酬,公平对待组织内的每一个成员。

4. 斯金纳的强化理论

强化理论关注通过运用积极或消极的后果来改变行为。斯金纳认为,人们体验到的需要或动力导致他们以某种方式行动,这种行动的后果将影响个体是否会重复这种行为。

如果某种行为产生了一种积极的后果,个体就可能有重复它的动机,斯金纳称之为"积极强化"。如果行为并未产生消极后果,个体也可能重复它,斯金纳称之为"消极强化"。另一方面,如果某种行为产生消极后果或因此而受到惩罚,则个体很可能会减少这种行为。如果一种行为并未产生积极后果,人们可能会决定不再做它,对于这种选择,斯金纳称之为"消亡"。斯金纳认为,运用积极和消极的后果能影响人们的行为,这叫"行为塑造"。而且,要想使后果积极,它们必须在行为发生后不久就出现。因此,当员工工作表现好、圆满完成任务时,项目经理人员必须强调从正面引导、强化,而且管理人员应及时发扬好的行为。

(三) 项目成员激励的协调关系

项目成员在团队中的表现,不仅取决于其个人的态度及努力程度,管理者的管理策略对项目成员也有影响。

(1) 管理者采取的激励措施与项目成员为实现组织目标付出的努力成正比。管理者采取的激励措施可以按强度(高与低)和类型(基于行为或结果)进行分类,较强的激励措施将使得成员更加积极地朝着管理者所期望的目标努力,调整个人目标与组织目标之间的差距。这些激励措施可以是物质的,也可以是精神的。

(2) 激励措施的边际效用与双方目标的差异程度成正比。采取激励措施的目的是协调管理者和成员之间的不一致性,因此,激励措施的边际效用取决于双方目标的一致程度。如果成员感到努力工作将很自然地给自己带来收益,即使管理者采取的激励措施非常少,成员也会努力工作,此时激励措施的边际效用就比较低。相反,双方目标差异越大,则激励措施的边际效用越高。

(3) 基于结果的激励措施与基于行为的激励措施对成员有不同的影响。总体来讲,基于结果的激励措施对成员的影响比基于行为的激励措施对员工的影响更大。

(4) 激励措施对不同的成员有不同的影响。

二、项目人力资源的绩效评估

(一) 绩效评估概述

对于绩效,存在多种理解。有人认为绩效应当着眼于工作结果,是个体或群体劳动的最终成绩或贡献;也有人认为,绩效既应当考虑员工的工作业绩,又应当考虑员工的工作过程和行为方式,认为绩效是员工与客观环境之间有效互动的结果。较为普遍的观点是,绩效是个体或群体工作表现、直接成绩、最终效益的统一体。

绩效评估就是对工作行为的测量过程,即用过去制定的标准来比较工作绩效的记录及将绩效评估结果反馈给员工的过程。它以工作目标为导向,以工作标准为依据,对员工行为及其结果进行综合管理,目的是确认员工的工作成就,改进员工的工作方式,奖优罚劣,提高工作效率和经营效益。

现代人力资源管理系统包括以下几个方面,即人力资源的获得、挑选、招聘、培训、提高、激励和报酬等。绩效评估特别重要,因为绩效评估给人力资源管理的各个方面提供反馈信息,它是整个系统必不可少的部分,并与各个部分紧密联系在一起,它一直被人们称为组织内人力资源管理最强有力的方法之一。没有绩效评估就无法做出最佳管理决策,没有绩效评估就会使项目成员在提升职务、工资晋级以及进一步培训提高上缺乏凭据,没有绩效评估管理者就无法考察下属的工作行为。

具体地说,绩效评估的作用主要表现在以下几个方面。

(1) 确定员工的薪酬。合理的薪酬不仅是对员工劳动成果的公正认可,而且可以产生激励作用,在组织内部形成进取与公平的氛围。

(2) 决定员工的升降调配。通过绩效评估,可以提供有关员工的工作信息,根据这些信息,可以进行人员的晋升、降职、轮换、调动等人力资源管理。

(3) 对员工进行培训开发。在组织竞争与发展中,努力使人力资源增值,从长远来说是一项战略任务。培训开发是人力资源投资的重要方式,绩效评估可以检查出员工在知识、技能、素质等方面的不足,使培训开发有针对性地进行。

(4) 加强组织与员工共同愿景的建立。绩效评估要求上下级之间对评估标准、评估方式以及评估结果进行充分沟通,因此,绩效评估有助于项目成员之间信息的传递和情感的融合。

(二) 绩效评估的程序

1. 建立业绩考核体系

员工的绩效受多种技能、激励、环境和机会等因素的影响,是员工个人素质和工作环境共同作用的结果。因此,绩效评估是一项较为复杂且具有一定难度的工作。为实施对人力资源绩效的有效评估,必须建立绩效考核体系。一般认为,有效的绩效考核体系应同时具备以下五个特征。

(1) 敏感性。敏感性指的是绩效评估系统具有区分工作效率高低员工的能力。

(2) 可靠性。可靠性指的是评估者做出判定、评价的一致性,不同的评估者对同一员工所做的评价应该基本相同。

(3) 准确性。准确性指的是应该把工作标准和项目目标联系起来,把工作要素和评价内容联系起来,来确定一项工作成败的界限。

(4) 可接受性。绩效评估体系只有得到管理人员和员工的支持才能推行。

(5) 实用性。绩效评估体系的实用性指的是评估系统的设计、实施和信息利用都需花费时间、精力和资金,项目使用绩效评估系统的收益必须要高于成本。

2. 将业绩期望告知员工

标准建立后,要将业绩标准告知员工,并将这些标准进行双向交流。

3. 测量实际业绩

测量实际业绩必须取得有关信息,例如如何测量、测量什么等。通常有四种信息来源:个人观察、统计报表、口头报告、书面报告。

4. 比较实际业绩和标准

将实际标准与评价标准进行比较,通过与员工的讨论对偏差进行矫正。

5. 进行矫正

矫正有两种类型,一种是迅速及时的,并且主要处理征兆性问题。另一种是基础的,主要探讨原因。

(三) 绩效评估的方法

绩效评估的方法很多,但没有适合一切目的的通用方法。管理方面的问题就是确定某种绩效评估方法以达到所追求的目的。此外,也没有一种普遍的评估方法能适用于一切项目的一切目的。因此,绩效评估方面的问题就是要设计一种方法,既适合评估目的,又适合每一组织的独特的特点。下面介绍一些绩效评估的主要方法及其优缺点。

1. 描述法

描述法是传统的评估方法,主要分鉴定法和关键事件法两类。

(1) 鉴定法。评估者以叙述性的文字描述评估对象的能力、态度、成绩、优缺点、发展的可能性、需要加以指导的事项和关键性事件等,由此得到对评估对象的综合评价。其优点是结果比较可靠,资料相对完整。但是往往费时较多、篇幅较长,而且写作水平直接影响评价印象,难以对多个对象进行相互比较。

(2) 关键事件法。在应用这种评价方法时,负责评估的主管人员把员工在完成工作任务时所发现的特别有效的行为和特别无效的行为记录下来,形成一份书面报告。评估者在对员工的优点、缺点和潜在能力进行评论的基础上提出改进工作绩效的意见。如果评估者能够长期观察员工的工作行为,对员工的工作情况十分了解,同时也很公正和坦率,那么这种评价报告是很有效的。缺点是记录事件本身是一项很烦琐的工作,还会造成上级对下级的过分监视。

2. 比较法

对评估考评对象做出相互比较,是用排序而不是用评分,从而决定其工作业绩的相对水平。

排序形式有多种,如简单排序、配对比较或强制分布。简单排序要求评定者依据工作绩效将员工从最好到最差排序。配对比较法则是评定者将每一个雇员相互进行比较。如将雇员1与雇员2、雇员3相比,雇员2与雇员3相比。赢得最多"竞赛"的雇员可获得最高等级。强制分布法要求评定者在每一个优胜档次上都分派一定比例的雇员。强制分布法类似于在曲线上划分等级,一定比例的学生得A,一定比例的学生得B,等等。

比较法的优点是成本低、实用,评估所花费的时间和精力非常少。而且,这种绩效评估方法可有效地消除某些评估误差,如避免了评估者可能给每位员工都做出一个优秀评价的宽厚性错误。实际上,依照定义,只有50%的雇员能在平均水平之上。通过强制使评估者具体指出绩效最好的人和最差的人,从而使雇佣决策(如提薪和晋升)更容易做出。

比较法有几个缺点。因为判定绩效的评分标准是模糊或不实在的,评分的准确性和公平性就可能受到严重质疑。而且比较系统没有具体说明一个员工必须做什么才能得到好的评分,因而它们不能充分地指导或监控雇员行为。最后,组织用这样的系统不能公平地对来自不同项目的员工的绩效进行比较。例如,A项目的第6名可能比B项目的第1名做得更好。

3. 量表法

量表法是利用一系列标准化的量表进行考核评价,将一定的分数分配给各项考绩因素或指标,使每项考绩因素都有一个评价尺度,然后由评估者用量表对评估对象在各个考核因素或指标上的表现情况做出评判、打分,最后汇总算出总分,作为评估对象的考绩结果。现在,量表法已经在各类项目中得到广泛应用,常用的有图解式评定量表(GRS)、行为锚定式评定量表(BARS)和行为观察量表(BOS),下面介绍后两者。

1) 行为锚定式评定量表

要求评估者根据个人特征评估员工,典型的行为锚定式评定量表包括7个或8个个人特征,被称作"维度",每一个都被一个7分或9分的量表加以锚定。

它是用反映不同绩效水平的具体工作行为的例子来锚定每个特征。表3-1就是一个典型的用行为锚定式评定量表评估大学教授工作的例子。

表3-1 大学教授工作的行为锚定式评定量表

维度:课堂教学技能	
优秀:7	
6	★教师清楚、简明、正确地回答学生的问题
5	★当试图强调某一点时,教师使用例子
中等:4	★教师用清楚、能使人明白的方式讲课
3	★讲课时教师表现出许多令人厌烦的习惯
2	★教师在班上给学生不合理的批评
极差1	★教师有迟到、旷课情况

(1) 优点。人力资源管理专家认为,行为锚能够更准确地评分,因为它们能使评估者更好地诠释评定量表上不同评分的含义。行为锚定式评定量表最大的优点是它指导和监控行为的能力。行为锚使员工知道他们被期望表现哪些类型的行为,给评估人提供以行为为基础的反馈的机会。

(2) 缺点。制定行为锚定式评定量表要花费大量的时间和精力,而且评估者在尝试从量表中选择一种员工绩效水平的行为有时可能会遇到困难。有时一个雇员会表现出处于量表两端的行为,因此,评估者不知应为其分配哪种评分。例如,在表 3-1 中,被评估的教师可能清楚地回答了问题而同时又不合理地批评了学生。

2) 行为观察量表

行为观察量表包含特定工作的成功绩效所要求的一系列合乎期望的行为,行为观察量表的开发像行为锚定式评定量表一样,收集关键事件并按维度分类。两种方法之间的关键区别在于:行为观察量表中的每种行为都是由评定者加以评定的。

在使用行为观察量表时,评估者通过指出雇员表现各种行为的频率来评定工作绩效。通过将员工在每一行为项上的得分相加得到总评分,高分意味着一个人经常表现出合乎期望的行为。表 3-2 是一个药物方案顾问的行为观察量表的一部分。

表 3-2 药物方案顾问的行为观察量表(部分)

通过指出雇员表现下列每个行为的频率来评价绩效,用下列评定量表在指定区间给出你的评分:

5=总是　　4=经常　　3=有时　　2=偶尔　　1=极少或从不是

——对所有的患者和合作者都表现出同情和无条件的关心
——系统地陈述可测量的目标,为每位患者提供全面的文件证明和反馈
——显示关于可供治疗或治疗安排的社区资源的知识、临床技能
——很快评估患者的心理状态并开始恰当的相互配合行动的人际技能
——与所有的医院员工保持开放的沟通
——利用恰当的沟通渠道

(1) 优点。一项研究发现,与行为锚定式评定量表和图解式评定量表相比,经理和下属都更喜欢以行为观察量表为基础的评估。因为评定者不用选择最能描述一个员工的绩效水平的行为,所以前面提到的与行为锚定式评定量表有关的问题就不会出现。而且,像行为锚定式评定量表一样,行为观察量表在指导雇员行为方面也有效,因为它具体指出了雇员需要做什么才能得到高绩效评分。经理也可以有效地使用行为观察量表去监控雇员行为,并用具体行为的条件给出反馈,这样,雇员们便知道他们正在做什么正确的事,哪些行为需要加以矫正。

(2) 缺点。像行为锚定式评定量表一样,行为观察量表要花费很多时间

来开发,而且每一项工作都需要一种单独的工具(因为不同的工作要求有不同的行为),因此,这一方法有时不实际。除非一项工作有许多任职者,否则为该工作开发一个行为观察量表将不会有成本效率。

4. AFP 法

AFP 法是三种方法的综合,其中 A 表示 AHP,即层次分析法,它主要解决考核的项目指标体系结构的设计问题;F 表示 fuzzy,即模糊测评法,它主要解决对考核项目的打分、评定问题;P 表示 pattern recognition,即模式识别法,它主要解决对评分结果的认定问题。

5. 目标管理(MBO)

目标管理在项目管理中已得到广泛应用,而它作为一种绩效评估工具已被许多研究表明更具有效性。这些研究认为,目标管理通过指导和监控行为而提高工作绩效,也就是说,作为一种有效的反馈工具,目标管理使雇员知道期望于他们的是什么,从而把时间、精力投入到能最大限度实现重要的组织目标的行为中去。研究进一步指出,当目标具体而具有挑战性时,当雇员得到目标完成情况的反馈以及当雇员因完成目标而得到奖励时,他们表现得最好。

从公平的角度来看,目标管理较为公平,因为绩效标准是按相对客观的条件设定的,因而评分相对没有偏见。

目标管理相当实用且费用不高。目标的开发不需要像开发行为锚定式评定量表或行为观察量表那样花力气。必要的信息通常由雇员填写,由主管批准、修订。

目标管理的另一个优点是,因为它使员工在完成目标中有更多的切身利益,对其工作环境有更多被知觉到的控制,目标管理也使雇员及上级之间的沟通变得更好。

目标管理也有若干潜在的问题,在这里讨论其中的四个。

一是尽管目标管理使雇员的注意力集中在目标上,但它没有具体指出达到目标所要求的行为。这对一些雇员尤其是需要更多指导的新雇员来说,是一个问题,应给这些员工提供"行为步骤",具体指出他们需要做什么才能成功地达到目标。

二是目标的成功实现可能部分地归属于员工可控范围之外的因素,如果这些因素影响结果,就难以决定员工是否要负责任或在多大程度上负责任。

三是绩效标准因雇员不同而不同,因此,目标管理没有为比较提供共同的基础。例如,为一位"中等"的雇员所设置的目标可能比那些"高等"雇员所设置的目标挑战性较少。那么,两者如何比较呢?因为有这个问题,所以目标管理作为一种决策工具的有效性就受到了限制。

四是目标管理经常不能被使用者接纳。经理不喜欢他们所要求的大量书面工作,也许会担心雇员参加目标设定而夺取了他们的职权。这样想的经理,就不会恰当地遵循目标管理程序。而且,雇员也大都不喜欢目标带来的绩效压力和由此产生的紧张感。

第七节 项目人力资源的培训与开发

人力资源的培训与开发是指为提升员工的技能和知识,增强员工的工作能力,从而促进员工现在和未来工作业绩所做的努力。其中,培训集中于现在的工作,而开发则是员工对未来工作的准备。简单地讲,培训类型有三种:技术培训、取向培训和文化培训。

一、培训和发展需求的确定

人力资源培训和发展项目的第一阶段是需求估计,由组织需求分析、工作需求分析和个人需求分析组成。

1. 组织需求分析

组织需求分析始于对组织短期和长期目标的考查,以及对影响这些目标的趋势的分析。在这一分析中,应予以关心的是组织面临的,能够通过培训加以解决的问题。组织需求分析要把组织目标变成人力资源需求、技能要求以及技能和人力资源供给项目。

进行组织需求分析可以采取以下几种方式。一种方式是进行人力资源调查,收集组织各类人员的情况资料,以此确定组织及企业人力资源的需求情况,提出解决各类人员后备力量的办法和培训需要。另一种方式是考察组织效力指标,从而确定培训需要。

2. 工作需求分析

工作需求分析如同组织需求分析一样重要,它是确定培训内容的重要依据,但经常被忽略。由于组织需求分析太广泛,无法确定具体工作特定的培训和发展需求,因此必须进行工作需求分析。这种分析提供每一工作的任务信息,以及完成任务必需的技能和最低限度的可接受水平。

3. 个人需求分析

个人需求分析可通过两种不同的方式完成。一种是对实际工作表现和最低可接受表现标准的比较;另一种是对员工的效率估计和每种技能应有效率水平的比较。前者以员工实际的现行工作业绩为基础,它可用以确定培训和发展需求;后者可用以识别未来工作的培训和发展需求。

二、培训和发展项目的实施

1. 确定培训目标

一旦组织识别出培训需求,培训方案的设计者就必须具体说明培训目标。目标要描述受训者能做些什么作为培训结果。培训结果越具体,就越有可能设计出正确的培训方案。同时,目标可以被用来判断培训方案的有效性,作为评估培训效果的依据。

2. 选择培训对象

虽然人人都可以被培训,所有员工都需要培训,但由于组织的资源有限,不可能提供足够的资金、人力、时间作漫无边际的培训。因此,所有员工不一定都得到同一层次的培训,必须有指导性地确定组织急需人才培训计划,根据组织目标的需求选择被培训人员。

3. 选择培训方法

培训方法随工作水平的不同而不同,每种培训方法都有自己的优点,常见的培训方法有以下几种。

(1) 在职培训。在职培训是历史最久、采用最普遍的培训方式。最常见的在职培训有两种:工作轮换和见习。前者是将某一员工安排到一个新的工作岗位上,横向调整工作,目的在于让员工学习各种工作技术,后者是新员工向资深的、有经验的员工学习的一种培训方法。在职培训的最大优点是成本较低,学员学习时所处的工作环境与他们以后在实际工作中的环境相同。缺点是指导人员不得不放下正常工作来带新员工。

(2) 工作指导培训。工作指导培训方法的开发始于工作分解,就是分步骤地列出应如何进行工作。伴随工作分解的是对每一步骤的关键点进行描述。关键点就是提供建议帮助员工有效而安全地执行任务。使用工作指导培训方法时,培训者首先讲解并演示任务,然后让受训者进一步执行任务,必要时给予纠正性反馈。这种培训对指导受训者如何执行相对简单并可以一步步完成的任务非常有效。

(3) 讲授法。讲授法就是课程学习,它最适合于以简单地获取知识为目的的培训。其优点是效率高,一个培训者同时可以培训很多员工。其缺点表现为它是一种被动的培训方法。

(4) 工作模拟培训。工作模拟是能够提供几近真实的工作条件,同时不会失去对培训过程的有效控制,从而为受训者创造了一种较好的学习条件。它适合于对管理人员进行培训,以提升管理人员的认知技能、决策能力和处理人际关系的能力。

4. 评估培训效果

培训效果是指在培训过程中受训者所获得的知识、技能、才干及其他特性应用于工作的程度。培训效果可能是积极的,也可能是消极的或中性的。组织在评估培训效果时所采用的标准很重要,评估标准可分为四种类型:反映标准、学习标准、工作标准和结果标准。反映标准是通过学员对培训的印象和感觉来评价培训效果;学习标准主要用来评价学员在培训中学到了多少知识和技能;工作标准是以学员回到工作岗位以后工作实绩的变化作为评价标准;结果标准是指培训对于组织的最终价值,主要是对培训代价(成本)和效益进行评估。结果标准是最重要的,但又是最难制定的。在评价结果标准时,应先计算所有培训成本和培训后学员的生产率,然后再决定培训的得失。

第四章

项目启动与项目评估

- 项目需求
- 项目论证与评估
- 项目目标

用于计划的每一分钟都可以在执行阶段赢来三到四倍的回报。
——Crawford Greenwalt（木邦公司总裁）

第一节 项目需求

项目利益相关者的需求是多种多样的。通常可把需求分为两类，必须满足的基本需求和附加获取的期望要求。

基本需求包括项目实施的范围、质量要求、利润或成本目标、时间目标以及必须满足的法规要求等。在一定范围内，质量、成本、进度三者是相互制约的，当进度要求不变时，质量要求越高，则成本越高；当成本不变时，质量要求越高，则进度越慢；当质量标准不变时，进度过快或过慢都会导致成本的增加。管理的目的是谋求快、好、省的有机统一，好中求快，好中求省。期望要求常常对开辟市场、争取支持、减少阻力产生重要影响。譬如一种新产品，除了基本性能之外，外形、色彩、使用舒适，建设和生产过程有利于环境保护和改善等，也应当列入项目的目标之内。

一个项目的不同利益相关者有各种不同的需求，有的相去甚远，甚至互相抵触。这就更要求项目管理者对这些不同的需求加以协调，统筹兼顾，以取得某种平衡，最大限度地调动项目利益相关者的积极性，减少他们的阻力和消极影响。

第二节 项目目标

项目目标，是实施项目所要达到的期望结果，即项目所能交付的成果或服务。项目的实施过程实际上就是一种追求预定目标的过程，因此，从一定意义上讲，项目目标应该是被清楚定义，并且最终是可以实现的。项目目标包括：可测量的项目成功标准。项目可能有各种各样的经营、费用、进度、技术和质量目标。项目目标可能还包括费用、进度和质量指标。

项目目标的特点包括多目标性、优先性、层次性等。

1. 多目标性

对一个项目而言，项目目标往往不是单一的，而是一个多目标系统，希望通过一个项目的实施，实现一系列的目标，满足多方面的需求。但是，很多时候，不同目标之间存在着冲突，实施项目的过程就是多个目标协调的过程，有同一个层次目标的协调，也有不同层次总项目目标和子目标的协调、项目目标和组织战略的协调等。

项目目标基本表现为三个方面，即时间、成本、技术性能或质量标准。实施项目的目的就是充分利用可获得的资源，使得项目在一定时间内在一定预算基础上，获得期望的技术成果。然而这三个目标之间往往存在冲突。例如，通常时间的缩短要以成本的提高为代价，而时间及成本的投入不足又会影响技术性能的实现，因此三者之间要进行一定的平衡。

2. 优先性

项目是一个多目标的系统，不同目标在项目的不同阶段，根据不同需要，其重要性也不一样。例如，在启动阶段可能更关注技术性能，在实施阶段主要关注成本，在验收阶段主要关注时间进度。对于不同的项目，关注的重点也不一样，例如单纯的软件项目可能更关注技术指标和软件质量。

当项目的三个基本目标发生冲突的时候，成功的项目管理者会采取适当的措施进行权衡和优选。当然项目目标的冲突不仅限于三个基本目标，有时项目的总体目标体系之间也会存在协调问题，都需要项目管理者根据目标的优先性进行权衡和选择。

3. 层次性

项目目标的层次性是指对项目目标的描述需要有一个从抽象到具体的层次结构。一个项目目标既要有最高层次的战略目标，也要有较低层次的具体目标。通常，明确定义的项目目标按照意义和内容表示为一个递阶层次结构，层次越低的目标，应该描述得越清晰具体。

第三节 项目论证与评估

一、项目论证与评估概述

（一）项目论证与评估的有关概念

现代管理科学中的评价技术是指主体（管理者）对客体（管理对象），以确认的某些标准为其度量尺度，采用相应的科学方法来衡量这种管理对象，将所得到的结果与原先预定的目标相比较，从而获得最佳结果的过程。

项目的论证与评价是对拟实施项目的技术先进性、经济合理性、实施可能性和风险性等方面进行全面、科学的技术经济分析，是项目管理的首要环节和重要方面，对项目能否取得社会、经济效益起着关键作用。

一谈到项目论证与评价，人们想到的便是项目的可行性论证和评价，但是，项目的论证与评价工作远远不止这些。我们知道项目从开始到完成都会经历相似的生命周期，即识别需求、提出解决方案、执行项目和结束项目四个阶段，每一个阶段都会有应该评价的一系列问题，同时每一阶段项目管理和实施的好坏本身也应作为项目评价的内容。随着社会的发展，项目的种类和复杂程度不断上升，项目管理工作越来越注重对项目生命周期全过程的评价，广义的项目评价理论便应运而生。

项目评价从传统定义上讲是在可行性研究的基础上，从宏观和微观的角度，对项目进行技术评价、财务评价、国民经济评价、社会评价、不确定性评价、风险评价等，从而确定项目的投资经济效果和未来发展前景。

所谓广义的项目评价，即项目在其生命周期全过程中，为了更好地进行项目管理，针对项目生命周期每阶段的特点，应用科学的评价理论和方法，采用适当的评价尺度所进行的，"根据确定的目的来测定对象系统属性，并将这种属性变为客观定量的计值或者主观效用的行为"。

按广义的项目评价理论，项目评价根据项目生命周期各阶段的不同特点可分为三部分内容：项目前评价、项目中评价、项目后评价。由于这三个阶段的项目管理内容和侧重点不同，其项目评价内容也不同。

项目前评价也就是前面所述传统定义的项目评价，通常在项目生命周期的初始立项阶段（概念及论证阶段）进行，通过预测、论证和评价，为项目决策者提供项目决策参考，又称项目可行性论证。项目中评价在项目执行过程中进行，通过对项目状态、进展的衡量、监测和对已完成的工作的评价，为项目业主及其他利害相关者对项目的监督和控制提供信息，也为顺利实现项目既定目标提供项目管理所需信息。项目后评价通常在项目竣工以后的项目运作阶段进行，通过对项目投资实际经济效果的再评价，总结项目及项目管理的经验教训，为提高项目的实际投资效益服务，也为以后相关项目的决策提供借鉴和反馈信息。

项目前评价在项目的立项阶段进行，评价所依据的全部都是预测数据，带有强烈的估计色彩，因此又称项目评估。

项目论证是指对拟实施项目技术上的先进性、适用性，经济上的合理性、盈利性，以及实施上的可能性、风险性，进行全面、科学的综合分析，为项目决策提供客观依据的一种技术经济研究活动。

项目论证应围绕市场需求、工艺技术，财务经济三个方面展开调查和分

析。其中,市场是前提,工艺技术是手段,财务经济是核心。通过详细论证,要回答以下五个方面的问题:

(1) 项目产品或劳务市场的需求如何?为什么要实施这个项目?
(2) 项目实施需要多少人力、物力资源?供应条件如何?
(3) 项目需要多少资金?筹资渠道如何?
(4) 项目采用的技术是否先进适用,项目的生命力如何?
(5) 项目规模有多大?地址选择的指向性如何?

任何项目都可能有多种方案来实施,不同的方案将产生不同的效果。同时,未来的环境也具有不确定性,同一方案在不同的状态下也可能会产生不同的效果。为了从多种可供实施的方案中选优,就需要对各种可供实施的方案进行分析、评估,预测其可能产生的各种后果,这就是项目论证,又称项目前评价。

(二) 项目论证的作用及基本原则

项目论证通过对实施方案的工艺技术、产品、原料、未来的市场需求与供应情况以及项目的投资与收益情况进行分析,从而得出各种方案的优劣以及在实施技术上是否可行、在经济上是否合算等信息供决策参考。项目论证的作用主要体现在以下几个方面:

(1) 它是确定项目是否实施的依据;
(2) 它是筹措资金、向银行贷款的依据;
(3) 它是计划编制、设计、采购、施工以及机构设置、资源配置的依据;
(4) 它是防范风险、提高项目效率的重要保证。

在科学技术飞速发展的今天,人们为了达到相同的目的或为了满足相同的需要,可以采用的方案愈来愈多。怎样在多种可靠方案中做出正确的抉择?首先,必须明确方案的评价标准,如国家有关的规划、政策、法规及各种技术资料:国家经济和社会发展的长远规划,部门与地区规划,经济建设的指导方针、任务、产业政策、投资政策和技术经济政策,以及国家和地方法规等;经过批准的项目建议书等;经过国家批准的资源报告、国土开发整治规划、区域规划和工业基础规划;对于交通运输项目建设要有有关的江河流域规划与路网规划等;国家进出口贸易政策和关税政策;当地的拟建厂址的自然、经济、社会等基础资料;有关国家、地区和行业的工程技术、经济方面的法令、法规、标准定额资料等;由国家颁布的建设项目可行性研究及经济评价的有关规定;各种市场信息的市场调研报告等。其次,为了正确处理各方面的关系,保证项目前评价与决策的科学性,就必须遵循以下原则。

1. 政策、技术、经济相结合

评价方案的技术经济效果,要全面考虑其技术上的先进性、经济上的合理性和政策上的正确性。例如采用先进技术是技术上的一项重要标准,但在一定条件下并非任何先进技术都能发挥最佳的经济效果,因为它要受到对技术的消化能力和投资能力的制约。所以在对技术方案进行评价时,要统一评价技术的先进性、适用性与经济性,不能片面追求最新技术。

发展国民经济的战略是确定项目决策目标的依据,没有明确的目标,拟订方案就没有依据,决策也就成了盲目的东西。目前造成的重复建设、重复引进以及其他一切失误,都可归结为目标不正确。所以,项目决策必须与国民经济发展的战略相结合,它是实现决策科学化的头等重要的工作,是决策能否做到正确的前提。

2. 重视数据资料

数据资料是项目前评价的支柱。项目前评价中常依赖假设,但假设的条件多,尤其对基本问题的假设越多,风险就越大,也就失去了项目前评价的本来含意和价值。因此必须从组织机构上加强统计数据和情报资料方面的工作。

我国项目前评价所需要的数据因缺乏专门机构和专业人员的统计、分析和研究,再加上管理混乱,导致有的数据资料缺乏真实性,有的内部参考的经济资料又难以得到,至于国际行情更是茫然不清。因此,项目前评价要高度重视数据资料,广泛收集各级各类数据资料并在项目前评估应用中加以分析,考虑其来源、日期、目的,是什么条件下的数据,以及应用于不同条件下的换算方法,等等。

3. 要加强科学的预测工作

管理者的主要责任是决策。对经济和技术的未来发展情况做出准确预测,可为我们做出正确的决策提供依据,从而避免发生决策失误,少犯错误。所以,对任何决策来说,预测都是一个关键问题,尤其是需要对大量数据进行分析的项目前评价的决策更是如此。所谓预测,就是对围绕决策问题的各种内、外部情况所进行的预计,是对尚未发生或目前还不明确的事物所进行的事先估计和推测,是对事物未来将要发生的结果所进行的探讨和研究。由于系统管理日显重要,预测就成了项目前评价与决策的一个重要组成部分和一项重要工具。实际上,对未来的预测,也是我们分析、制定项目目标的重要依据。

4. 微观经济效果与宏观经济效果相结合的原则

微观经济效果是从一个项目出发来考察方案的经济效果,宏观经济效果是从整个国民经济出发来考察方案的经济效果。微观经济效果是宏观经济效果的基础,而宏观经济效果是衡量微观经济效果的最终标准,通常两者是相一致的,但在某些情况下也可能发生矛盾。微观经济效果与宏观经济效果相结合的实质,就是要处理好局部利益与整体利益的关系,在项目利益服从国民经济的整体利益的基础上,选择宏观经济效果最佳的项目方案。

5. 近期经济效果与远期经济效果相结合

近期经济效果与远期经济效果相结合,实质上就是要正确处理当前利益与长远利益之间的关系。通常只有把当前利益与长远利益结合起来,才能保证国民经济的稳定、持续、健康发展。因此,在评价项目方案时,不仅要看近期的经济效果,更要考察长远的经济效果。也就是说要从经济发展上进行动态的考察,要克服在只作静态考察时容易产生的片面性,以避免由于贪图眼前小利而带来无穷后患。

6. 定性分析与定量分析相结合

以定性分析为主的传统的决策方法,是一种在占有一定资料的基础上,根据决策人员的经验、直觉、学识、洞察力和逻辑推理能力来进行的决策方法,是一种主观性、经验型决策方法。20世纪50年代以后,随着应用数学和计算机科学的发展,在经济决策中引入了更多的定量分析方法,通过定量计算分析,对问题的有关因素进行更精细的研究,以发现研究对象的实质和规律,使决策更具有科学化的色彩。特别是对决策中出现的不确定因素和风险问题,可以做出更准确的判断与分析,有助于决策者做出选择。但是经济问题十分复杂,变化很多,有的指标根本无法用数量表示,采用定量分析的决策方法并不排斥定性分析,甚至可以说,定性分析方法是必不可少的。

(三) 项目论证的基本内容

项目论证的内容包括项目运行环境评价、项目技术评价、项目财务评价、项目国民经济评价、项目环境影响评价、项目社会影响评价、项目不确定性和风险评价、项目综合评价等，在此，我们仅介绍比较重要的几项论证内容。

1. 项目财务评价

项目财务评价是项目经济评价的主要内容之一，它是从项目的微观角度，在国家现行财税制度和价格体系下，从财务角度分析、计算项目的财务盈利能力和清偿能力以及外汇平衡等财务指标，据以判断项目或不同方案在财务上的可行性的技术经济活动。

2. 项目国民经济评价

项目国民经济评价又称项目的社会经济评价，它通常运用影子价格、影子汇率、社会贴现率、影子工资等工具或通用参数，计算和分析项目为国民经济带来的净效益，以使有限的社会资源得到合理配置，实现国民经济的可持续发展。

3. 项目环境影响评价

项目环境影响评价指对可能影响环境的重大工程建设、区域开发建设及区域经济发展规划或其他一切可能影响环境的活动，在事前进行调查研究的基础上，预测和评定项目可能对环境造成的影响，为防止和减少这种影响，制定最佳行动方案。

另外，项目环境影响评价不仅要考虑项目对环境的近期影响，还要考虑项目对环境的长期影响，甚至要考虑研究项目结束几年、几十年后对环境的影响，所以还要考虑环境变化带来的成本与效益的时间价值。

4. 项目社会影响评价

通常，项目的社会影响评价实际包括社会经济、环境与可持续发展和社会影响。传统的工业化、现代化发展道路所产生的一些负面结果，使人们开始关注投资项目对社会的影响以及社会条件在项目实施中的作用，在"以人为中心的发展理念"的指导下，人们开始尝试从社会学、人类学的角度分析项目对实现国家或地方各项社会发展目标所做的贡献和产生的影响，以及项目与当地社会环境的相互影响，一个真正意义上的社会评价开始独立出来。从美国的社会影响评价、英国的社会分析和世界银行的社会评价中，我们可以看到许多共同之处，即集中分析项目与当地的社会、人文环境之间的相互作用，预测项目实施对人民生活、社区结构、人口、收入分配、福利、健康、安全、教育、文化、娱乐、风俗习惯及社区凝聚力等方面有可能产生的影响及社会问题。

投资项目的社会影响评价主要包括以下三个方面的内容。

一是对与投资项目相关的利益群体的评价。项目的社会评价,首先要检验项目设计是否考虑了社会文化及人口统计特征——项目地区的人口规模及社会结构,人口密度及社会分层模式(包括少数民族、部落和阶层的构成),评价他们能否在项目的实施、维护、运营和监督过程中继续或扩大他们的参与活动。

二是对项目地区人口生产活动的社会组织的评价,如评价项目地区流行的居民模式和家庭体系特点、劳动力的可获得性和所有制的形式;小型生产者是否能合理利用市场、能否获得地区经济的有关信息;土地所有制度和使用权;项目地区可获得的自然资源和其他生产性资源的使用方式。项目的社会评价要充分评估这些因素在项目实施后的变化,并保证项目地区的社会组织能适应所引入的技术条件的变化。

三是对项目的文化可接受性及其预期受益者需求的一致性评价。投资项目必须考虑项目地区的价值观、风俗习惯、信仰和感知需要。项目必须是文化上可以接受的,必须被当地的社会活动者以及他们的机构和组织所理解,并能予以运行和维护。例如,对一个在牧业用地和农业用地结合地带的牧人与耕作者的合作项目来说,如果忽视这两个群体之间原有的历史关系,则这个项目可能很难实施。

二、项目论证的程序和方法

很显然,项目生命周期每一评价问题都会有一系列相应的评价理论和评价方法,这些理论与方法的集合构成了较为完整的项目评价理论与方法体系。然而从目前我国的情况看,人们对项目的评价问题多集中在项目前评估上,对项目中评价和项目后评价则看得不是很重。另外,虽然世界银行、亚洲开发银行等援助机构对其贷款项目的项目评价已形成一套比较成熟的理论方法体系,但这套体系在国内的使用效果并不理想,究其原因是不符合中国国情。

(一) 项目论证的程序

项目论证是一个连续的过程,它包括提出问题、制定目标、拟订方案、分析评价,最后从多种可行的方案中选出一种比较理想的方案,供投资者决策。项目论证的步骤如下。

（1）明确项目范围和业主目标。主要是要明确问题，包括弄清项目论证的范围以及雇主的目标。

（2）收集并分析相关资料。包括实地调查以及技术研究和经济研究。

（3）拟订多种可行的能够相互替代的实施方案。因为项目论证主要核心点是从多种可供实施的方案中选优，故根据调查研究的结果和掌握的全部资料进行全面和仔细的考虑，拟订相应的实施方案就是项目论证的一步关键工作。

（4）多方案分析，比较。分析各个可行方案在技术上、经济上的优缺点，进行方案的综合评价与选优，最后根据评价结果选择一个最优方案。

（5）最优方案的详细、全面论证。通过市场分析、工艺流程分析、项目地址及服务设施分析、项目组织与经营管理分析、项目经济财务分析，进一步详细、全面地论证最优方案。

（6）编制项目论证报告、环境影响报告和采购方式审批报告。

（7）编制资金筹措计划和项目实施进度计划。

以上步骤只是进行项目论证的一般程序，而不是唯一程序。在实际工作中，根据所研究问题的性质、条件、方法的不同，也可采用其他适宜的程序。

（二）项目论证的方法

项目前评价中一个重要的评估内容是项目财务评估。资金时间价值是项目财务评估的重要原理之一。

假如我们于2007年1月20日将1000元存入银行，到了2008年1月20日，我们可以得到1080元。这种由于时间的推移而产生的资金的增值就是资金的时间价值，也称为货币的时间价值，它由资金的时间价值、风险价值、通货膨胀三部分构成，以利息作为表达方式。

在项目论证时，对比不同的备选方案，会发现其现金流量存在两种性质上的差异：一是现金流量大小的差异，即投入及产出数量上的差异；二是现金流量时间分布上的差异，即投入及产出发生在不同的时点。如果只是简单地对比两个方案的现金流量，或将前期费用和后期收益直接作静态对比，是不可能得出正确结论的。为了保证项目寿命期内不同时点发生的费用和收益具有可比性，必须运用资金时间价值理论，将不同时点的现金流量折算成相同时点的有可比价值的现值或终值，才能科学地判断方案的优劣。

1. 项目论证的静态评价方法

项目论证的静态评价方法是指不考虑资金时间价值的投资项目评价

方法。

静态评价方法的指标体系有静态投资回收期、投资利润率、投资利税率、资本金利润率等。

1) 静态投资回收期

静态投资回收期(P_t):是指以项目各年的净收益收回项目投资(包括固定资产投资、建设期利息和流动资金)所需要的时间。

静态投资回收期(P_t)的表达式为：

$$\sum_{t=1}^{n}(CI-CO)_t = 0$$

式中：P_t——以年表示的静态投资回收期；

$\quad$ CI——现金流入；

$\quad$ CO——现金流出；

$\quad$ (CI−CO)——第 t 年的净现金流量；

$\quad$ t——年份。

在实际计算时，静态投资回收期 P_t 可以根据项目现金流量表(全部投资)计算，现金流量表中累计净现金流量由负值变为零时的时点即为静态投资回收期。其计算公式为：

累计净现金流量开始出现正值的年份−1+(上年累计净现金流量的绝对值/当年净现金流量)

判别标准：

当 $P_t \leq P_c$ 时，认为项目在财务上是可以接受的；当 $P_t > P_c$ 时，认为项目在财务上不可取。

2) 投资利润率

投资利润率是指项目达到设计生产能力后，正常生产年份的年利润总额与项目总投资的比率。对生产期内各年的利润总额变化幅度较大的项目，应计算生产期年利润总额与项目总投资的比率。它是考察项目单位投资盈利能力的静态指标。其计算公式为：

$\quad$ 投资利润率=(年利润总额/项目总投资)×100%

年利润总额=年产品销售收入(含增值税)−年产品销售税金及附加
$\qquad$ −年总成本费用

3) 投资利税率

投资利税率是指项目达到设计生产能力后，正常生产年份的年利税总额

与项目总投资的比率。其计算公式为:

投资利税率＝(年利税总额/项目总投资)×100%

年利税总额＝年利润总额＋年产品销售税金及附加

4)资本金利润率

资本金利润率是指项目达到设计生产能力后,正常生产年份的年利税总额与项目资本金的比率。其计算公式为:

资本金利润率＝(年利税总额/资本金)×100%

资本金是指项目的全部注册资金。

2. 项目论证的动态评价方法

动态评价方法是考虑了资金时间价值的评价方法,是比静态评价更科学、更全面的评价方法。

动态评价指标体系包括动态投资回收期、净现值、内部收益率等。

1)动态投资回收期

动态投资回收期(p'_t)指考虑了资金的时间价值,按现值法计算的投资回收期。它可用下式求得:

$$\sum_{t=0}^{p'_t}(CI-CO)_t \frac{1}{(1+i_c)^t}=0$$

式中: p'_t——动态投资回收期;

CI——现金流入;

CO——现金流出;

t——第 t 年的净现金流量;

i_c——基准收益率或设定的贴现率。

动态投资回收期 p'_t＝净现金流量现值累计开始出现正值的年份－1＋(上年净现金流量现值累计的绝对值/当年净现金流量现值)

假设某企业的总投资为4900万元,投产后每年的产值为990万元,企业年经营成本为450万元。试求其投资回收期?

如果不考虑时间因素,投资回收期 T 可由总投资额和年利润值算出,即:

$T=4900/(990-450)≈9$ 年

但企业的投资是由银行贷款的,因此除偿还成本外,每年还要支付利息,年利率为 10%。

考虑这一因素,则应按动态投资回收期计算,即:

$$T_d = 23 \text{ 年}$$

不考虑时间因素的投资回收期是 9 年,可以认为经济效益可取,而考虑了贷款利息之后,投资回收期为 23 年,从经济效益看就不可取了。

2) 净现值

净现值是指投资项目按基准收益率或设定的贴现率(未制定基准收益率时)将各年的净现金流量折现到投资起点的现值之代数和。净现值是考察项目盈利能力的相对量指标,也是对项目进行动态评价的较重要的指标之一。其表达式如下:

$$\text{NPV} = \sum_{t=0}^{n} (\text{CI} - \text{CO})_t \frac{1}{(1+i_c)^t}$$

式中:NPV——净现值;

　　CI——现金流入;

　　CO——现金流出;

　　t——第 t 年的净现金流量;

　　i_c——基准收益率或设定的贴现率;

　　n——计算期。

净现值的经济意义如下:NPV>0,表示项目实施后,除保证可实现预先设定的收益率外,尚可获得更高的收益;NPV<0,表示项目实施后,不能达到预先设定的收益率水平,但不能确定项目已亏损;NPV=0,表示项目实施后的投资收益率正好达到预先设定的收益率标准,而不是投资项目盈亏平衡。

因此,净现值指标的评价标准如下:NPV≥0,表示项目的盈利能力达到或超过了所要求的盈利水平,是合理的,可以考虑接受项目;NPV<0,表示项目的盈利性不能满足要求,项目不经济。

3) 内部收益率

内部收益率(IRR)是指使项目在整个计算期内各年净现金流量现值累计等于零时的贴现率,它是考察项目效益的相对量指标,也是重要的动态评价指标之一,其表达式如下:

$$IRR = i_1 + \frac{NPV_1}{NPV_1 + |NPV_2|}(i_2 - i_1)$$

IRR 对项目进行评价的判别标准为：

若 $IRR \geq i_c$，则认为项目在经济效果上是可以接受的；

若 $IRR < i_c$，则认为项目在经济效果上应予以拒绝。

项目在整个计算期内，各年净现金流量现值累计等于零时的贴现率，在这样的利率下，项目寿命终了时，以每年的净收益恰好把全部投资收回来。它取决于项目内部，可以理解为项目到计算期末正好将未回收的资金全部收回来的贴现率是项目对贷款利率的最大承受能力。

(三) 项目评估的不确定性分析

对项目风险问题，即项目投资的安全性问题，在项目评估中也应给予充分关注。分析方法如下。

1. 盈亏平衡分析

盈亏平衡点是项目盈利与亏损的分界点。通过分析产品产量、成本与盈利能力的关系，找出盈利与亏损在产量、产品价格、生产能力利用率等方面的界限，从而确定在经营条件下发生变化时的承受能力。一般来说，影响盈亏产量的因素有固定成本、产品价格和单位产品变动成本。通常称产品价格与单位产品变动成本之差为单位产品边际贡献。固定成本越高，则盈亏平衡产量越高；相对于预期的产品销售量，单位产品边际贡献越高，盈亏平衡产量就越低，项目发生亏损的可能性就越小。另外，从企业经营角度来讲，外部经营环境可能发生变化引起销售量和利润波动而发生业务风险是常见的风险因素。而固定成本在总成本构成中所占的比例越大，企业所面临的业务风险就越大，即固定资产有放大企业业务风险的作用。因此，正确判断项目风险情况和合理选择项目的成本结构具有重要意义。

2. 敏感性分析

所谓敏感性分析，就是通过一个或多个不确定因素的变化导致决策指标的变化幅度，进而判断各个因素的变化对实现预期目标的影响程度。不确定因素包括制约和影响投资效益的各种因素，如投资额变化，原材料和产品价格变化，产品质量及销售量变化，项目建设期、项目投产时的产出水平及达到设计能力所需时间变化，经营成本的变化，贷款利率变化等。如果某因素可能出现的变动幅度大于最大允许变动幅度，则表明该因素是方案的敏感因素。也可以假定要分析的各个因素均从其基本数值开始变动,比较在同一变动幅度下各因素变动对经济效果评价指标的影响大小,据此判断方案经济效果对各因素的敏感程度。有时不仅进行单因素敏感性分析,还要进行多个因素同时变动对经济效果的影响,以判断方案的风险情况和克服单因素敏感性分析的局限性。

3. 概率分析

敏感性分析的一个基本假设就是各个不确定因素发生变动的概率相同。实际上,任何方案的各不确定因素在未来发生某一幅度变动的概率一般不会相同。有时往往被认为不太敏感的因素将来发生不利变动的概率却很大,实际上带来的风险比那些敏感性强的因素还大。对于这种问题,敏感性分析无法解决,必须借助概率分析。

概率分析就是通过研究各个不确定因素发生不同幅度变动的概率分布及其对方案经济效果的影响,以对评价结果做出某种概率描述,从而判断项目的风险情况。前提是必须占有足够多的信息资料并对这些信息资料进行深入的分析研究,否则无法进行。对项目各种风险因素进行概率分析是多年来进行可行性研究和项目评估的弱点。投资风险分析工作做得不深也是多年来造成投资决策失误的一个重要原因。

三、项目评估

项目评估指在项目可行性研究的基础上,由第三方(国家、银行或有关机构)根据国家颁布的政策、法规、方法、参数和条例等,从项目(或企业)、国民经济、社会角度出发,对拟建项目建设的必要性、建设条件、生产条件、产品市场需求、工程技术、经济效益和社会效益等进行评价、分析和论证,进而判断其是否可行的评估过程。项目评估是项目投资前期进行决策管理的重要环节,其目的是审查项目可行性研究的可靠性、真实性和客观性,为银行的贷款决策或行政主管部门的审批决策提供科学依据。

由于一个独立的项目评估机构(或投资咨询机构)是从第三者的角度对建设项目进行评价的,这就决定了其评估结论的客观、公正性。又由于有一套比较完整的评估理论和评估方法,因而决定了其结论的科学性。

(一) 项目评估的特征

(1) 一个独立的项目评估机构(或投资咨询机构)对委托部门负责或对委

托评估的项目负责。委托部门可以是政府机构、投资贷款银行,也可以是独立的法人(企业)。由于代表和维护利益的角度不同,独立的项目评估机构(投资咨询机构)更能摆脱部门、地区的行政干预和局限性。

(2)可行性研究报告只提供多方案比较依据,而项目评估报告通常是对多方案择优。因而,项目取舍的依据(决策依据)是项目评估报告。

(3)项目评估从大局出发,因而更能保证宏观与微观、全局和局部利益的统一,这样也就更能避免投资失误。

(4)项目评估是投资决策科学化、程序化和公正性的有力保证。项目评估有其既定程序、评价方法和决策原则,还有一套比较完整的评估理论。

(二)项目评估的原则

(1)必须符合党和国家制定的国民经济与社会发展规划及经济建设方针政策,严格执行国家有关经济工作的各项规章制度和技术经济政策。

(2)项目评估必须建立在满足技术功能要求和可行的基础上,要求项目所采用的工艺技术是经过试验鉴定或实际验证,证明其是合适和稳妥可靠的,并有靠得住的市场、原材料、能源和人力资源供应等必要条件。

(3)项目评估应遵循可比原则,效益和费用的计算口径要一致。在计算期内使用同一价格和参数。

(4)项目评估应以动态分析为主,采用国家规定的动态指标。必要时也可采用一些静态指标进行辅助分析。评价指标可采用价值指标、实物指标和时间指标,也可补充比较指标。

(5)项目经济评估工作的质量不仅取决于方法本身的科学性,同时还取决于市场需求预测、工程技术方案选择、固定资产投资估算、产品成本估算、项目实施进度计划等基础数据的可靠性。评估时要对上述工作的准确程度进行认真审核。

(6)项目评估的内容、深度及计算指标应能满足审批项目建议书和设计任务书的要求。

(7)项目评估主要是经济评估,但不能完全不考虑其他因素,应结合工程技术、环境、政治和社会等方面因素进行综合评价,选定最佳方案。

(8)项目评估必须确保科学性、公正性和可靠性,必须坚持实事求是的原则,不允许实用主义或无原则的迁就。

(三) 项目评估的内容

在社会生产实践中,资源、市场、技术和经济之间从来就是紧密联系在一起的,它们的关系既是互相依赖、互相促进的,又是互相矛盾、互相制约的,因而它们之间的关系是复杂的、多方面的。如何处理这些关系,以取得最大的经济效益和社会效益,这是社会经济发展中的重要问题,也是项目评价、投资决策所要研究的重要课题。项目评估的内容主要包括以下五个方面。

1. 建设必要性、现实性、可行性和市场预测的评估

评价一个工业建设项目,首先要了解拟建项目的背景并考虑市场(原材料和产品)需求,这是衡量建设必要性、现实性的一个前提。评估的目的就是根据市场和现有生产能力的状况来判断建设项目的目标市场潜量,有无建设的必要,建设该项目有何意义(经济的、政治的、社会的),生产的产品能否满足消费者的需要和有无竞争力。

2. 建设条件的评估

建设条件是项目建成后的物质保证。建设条件主要包括矿产资源、原材料、能源、动力等各种投入的需求平衡,以及生产中"三废"等各种废弃物的处理。

3. 技术方案的评估

在充分认识技术与经济关系的基础上,项目最重要的问题是技术选择,即在特定的社会和经济条件下,选择什么样的技术去实现特定的目标。技术方案的评估关键是多方案选优:一是找出最优方案;二是在不存在最优方案时,择其各方案之长,根据实际需要产生一个较优方案。技术方案评估的原则是要根据国家对某一行业(或产品)的技术政策来确定该项目选用工艺技术和技术装备的先进性、实用性、可靠性和经济性,并进行评价。

4. 机构设置和管理机制的评估

根据多年来的实践经验,人们认识到项目的机构设置和管理机制也是影响项目成败的重要因素。因此,项目的机构设置和管理机制必须逐步适应建立现代企业制度的需要和项目的实际。

5. 社会经济效果的评估

一般情况下,项目的经济效果评估主要实施财务评价,有关国计民生的、投资额巨大的项目还要进行国民经济评价。财务评价是从企业角度出发,以

企业盈利最大化为目标对建设项目进行评价。对项目财务收支一般要进行动态分析,要考虑货币的时间价值、机会成本、边际效益和投入产出效果。

6. 社会效益评估

社会效益包括劳动就业效果、收入分配效果、环境保护效果、节能效果、创收效果、技术进步和获取技术诀窍效果等。评估时应逐一分析比较。特别要评估项目能否起改善地区经济结构、劳动就业结构、行业经济结构、城市规划、生产力布局及提高人民的物质和精神生活水平的效果。

7. 综合评估

通过上述几个方面的分析比较和评估后,再从社会和国民经济的宏观效果出发,结合建设项目微观经济的优缺点进行综合评估,提出意见或修改方案。

(四)项目评估的程序

项目评估工作一般可按以下程序进行。

(1) 成立评估小组,进行分工,制订评估工作计划。评估工作计划一般应包括:评估目的、评估内容、评估方法和评估进度。

(2) 开展调查研究,收集数据资料,并对可行性研究报告和相关资料进行审查和分析。尽管大部分数据在可行性报告中已经提供,但评估单位必须站在公正的立场上,核准已有数据的可靠性,并收集、补充必要的数据资料,以提高评估的准确性。

(3) 分析与评估。在上述工作基础上,按照项目评估内容和要求,对项目进行技术经济分析和评估。

(4) 编写评估报告。

(五)项目评估的方法

项目的类型不同,采用的评估方法也不同。

1. 项目评估法和全局评估法

项目评估法(局部评估法)以具体的技术改造项目为评估对象,费用、效益的计量范围仅限于项目本身,适用于关系简单,费用、效益容易分离的技术改造项目。例如,投入一笔资金将高能耗设备更换为低能耗设备,只要比较投资和节能导致的费用节约额便能计算出节能的经济效果。

企业评估法（全局评估法）从企业全局出发，通过比较一个企业改造和不改造两个不同方案经济效益变化来评估项目的经济效益。该法既考虑了项目自身的效益，又考虑了给企业其他部分带来的相关效益。适用于生产系统复杂，效益、费用不好分离的技术改造项目。例如，在炼油厂拟上一个节能项目，该项目能节约燃料油，节约的燃料油又被焦化或被重油催化装置进一步深度加工转化为高附加值的轻质油和低分子烯烃，节能改造的效益既体现在燃料油的节约上，又体现在高价值油品的增产上，费用和效益不能很清楚地分离，这时应该采用企业评估法。

2. **总量评估法和增量评估法**

总量评估法的费用、效益测算采用总量数据和指标，确定原有固定资产重估值是估算总投资的难点。该法简单，易被人们接受，侧重经济效果的整体评估，但无法准确回答新增投入资金的经济效果。例如，针对一个小炼油厂，需要做出是进一步进行技术改造还是关、停、并、转的决策。该项目需要从整体上把握经济效益的变化和能够达到的经济效益指标，此时应采用总量法。

增量法采用增量数据和指标并满足可比性原则。这种方法实际上是把"改造"和"不改造"两个方案转化为一个方案进行比较，利用方案之间的差额数据来评价追加投资的经济效果。它虽不涉及原有固定资产重估问题，却充分考虑了原有固定资产对项目的影响。

增量法又分为前后法和有无法。两者的区别为：前后法使用项目改造后各年的费用和效益减去某一年的费用和效益的增量数据来评估项目改造的经济效益。有无法强调"有项目"和"无项目"两个方案在完全可比的条件下进行全面对比，对两个方案的未来费用、效益均要进行预测并计算改造带来的增量效益。实质上，前后法是有无法的一个特例，即假定该项目如果不改造，在未来若干年内经营状况保持不变。这实际上是不可能的，一个企业的经济效益总是在变化的，不是上升，就是下降。因此，一般技术改造项目（包括扩能）评价都应采用有无法。

3. **费用效益分析法**

费用效益分析法主要是比较为项目所支出的社会费用（即国家和社会为项目所付出的代价）和项目对社会所提供的效益，评估项目建成后将对社会做出的贡献程度。最重要的原则是项目的总收入必须超过总费用，即效益与费用之比必须大于1。

4. 成本效用分析法

效用包括效能、质量、使用价值、收益等,这些标准常常无法用数量衡评,且不具可比性,因此,评价效用的标准很难用绝对值表示,通常采用移动率、利用率、保养率和可靠程度等相对值来表示。成本效用分析法主要是分析效用的单位成本,即为获得一定的效用而必须耗费的成本,以及节约的成本,即分析净效益。若有功能或效益相同的多项方案,自然应选用单位成本最低者。

成本效用分析有三种情况:

(1) 当成本相同时,应选择效用高的方案;

(2) 当效用相同时,应选择成本低的方案;

(3) 当效用提高而成本也加大时,应选择增效的单位追加成本低的方案。

5. 多目标系统分析法

如果项目具有多种用途,很难将其按用途分解单独分析,这种情况下应采用多目标系统分析法,即从整体角度分析项目的效用与成本、效益与费用,计算出净收益和成本效用比。

(六) 项目评估报告

项目评估小组在完成了项目评估之后,以项目评估报告的形式形成书面材料,从而完成项目评估。项目评估的最终成果是项目评估报告,项目评估报告的内容包括:

(1) 项目概况(项目基本情况、综合评估结论);

(2) 详细评估意见;

(3) 总结和建议(存在或遗留的重大问题、潜在的风险、建议)。

案例 体育赛事的评估

赛事评价是指对赛事进行仔细观察、测量和监视,以便正确评估结果的过程。

赛事评价可提供赛事的基本轮廓和重要的统计结果,为赛事参与者提供反馈,为赛事分析和提高服务,在赛事管理过程中扮演着重要角色。赛事的评价结果可以为新闻媒体服务,通过新闻媒体的报道宣传赛事所取得的成效,推广赛事,为未来可能出现的重复赛事在计划和寻求赞助上打下良好的基础。

赛事评价是管理循环过程中的一环。根据赛事管理活动过程,评价可以分为赛事前评价(可行性研究)、赛事实施期间评价、赛事后评价。可行性研究明确赛事可能的成本和赛事的效果,以供赛事拥有者做出决策。监视赛事是为了确保赛事按既定的轨道前进,使赛事管理者能够及时做出反应和对赛事计划进行调整。赛后评价测量与赛事目标相关联的结果。赛事分有形和无形影响,无形影响是难以进行量化评价的,只有通过描述进行评价,这主要集中在对社会和文化的影响上以及赛事的长远影响上。竞赛是赛事的核心,竞赛组织工作是否顺利直接影响整体赛事的成功,竞赛工作评价往往成为评价重点。由于不同目的和目标赛事的存在,赛事评价也表现为对赛事目的和目标是否顺利实现的状况进行评价,许多强调商业赢利的职业赛事就会侧重对市场营销的评价。尤其在现代体育赛事职业竞赛观赏性加强和市场化的趋势下,赛事竞赛和营销应是非常重要的评价内容。

赛事评价内容广泛、丰富,涉及众多管理要素,体现出对赛事整体运作的评价价值,因此,可以看出赛事运作中体育组织对竞赛核心的评价是非常重要的评价部分。

1. 大型体育赛事的启动

体育项目产生于社会生产、分配、消费和流通的不断循环之中。一般而言,体育项目来源于满足社会需求的动机,如大型体育赛事满足人们的观赏性需求,体育旅游满足人们健身娱乐的需求,体育赞助满足投资人对自身形象及产品宣传的需求,等等。把握不同需求主体的内在需求,就可以创造出满足需要的体育赛事。

大型体育赛事的启动首先从组织整体环境和战略计划角度考虑。应了解项目的基本状况,对项目进行机会研究,为拟建投资项目的投资方向提出轮廓性的建议,编制项目计划。在项目计划的基础上,进行项目的可行性研究。

2. 大型体育赛事的机会研究

体育赛事的机会研究是体育赛事形成的最初阶段,它是体育赛事投资者和经营者调查市场需求,分析、比较、发现赛事机会,最终形成明确的体育赛事的发展方向或投资的过程。

首先,要对体育赛事的市场需求及供应进行预测。市场需求是体育赛事成功举办的关键因素,如果不了解消费者、欣赏者及赞助商的需求,掌握其需求心理,举办体育赛事活动,将会严重影响体育赛事的最大效益。同时,由于体育赛事的价值决定了体育赛事市场的供应,还需对体育赛事的市场价值进行评估和商机选择。判断与选择体育赛事的市场价值取决于体育赛事的基本情况,包括赛事的欣赏价值、参赛者的运动水平、赛事结果的不确定程度、赛事举办城市的历史文化、赛事举办地的消费水平、赛事的社会关注度、赛事的电视传播范围及赛事举办者的市场运作能力等。比赛项目、比赛地点、体育赛事目的、参赛者、传播范围、比赛的对抗程度、比赛结果的不确定程度、社会心理寄托、关注程度等多方面因素的不同状态,决定了体育赛事市场价值的不同。

在我国境内举办的各种体育赛事中,并非所有的体育赛事都有商业价值和盈利机会。在市场化趋势下,要举办体育赛事首先需要对体育赛事的市场价值进行基本判断,进行体育赛事选择。体育赛事选择体现为体育赛事可行性研究,由于我国竞赛体制的作用,体育主管部门往往既是体育赛事的设立者,又是体育赛事的运作主体,所以,体育赛事选择体现在两个方面:一是体育主管部门根据环境和计划判断是否设置该体育赛事;二是体育赛事承办方根据对体育赛事的可行性研究而决定是否申办。

为计划内体育赛事多由国家出资举办,现在,大部分体育赛事均为体育组织及承办机构自筹资金举办。在国家计划体育赛事中,计划者根据体育赛事的价值和目标选择设立体育赛事,必要时发布招标信息。承办单位根据可行性研究决定是否申办体育赛事,必要时要进行投标。在计划外的体育赛事领域,主要是商业性较强的职业体育赛事,由经济单位或体育组织根据市场环境和项目价值策划、创造出一些体育赛事。

其次,对体育赛事的环境分析。体育赛事管理者的基本任务就是协调、整合、开发、利用、组织资源,发挥资源的最大作用,从而达到体育赛事的目标。管理者要从系统的角度及观点,充分认识和理解体育赛事系统内、外环境的作用及影响。体育赛事是一项具有产业性质和较高欣赏品位的社会文化活动,需要助市场的运作来维持发展。体育赛事不仅建立在对消费者及欣赏者有效需求的基础上,还必须遵从社会、经济、文化等基本条件的基本规律。如经济基础决定一个地区的消费水平及消费层次。任何一个地域均有其特有的文化积淀,如社会风气、风俗习惯、舆论氛围、文化水平等,并对体育赛事的开展产生积极或消极的影响。体育赛事举办地的地理环境位置以及体育场馆、设施、设备等基础设施环境也决定了体育赛事的运作及开展,体育赛事举办地的治安状况也是体育赛事环境分析的重要内容。

体育赛事还同时受到单项和综合性体育组织,如国际奥委会、国际和国家体育组织的重大影响,以及受主办国家政府和相关部门、主办城市政府、旅游组织、文化和环境组织、地方团体、赞助商等其他组织和个人的影响。体育赛事组织通常就是在这种与各种相关体育组织发生联系的管理环境下进行决策和活动的。体育组织与体育赛事的联系表现形式多样,有的体育组织直接成为体育赛事运作主体,有的以联络形式进行指导。体育赛事组织与相关体育组织的联系是体育赛事运作的关键,因为这些体育组织大多负责体育赛事的核心竞赛,甚至负责指导、监督整个体育赛事的运作。

最后,对体育赛事举办者自身能力及条件的分析。体育赛事承办者自身能力及条件的分析是体育赛事可行性研究的重要一环。可通过优势、弱势、机会与威胁分析(SWOT)法识别自身能力及条件,经由优势分析可知晓举办者自身资源的优势,经由弱势分析可识别自身的弱势,了解体育赛事内部存在的不足。优势、弱势的区分能够使体育赛事举办者清楚自身状况,机会、威胁分析可提供关键的信息去研究外部情况,以便赛事举办者利用机会,避开威胁(见表4-1)。

表4-1 体育赛事优势、弱势、机会、威胁分析的内容

优势评价:强烈、一般、弱	弱势评价:关键、可控、消除
·人力资源管理(招聘、培训、激励员工和志愿者) ·财务计划预算、资金状况 ·信息通信系统 ·风险管理 ·场地、观众、合同、后勤服务、设施、紧急工作程序、饮食等营销赞助 ·广告、公共关系、礼遇、门票收入 ·媒体转播、专利许可、集资、推广、品牌 ·领导、激励、协调、沟通 ·其他技能或优势	·竞技表演水平不高 ·工作人员与志愿者的意见分歧 ·工作人员之间与志愿者的性格冲突 ·有经验人员和志愿者缺乏谈判 ·规划时间仓促 ·资金问题 ·设备短缺或不足

续表

机会评价:可能、发展	威胁评价:严重、监控、回避
• 合作伙伴或志愿者	• 社会混乱
• 赞助商	• 环境破坏
• 能带来额外收益的活动	• 通货膨胀
• 在体育赛事地的旅游活动	• 恐怖威胁、犯罪
• 科学、历史和文化的吸引力	• 社会抵制
• 友好的商业团体	• 自然破坏
• 友好的政府部门	• 天气或其他不可控事件
• 其他机会	• 其他威胁

进行 SWOT 分析之前,必须对体育赛事的每个环节十分熟悉。这些内容包括财政预算、工作人员、志愿者、时间、日期、地点、预期观众、举办地人口规模等。

通过以上分析可知选择体育赛事的基本方向。应充分考虑以上因素,结合自身实际情况选择体育赛事。

3. 大型体育赛事的可行性研究

可行性研究是在详细调查、周密研究、进行技术经济和环境分析、方案比较之后得出项目是否可行的结论,并形成书面报告。一个完整的体育项目可行性研究报告至少包括3个方面的内容:一是分析论证投资项目建设的"必要性"。这主要是通过市场预测工作(即通过市场预测分析项目所生产的产品的市场需求情况)来完成的。二是项目投资建设的可行性。这主要是通过生产建设条件、技术分析和生产工艺论证来完成的。三是项目投资建设的合理性(财务上的盈利性和经济上的合理性)。这主要是通过项目的效益分析来完成的。其中,项目投资建设的合理性是可行性研究中的核心问题。

体育项目可行性研究报告的一般内容如下。

(1) 总论或项目实施要点,包括项目背景简介、主要技术经济指标和存在的问题及建议。

(2) 项目背景概况,包括项目业主概况,项目的成因,项目已完成的前期工作及其费用。

(3) 项目前景与范围,包括项目的市场前景、产品或服务价格与营销收入预测、项目的具体范围等。

(4) 项目的资源与条件,包括项目实施和运营所需的资源、主要原材料、项目的各种条件、组织内部的条件和社会经济条件等。

（5）项目各种备选方案，包括实现项目目标的各种备选方案，技术、实施和总体情况等。

（6）项目各备选方案的实施安排，包括项目实施阶段的划分、项目总进度安排、项目实施的组织与管理的一般要求等。

（7）项目各备选方案的环境保护评价，包括项目所在地区的环境状况、项目所带来的主要环境污染、需要采取的主要环境保护措施、环境保护投资估算和环境影响评价等。

（8）项目各备选方案的财务与国民经济评价，包括投资估算、财务评价、国民经济评价和不确定性分析等。

（9）项目各备选方案的综合评价和比选结果，包括各方案的经济、技术、运营等单项评价与比选的结果和综合评价与比选的结果，以及相应的说明等。

（10）结论、建议与附件，包括对选定的最佳方案的说明、对研究中尚未解决的问题的建议、作为附件的项目建议书、各种调查报告和各种附图等。

4. 大型体育赛事的申办

申办是获得大型体育赛事举办权的主要形式，它是指通过对体育赛事涉及的领域、投资的收益、技术可行性、环境情况等问题进行全方位的评估及论证，从而明确体育赛事的投资价值及在经济和技术上的可行性，通过相应的渠道和法定的程序，由举办城市或地区采用不同的形式和方法，进行宣传、推广、展示，争取赛事主办组织的理解与支持，以正式会议投票表决的决议获得赛事主办权利的全过程。

1）考察申办大型体育赛事的城市具备的基本条件

大型体育赛事的申办，各国都会投入财力、物力和人力去争夺主办权。具体申办的准备工作主要是申办地符合大型体育赛事的具体要求。包括申办所需要的充足的财力资源，兴建配套的市政工程设施，包括道路、公交、照明、旅馆等，申办国家和城市的整体市民的"体育意识"等。

根据国际奥委会执委会于1992年向申办城市颁布的《申办冬季奥运会和夏季奥运会调查表》中所规定的条件，奥运会申办主要包括以下几个方面的条件：社会政治稳定，体育设施齐备，有安全保障，交通便利和通信设施先进，文化艺术发达，城市的开放与现代化，有经济保证，城市美化和环境保护状况良好，有举办大型国际比赛的经验，具有提供体育赞助的潜在能力，等等。

根据1994年国家体委（现国家体育总局）发布的《全国综合性运动会申办

办法(试行)》中所规定的条件,申办综合性运动会应具备的条件有:当地党政部门的支持;当地政府可靠的财政保证;安定的社会环境和良好的社会秩序;为参加者及有关人员、新闻记者等提供良好的食宿接待、交通等接待条件和工作条件的保障;符合国际和国家技术标准的竞赛场地和器材;举办形式可采用分散与集中相结合;具有较高的竞赛组织管理水平;具有符合竞赛需要的电子计算机、邮电通信、电视转播等技术设施保证。

2) 撰写详尽的申办报告

申办报告的质量直接影响申办能否成功。一份科学的申办报告应该是客观的、详细的、完整的。在申办报告中,要尽量凸显城市的特点和优势,在拥有普遍的申办条件的基础上能够拥有自身的独特优势,体现出一般中的特殊,无疑为申办成功增加了可靠系数。强调申办城市的优势,也是申办中常用的策略。为了在申办竞选中战胜其他申办城市,申办报告中需要承诺赛事将不会给申办城市和国家带来负面影响,并且有关举办赛事的财政、社会和文化影响条款也是可以直接接受的。申办报告中还需要证明将如何保证赛事给市民带来好处,而不是增加他们的额外负担。因此,一份赛事申办报告需要承诺改善城市居民的生活条件,改善环境和交通以及城市的体育设施等。比如悉尼申办奥运会时,在申办报告中向居民承诺,把霍姆布什湾退化的土地改造成国家奥林匹克体育艺术中心,还承诺改善交通条件,建造环奥林匹克公园铁路,以减轻奥运会举办期间的交通拥挤状况。对于申办城市来讲,在申办阶段还有一个重要承诺就是如果申办不成功,用于申办的资金不会被浪费。

申办报告陈述种种理由,列举申办城市和国家具有足够的实力,是一个说服的过程,需要一定的技巧。如何以巧妙的方式表达一个城市骄人的历史和未来的规划,通过一系列科学、客观的陈述,成功地说服各位握有投票权力的赛事组织官员,是申办的关键环节。在赛事申办中,每个申办的国家和城市都有自己的独特优势,如何将这种优势表现出来,是申办报告中需要策略和技巧的问题。在激烈竞争的关键时刻,陈述得充分、合理和细致,往往有一锤定音的效果。陈述是让别人了解自己、认识自己,对申办的成功非常重要。

5. 大型体育赛事的方案策划

体育项目的策划过程就是对体育赛事进行规划的过程,是对未来行动方案的一种说明。如没有计划,则体育赛事活动经常会出现干扰、混乱和低效率等。包括拟定、编制和修订详细的项目阶段的工作目标、任务、工作方案和管理计划、范围规划、进度计划、资源供应计划、费用计划、风险计划、质量计划和采购计划等。整个的方案策划过程如图 4-1 所示。

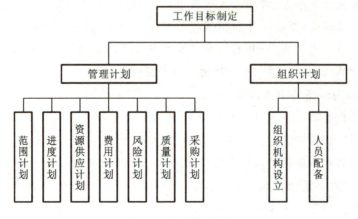

图 4-1　方案策划过程

目标是未来行动的出发点和归宿点,是制订计划的前提。前期的准备工作已经进行了 SWOT 情形分析,分析外部环境,确定存在的机会和威胁;同时分析组织内部资源,根据分析情况,确定存在的优势和劣势,将大的目标进行细化,通常以数量指标和质量标准来表示。根据分目标,重新审视赛事组织内部和外部有可能影响整体成功的因素,重新评价赛事目标,制订赛事的战略计划。根据战略计划的要求,制订战术计划。

不同规模、类型和水平的体育赛事对战略和战术计划有不同的要求,例如,对于奥运会这样组织水平复杂和高水平的大规模体育赛事,其计划的战略性作用就显得非常突出。体育赛事计划应当具有灵活性,体育赛事战略计划与战术计划在不同层次体育赛事组织中应有不同的要求和体现:一般规模赛事,战术计划较强,战略计划较弱;中等规模赛事,战略计划、战术计划相差不多;大型赛事,战略计划较强,战术计划较弱。

赛事战略确定后,计划实施可以通过战术计划完成。战术计划是对如何完成整体目标的具体规定,通过战术计划实施战略和达到目标。根据工作分解结构(WBS)确定战术计划中赛事的工作内容,并将之绘成正式的工作分解结构图。20 世纪 60 年代末发展起来的"工作分解结构"法是项目管理中重要的管理工具之一,它也可用于体育赛事的项目管理中。这样工作分得越细,制订计划时就越容易。

体育赛事的规模不同,战术计划也会不同,但战术计划必须包括竞赛、营销、人力资源、后勤、财务预算、风险管理、信息技术管理等要素。战术计划各个任务领域都存在进一步分解的内容,如营销中的规划销售、媒体转播、赞助、广告,风险管理中的合同签订、保安,人力资源中的组织结构、志愿者,等等。

6. 大型体育赛事方案策划的内容要点

体育赛事的策划围绕着体育赛事目标,系统地确定赛事的工作任务、赛事进度、编制资源预算等,从而确保赛事在合理的赛期,以尽可能少的成本和尽可能高的水平完成。一般而言,在体育赛事方案策划中要回答以下基本内容:做什么(what);在哪里做(where);如何做(how);何时做(when);谁去做(who);花费多少(how much)。对这些问题的回答就构成了体育赛事方案策划的基本内容。

体育赛事方案策划的内容要点如下。

(1) 根据比赛场场容量及有关赛事的历史数据估算赛事收益,再根据预期收益制定预算及开支计划。

(2) 制定赛前准备工作、赛期工作和赛后工作的时间表。不要急于求成,以免增加工作及花费。如售票工作应在广告促销之后,在公众还未了解赛事时过早地售票会浪费精力等。

(3) 按照各项任务开展的逻辑顺序安排时间,规划要详细到日。赛事活动组织涉及申请批文或许可证,并有规定的申请期限和程序。寻找合作机构和申请基金也要注意时间问题,每个公司都有其财务周期,应事先了解合作公司每年在何时制定财务预算,其财务年度何时结束,也要了解各基金会审议提案的具体时间。

(4) 以倒推方式制定规划。列出需要完成的任务,并规定任务完成的最后期限。确定完成这些任务需要哪些步骤和需要花费的时间。如确定在某一日期前收到所有邀请人的回复,就应该算出设计和印刷邀请函、填写和邮寄邀请函,以及被邀请者回复函件需要多少时间。由最后期限倒推,就可计算出应在何时开始相关工作。

(5) 预留额外时间来应对不可预料的延误,在时间安排上留有余地。

(6) 应将赛事规划告知赛事的各工作人员,包括主要管理人员、营销人员、志愿者队长和政府官员,让每个人进行确认。建议每周召开一次全体工作人员会议,每月召开一次所有相关者参加的会议。充分利用电子邮件、书面通知等在组委会内部沟通信息,协调工作。

(7) 注意有关的惯例和规定。如国际奥委会要求对奥运会的邀请函在赛前一年内发出。明确与赛事组办有关的其他协议和规定。如一些专业协会对电视转播体育赛事前、中、后的广告时段做出了具体规定;体育场内广告牌的数量、大小和类型也有相关规定。在体育赛事的单个计划中,列出每个部门负责的进度计划,并将其合并为总计划表。

(8) 编制、分发赛事主要管理人员的通讯录(包括姓名、职位、住址、联系电话、电子邮件和传真等)。

(9) 要有应急方案,以便遇突发事件时能随机而动。如冬季奥运会常将山地滑雪项目安排在赛事的第一天,为天气变化带来的推迟留出充分的余地。

(10) 以最小的可计量时间来制定赛事规划。竞赛规划中以每10分钟为一个规划时间单位,电视转播要以秒为最小时间规划单位。

第五章 项目范围管理

主要内容

- 项目范围管理概述
- 项目范围的定义
- 项目范围核实
- 项目范围规划
- 制作工作分解结构
- 项目范围控制

如果你允许项目范围发生变化,那么它变化的速度将超出你的想象。
——项目管理谚语

做过项目的人可能都会有这样的经历:一个项目做了很久,感觉总是做不完,就像一个"无底洞"。用户总是有新的需求要项目开发方来满足,就像用户在"漫天要价",而开发方在"就地还钱"。实际上,这里涉及一个"范围管理"的概念。项目中哪些该做,做到什么程度,哪些不该做,都是由"范围管理"来决定的。那么,到底什么是"范围管理",本章将揭开这个谜底。

第一节　项目范围管理概述

一、项目范围的含义

项目范围是指为了成功达到项目的目标所必须完成的工作。简单地说，确定项目范围就是为项目划定一个界限，确定哪些方面是属于项目应该做的，哪些不应该包括在项目之内，从而定义项目管理的工作边界，明确项目的目标和主要的项目可交付成果。

在项目环境中，"范围"一词包括两方面的含义：一是产品范围，即产品或服务所包含的特征或功能；二是项目范围，即为交付具有规定特征和功能的产品或服务所必须完成的工作。在确定范围时首先要确定最终产生的是什么，它具有哪些可清晰界定的特性。要注意的是特性必须要清晰，以明确的形式表达出来，比如文字、图表或某种标准，能被项目参与人理解，绝不能含含糊糊、模棱两可。在此基础之上进一步明确需要做什么工作才能产生所需要的产品，也就是说产品范围决定项目范围。

举例说明可能会更好理解一些。假设你在一家培训公司做培训专员，负责组织一次PMP（项目管理专业人士资格认证）考前培训，那么你完全可以把这项工作当成一个项目来管理。如何确定产品范围和项目范围呢？培训产生的不是有形的产品，而是无形的服务。组织PMP考前培训的目的是讲授项目管理体系基础知识，提高学员的项目管理理论水平，为参加PMP考试做准备，这就是产品范围。如果学员突然提出想获得如何提高企业核心竞争力的知识，很明显此内容不在本项目的产品范围之内。有了明确的产品范围，接下来就可以确定为达到这个目的需要做哪些工作，即项目范围。首先要聘请知名的项目管理权威专家，拟定授课内容，根据授课内容准备学员教材，联络舒适的培训地点，安排好学员食宿。开始培训也并非意味着可以万事大吉了，每天都要与学员交流，听取他们的意见并反馈给老师，甚至学员的日常起居都要过问。由于PMP考试是英文试题，而模拟习题都是中文，假设某些学员希望老师讲解一些英文题以避免翻译带来的理解偏差，这时老师就要多讲一些内容,产品范围有所扩大,但从总的培训目标来看是合理的。

确定了项目范围,也就定义了项目的工作边界,明确了项目的目标和主要的项目可交付成果。项目的可交付成果往往又被划分为较小的、更易管理的不同组成部分。因此,确定项目范围对项目管理来说可以产生如下作用。

(1) 提高费用、时间和资源估算的准确性。项目的工作边界定义清楚了,项目的具体工作内容明确了,这就为项目所需的费用、时间、资源的估计打下了基础。

(2) 确定进度测量和控制的基准。项目范围是项目计划的基础,项目范围确定了,就为项目进度计划和控制确定了基准。

(3) 有助于清楚地分派责任。项目范围确定后也就确定了项目的具体工作任务,为进一步分派任务打下了基础。

正确地确定项目范围对项目成功非常重要,如果项目的范围确定得不好,就有可能造成最终项目费用的提高。项目范围确定得不好会导致意外的变更,从而打乱项目的实施节奏,造成返工,延长项目完成时间,降低劳动生产率,影响项目组成员的干劲。

二、项目范围管理的主要过程

项目范围管理也就是对项目应该包括什么和不应该包括什么进行定义和控制,以确保项目管理者和项目干系人对作为项目结果的项目产品和服务以及生产这些产品和服务所经历的过程有一个共同的理解。也就是说,项目范围管理主要关心的是确定与控制哪些应该与不应该包括在项目之内的过程。《项目管理知识体系指南(第3版)》将项目范围管理的过程描述如下:

(1) 范围规划——制订项目范围管理计划,记载如何确定、核实与控制项目范围,以及如何制定与定义工作分解结构;

(2) 范围定义——制定详细的项目范围说明书,作为将来项目决策的依据;

(3) 制作工作分解结构——将项目大的可交付成果与项目工作划分为较小和更易管理的组成部分;

(4) 范围核实——正式验收已经完成的项目可交付成果;

(5) 范围控制——控制项目范围的变更。

上述过程不仅彼此之间相互作用,而且还与其他知识领域过程交互作用。根据项目需要,每个过程可能涉及一个或多个个人或集体所付出的努力。每个过程在每个项目或在多阶段项目中的每一阶段至少出现一次。下面我们就将围绕项目范围管理的各个过程进行详细的阐述。

第二节 项目范围规划

项目范围规划就是确定项目范围并编写项目说明书的过程。项目范围的确定与管理影响到项目的整体成功。每个项目都必须慎重考虑与权衡工具、数据来源、过程与程序,以及其他因素,确保为确定项目范围而付出的努力与项目的大小、复杂程度和重要性相称。

在项目立项和得到正式承认以后,就要进行项目规划,其中很关键的环节就是确定项目的范围,即形成详细项目范围说明书。项目范围说明书说明了为什么要进行这个项目,形成项目的基本框架,使项目所有者或项目管理者能够系统分析项目关键问题及项目形成中的相互作用要素,使得项目的有关利益人员在项目实施或项目有关文件书写以前,能就项目的基本内容和结构达成一致;产生项目有关文件格式的注释,用来指导项目有关文件的产生;形成项目结果核对清单,作为项目评估的一个工具,在项目终止以后或项目最终报告完成以前使用,以此作为评价项目成败的判断依据;同时也可以作为项目整个生命周期中监督和评价项目实施情况的背景文件,作为有关项目计划的基础。

在进行范围规划时,依据成果说明书、项目许可证、事业环境因素、组织过程资产、制约因素及假设前提等,采用一定的工具和技术,从而形成包括项目范围说明书在内的项目范围管理计划。

一、项目范围规划的依据

项目和子项目都要编写项目范围说明书。一般来说,项目范围说明书要由项目班子来编写,项目班子编写项目范围说明书时必须具有以下依据。

1. 成果说明书

所谓成果,就是项目初步范围说明书中所要求交付的产品或服务,它是任务委托者在项目结束时要求项目管理班子交出的成果。在成果说明书中,对要求交付的成果必须有明确的要求和说明。

2. 项目许可证

项目许可证是正式承认某项目存在的一种文件。它可以是一种特别的文件形式,也可以用其他文件替代,如企业要求说明书、产品说明书。项目许可证应该由项目外部的企业高层领导发出,它赋予项目经理利用企业资源、从事项目的有关活动的权力。对于一个合同项目来说,签署的合同可以作为卖方的项目许可证。

3. 事业环境因素

事业环境因素,如组织文化、基础设施、工具、人力资源、人事方针,以及市场状况等,所有这些都会影响项目范围的管理方式。

4. 组织过程资产

组织过程资产是能够影响项目范围管理方式的正式和非正式的方针、程序和指导原则。与项目范围规划有具体关系的过程资产包括:与项目范围规划与管理有关的组织方针;与项目范围规划与管理有关的组织程序;可能存放于经验教训知识库中的历史资料。

5. 制约因素

制约因素是限制项目团队行动的因素。例如,事先确定的项目预算将会限制项目小组对项目范围、人员配置以及日程安排的选择。对于一个合同项目,合同条款通常被看成制约因素。

6. 假设前提

假设是指为了制订计划而考虑某些因素将是真实的,符合现实的和肯定的。例如,如果项目的某个关键人物到位的时间不确定,项目小组将假设项目某一特别的开始日期,作为该关键人物到位时间的假定。假设常常包含一定程度的风险。

二、项目范围规划的工具和技术

1. 成果分析

通过成果分析,可以加深对项目成果的理解。它主要运用系统工程、价值工程、价值分析、功效分析和质量功能展示等技术确定项目是否必要、是否有价值。

2. 成本效益分析

成本效益分析就是估算不同项目方案的有形和无形费用及效益,并利用诸如投资收益率、投资回收期等财务计量手段估计各项目方案的相对优越性。

3. 项目方案识别技术

这里的项目方案是指实现项目目标的方案。项目方案识别技术泛指提出实现项目目标方案的所有技术。管理学中提出的许多现存的技术,如头脑风暴法和侧面思考法可用于识别项目方案。

4. 专家判断

可以利用各领域专家来提出或评价各种方案。任何经过专门训练或具有专门知识的集体或个人均可视为领域专家。领域专家可以来自组织的其他部门、咨询顾问、职业或技术协会、行业协会等。

三、项目范围规划的成果

通过项目范围规划后,应当形成包括范围说明书和范围管理计划的成果。

1. 范围说明书

范围说明书是较初步项目范围书更为详细的说明书,它可以帮助项目的有关利益集团就项目范围达成共识,为项目实施提供基础。其内容包括以下几个方面。

(1) 项目的合理性说明,即解释为什么要实施这一项目。项目合理性说明为以后权衡各种利弊关系提供依据。

(2) 项目成果的简要描述。确定项目成功所必须满足的某些数量标准,通常这些标准应包括费用、时间进度和技术性能或质量标准。且尽可能是量化标准,未被量化的目标往往具有风险。

(3) 项目可交付成果。要有一份主要的、具有归纳性层次的产品清单,这些产品完全、满意的交付标志着项目的完成。例如,某一软件开发项目的主要可交付成果可能包括可运行的电脑程序及用户手册等。

(4) 项目目标的实现程度。

(5) 辅助性细节。为项目范围阐述作辅助说明,应根据需要记录和编写一些文件,并通过其他项目管理程序,把它变成易被利用的东西。辅助说明总是包括所有已认定的假设文件和制约因素。附加说明的数量在不同的领域中会有所不同。

2. 范围管理计划

范围管理计划是描述对项目范围如何进行管理、项目范围怎样变化才能与项目要求相一致等问题的。它应该包括：说明如何管理项目范围以及如何将变更纳入到项目的范围之内；对项目范围稳定性的评价，即项目范围变化的可能性、频率和幅度；说明如何识别范围变更以及如何对其进行分类等。

根据具体项目工作的需要，范围管理计划可以是正式的或非正式的，可以是非常详细的，也可以是一个大概框架。范围管理计划是整个项目计划的一个附属部分。

第三节 项目范围的定义

项目范围的定义就是把项目的主要可交付成果划分为较小的、更易管理的单元。

项目范围的定义要以其组成的所有产品的范围定义为基础，这也是一个由一般到具体、层层深入的过程。即使一个项目可能是由一个单一产品组成的，但产品本身又包含一系列要素，有其各自的组成部分，每个组成部分又有其各自独立的范围。例如，一个新的电话系统可能包含 4 个组成部分——硬件、软件、培训及安装施工。其中，硬件和软件是具体产品，而培训和安装施工则是服务，具体产品和服务形成了新的电话系统这一产品的整体。如果项目是为顾客开发一个新的电话系统，要定义这个项目的范围，首先要确定这个新的电话系统应具备哪些功能，定义产品规范；然后具体定义系统的各组成部分的功能和服务要求；最后明确需要做些什么才能实现这些功能和特征。

一、项目范围的定义内容

项目范围的定义主要从项目需求的识别和项目需求的表达两个方面来阐述。

1. 项目需求的识别

没有一个项目范围有明确定义，项目就像一艘无舵的航船，风吹向哪里，它就漂向哪里，但不一定是它应该去的方向。项目范围的定义来源于项目的需求,如果不能全面、正确地理解一个需求和其内在含义,或者不能正确地阐述、表达它,则项目管理必将迷失方向,就像那艘无舵的航船。因此,把项目需求从开始的不确定,到逐步进化出一个清晰的框架,直至最终获得正确的理解,是项目管理中一个至关重要的环节。

项目是用以满足客户需求的,但认识需求是一件非常困难的事情。因此,对需求的认识需要充分了解客户及其政治、经济、社会背景,与之建立坦诚的合作关系,全面交流、透彻分析其凌乱的需求建议或观点,进行详尽的研究,不断深化对需求认识的理解,才能归纳、整理出清晰的需求说明。改善需求定义的有效措施,一要全面理解项目的处境和项目的现行系统,只有对现实准确认识,才能更好地解决未来的问题;二要识别多元客户,以适当顺序排列他们的需求;三要组织一个由项目不同利益方代表组成的需求定义任务小组,使项目干系人各方需求能充分协调,更好地定义项目需求;四要教育客户,让客户理解项目涉及的技术功能、问题,明确客户在定义需求时的责任,以配合需求定义。

2. 项目需求的表达

认识到需求之后,必须把它清楚地表达出来,在全面、不含糊地表达需求之后,就可以用肯定的词语规定怎样做能满足项目的需求。通常,我们可以按以下五个步骤来表达项目需求:

(1) 让提出需求的人把他们的感觉尽可能清楚地表达出来;

(2) 针对需求的真实性、可行性、重要性和影响向客户提出问题,以从不同的角度理解需求;

(3) 从技术和方法的角度对项目作一些必要的研究,更好地处理需求;

(4) 根据以上三步得出的结论,尽可能清楚地描述项目需求;

(5) 客户尽最大努力确认项目管理人员的需求认识是否反映了项目真实需求,根据客户意见作适当修改。

需求自身具有的模糊性和动态变化性,是导致需求认识困难的原因之一。需求产生时可能只是一闪念,它代表某种新鲜事物、某种不同的想法,具有非常强的不确定性。客户在陈述自己的需求时往往只能提供一些含混的信息:"我说不清楚我需求的是什么,但我见到东西时就会知道。"这说明,客户对自己的需求只是一种感觉,而且这种说不清的感觉还会随着环境的变化而变化。认识需求就像射击一个移动目标,但这并不能说客户的需求不实在,它是客观存在的,只是比较粗略,需求会因周围环境的变化而变化。

项目人员需求认识能力的缺陷,是导致需求认识困难的原因之二。项目是用以满足客户需求的,但项目不可能满足所有项目干系人的需求。根据项目特征而选择需求来源和需求讨论对象是极其重要的,比如工程移民项目的需求、认识,工程业主和搬迁工程环境中居民的需求和这些居民"迁得走、留得住、能发展"的需求对项目具有同等的重要意义。如果认识需求选择的需求讨论对象不对,必将导致需求认识方向的错误。其中,项目人员在需求认识中往往容易陷入"误解需求"、"镀金需求"、"自我定义需求"等误区。

一方面,客户具有模糊、粗略的需求并不断变化,永不满足的陈述让没有经验的项目管理人员产生不满情绪,并导致误解,而且如果只是根据客户的陈述来做项目计划,也很难为客户交付一个真正满足其需求的产品。另一方面,项目管理人员植根于自己职业和技术能力的自负,使其往往狭隘地根据自己的经历、价值观和专业知识过滤"客户的需求陈述",对其妄下定义,不屑于以简单、直接的方案满足客户的需求,不追求复杂的、高技术难度的"最优方案",提供给客户"我认为他们需要的东西,即使他们不同意我的判断",导致客户拒绝接受项目最终交付的产品。问题的症结很简单,因为项目人员认识的需求不是客户所需要的。造成项目成本增加,工期延长,并最终导致项目失败。

二、项目范围定义的依据

项目范围定义要进一步以项目许可证、项目组织过程资产、项目制约因素及假设前提为依据,同时充分运用在项目范围规划中所形成的项目范围说明书和项目范围管理计划。除此之外,还应依据以下几个方面的内容。

(1) 其他计划成果。其他知识领域的成果也可以作为确定范围定义所应考虑的因素。

(2) 历史资料。其他项目的相关历史资料,特别是经验教训,也应在确定项目范围时予以考虑。

(3) 批准的变更请求。批准的变更请求是为了扩大或缩小项目范围并形成文件的变更。

三、范围定义的工具和技术

1. 工作分解结构样板

工作分解结构是由项目各部分构成的、面向成果的树形结构。该结构定义并组成了项目的全部范围,一个组织过去所实施的项目的工作分解结构常常可以作为新项目的工作分解结构的样板。虽然每个项目都是独一无二的,但仍有许多项目彼此之间存在着某种程度的相似之处。许多应用领域都有标准的或半标准的工作分解结构作为样板。

2. 分解

分解就是把项目及其主要可交付成果分成较小的、更易管理的组成部分,直到可交付成果定义得足够详细,足以支持项目将来的活动,如计划、实施、控制等。分解的步骤如下。

(1) 识别项目的主要组成部分。通常情况下,项目的主要组成部分即为项目的主要可交付成果,然而,项目的主要组成部分也可以根据项目的管理方式来定义。例如,项目寿命周期的不同阶段可以作为第一层次的分解,而项目的可交付成果可以作为第二层次的分解。

(2) 确定每一组成部分是否分解得足够详细,以便对其进行费用和时间的估算。如果每一组成部分已经足够详细,则可以进行第四步,否则进行第三步。这就说明,不同的组成部分可以有不同的分解水平。

(3) 确定可交付成果的构成要素。构成要素应该是可以用有形的、可核查的结果来描述的,以便据此对项目绩效进行评价;有形的、可核查的结果既可以包括产品,也可以包括服务。例如,对某个制造项目,其构成要素可能包括几个单独的配件外加最后的装配。

(4) 核对分解是否正确。核对分解是否正确可以通过对以下几个问题的回答来确定:低层次的要素对于分解要素的完成是否充分必要?每个组成要素是否都被清楚、完全地定义?对每一构成要素都已做了预算及时间安排?是否每一构成要素都已经落实了相应的责任部门或人员?如果不是,就需要进行修改,以保证管理控制。

四、范围定义的结果

项目范围定义主要形成以下成果。

1. 范围基准

范围基准主要指批准的详细项目范围说明书、工作分解结构和对应的工作分解结构词汇表。

(1) 项目范围说明书。本阶段形成的项目范围说明书是项目团队控制整个项目范围效果好坏的重要文件,它详细地说明了项目的可交付成果和为提交这些可交付成果而必须开展的工作;说明了项目的主要目标,是所有项目利害关系者对项目范围的共同理解;使项目团队能够实施更详细的规划,在执行过程中指导项目团队的工作,并构成评价变更请求。

(2) 形成工作分解结构。工作分解结构确定了项目的整个范围,也就是说,工作分解结构以外的工作不在项目范围之内。在项目范围说明的基础上,工作分解结构有助于加深对项目范围的理解。

(3) 工作分解结构词汇表。它是在制作工作分解结构过程中生成的并与工作分解结构配合使用的文件。

2. 请求的变更

对项目管理计划及其分计划请求的变更可以在范围定义过程中提出,请求的变更通过整体变更控制过程提交并接受审查、处置。

3. 项目范围管理计划更新

项目范围管理计划是项目管理计划的组成部分,可能需要更新,以便将项目范围定义过程产生并批准的变更请求纳入其中。

第四节 制作工作分解结构

一、工作分解结构概述

工作分解结构(WBS)是一个以项目产品或服务为中心的子项目组成的项目"家族树",它规定了项目的全部范围。工作分解结构是为方便管理和控制而将项目按等级分解成易于识别和管理的子项目,再将子项目分解成更小的工作单元,直至最后分解成具体的工作(或工作包)的系统方法,是项目范围规划的重要工具和技术之一。

在 Microsoft Project 2000 中,工作分解结构被定义为由一系列数字、字母或者二者组合在一起所表示的任务层次结构。项目的工作分解以项目的范围说明书为依据,在明确的项目范围基础上对项目进行分解,确定实现项目目标必须完成的各项工作及其内在结构或实施过程的顺序,并以一定的形式将其表达出来,这就是工作分解结构图(见图 5-1)。工作分解结构图可以将项目分解到相对独立、内容单一、易于成本核算与检查的工作单元（或工作包）中，并能把各工作单元在项目中的地位与构成直观地表示出来。工作分解结构图是实施项目、创造项目最终产品或服务所必须进行的全部活动的一张清单，也是进度计划、人员分配、成本计划的基础。

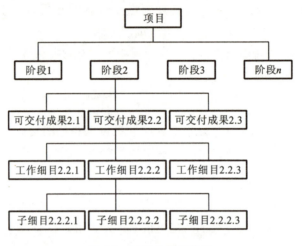

图 5-1　工作分解结构图

二、工作分解结构的设计

工作分解结构包括以下三个基本要素。

1. 分解层次与结构

项目工作分解结构的设计对于一个有效的工作系统来说是个关键。根据项目管理和控制的需要，项目工作分解既可按项目的内在结构，又可按项目的实施顺序进行分解，而且由于项目本身的复杂程度、规模大小各不相同，因此项目可分成很多级别，从而形成工作分解结构的不同层次。

工作分解结构每细分一个层次表示对项目元素更细致的描述。任何分支底层的细目都叫工作包。工作包是完成一项具体工作所要求的一个特定的、可确定的、可交付的以及独立的工作单元，为项目控制提供充分而合适的管理信息。WBS结构应以等级状或树状结构来表示，其底层范围应该很大，代表详细的信息，能够满足项目执行组织管理项目对信息的需要。结构的上一个层次应比下一个层次要窄，而且该层次的用户所需的信息由本层提供，以后依次类推，逐层向上。

结构设计的原则，一是必须有效和分等级，但不必在结构内构建太多的层次,层次太多反而不利于有效管理,一般情况下设计 4 到 6 个层次就足够了;二是必须保证信息在各层次之间能自然、有效地交流;三是必须使结构具有能够增加的灵活性,并从一开始就注意使结构被译成代码时对于用户来说是易于理解的。

2. WBS 编码设计

工作分解结构中的每一项工作都要编上号码,用来确定其在项目工作分解结构中的唯一身份,这些号码的全体叫作编码系统。编码系统同项目工作分解结构本身一样重要,在项目规划和以后的各个阶段,项目各基本单元的查找、变更、费用计算、时间安排、资源安排、质量要求等各个方面都要参照这个编码系统。

利用编码技术对 WBS 进行信息交换,可以简化 WBS 的信息交流过程。编码设计与结构设计是相互对应的。结构的每一层次代表编码的某一位数,有一个分配给它的特定的代码数字。在最高层次,项目不需要代码;在第二层次,要管理的关键用代码的第一位数来编制;下一层次代表上一层次每个关键活动所包含的主要任务,这个层次将是一个典型的两位数编码;以下依次类推。

在 WBS 编码中,任何等级的工作单元,是其余全部次一级工作单元的总和。如第二个数字代表子工作单元(或子项目),也就是把原项目分解为更小的部分。于是,整个项目就是子项目的总和。所有子项目的编码的第一位数字相同,而代表子项目的数字不同,紧接着后面两位数字是零。再下一级的工作单元的编码依次类推。

三、项目工作分解结构的步骤

在进行项目工作分解的时候,一般遵循以下几个主要步骤。

第一,明确并识别出项目的各主要组成部分,即明确项目的主要可交付成果。一般来讲,项目的主要组成部分包括项目的可交付成果和项目管理本身。在进行这一步时需要解答的问题为:实现项目的目标需要完成哪些主要工作?

第二,确定每个可交付成果的详细程度是否已经达到了足以编制恰当的成本估算和历时估算的要求。若是则进入到第四步,否则接着进入第三步。

第三,确定可交付成果的组成元素。组成元素应当用切实的、可验证的结果来描述,以便进行绩效测量。这一步要解决的问题为:要完成上述各组成部分,有哪些更具体的工作要做?

第四,核实分解的正确性。需要回答下列问题。

(1) 底层项对项目分解来说是否必需而且充分? 如果不是,则必须修改组成元素(添加、删除或重新定义)。

(2) 每项的定义是否清晰完整? 如果不完整,则需要对描述进行修改或扩展。

(3) 每项是否都能够恰当地编制进度和预算? 是否能够分配到接受职责并能够圆满完成这项工作的具体组织单元(如部门、项目队伍或个人)? 如果不能,则需要做必要的修改,以便于提供合适的管理控制。

四、工作分解结构的编制方法

制定工作分解结构的方法多种多样,主要包括类比法、自上而下法、自下而上法和使用指导方针等。

1. 类比法

类比法就是以一个类似项目的 WBS 为基础,制定本项目的工作分解结构。例如,某客机制造公司计划设计生产某种新型战斗机时,就可以使用以往制造客机而设计的子系统为基础,开始新项目的 WBS 的编制。这种一般性产品导向的 WBS 就成为新型战斗机项目的范围定义和新型战斗机成本估算等工作的起点。

2. 自上而下法

自上而下法常常被视为构建 WBS 的常规方法,即从项目最大的单位开始,逐步将它们分解成下一级的多个子项。这个过程就是要不断增加级数,细化工作任务。这种方法对项目经理来说是最佳方法,因为他们具备广泛的技术知识和对项目的整体视角。

3. 自下而上法

自下而上法,是让项目团队成员尽可能详细地列出他们认为完成项目必须要做的工作,然后对其进行分类、整合,并归总到一个整体活动或 WBS 的上一级内容当中去的方法。仍以设计制造新型战斗机为例,自下而上法由项目团队中的商业分析人员确定用户对项目的要求以及该项目的内容;由工程师们确定对用户系统的要求和对发动机的要求;最后由项目小组将这四项任务都归入到战斗机制造项目的设计总项中去。

自下而上法一般都很费时,但这种方法对于 WBS 的创建来说,效果特别好。项目经理经常对那些具有全新系统或方法的项目采用这种方法,或者用该法来促进全员参与或项目团队的协作。

4. 使用指导方针

工作分解结构应该描述的是可交付成果和工作内容,描述方式应该是技术上的完成能够被验证和度量,同时也要提供集成化计划和工作控制的概念框架。可交付成果可以是产品,也可以是服务,并且可交付的产品应与产品分解结构中的产品项对应。如果存在 WBS 的指导方针,那就必须遵循这些方针。

五、实施项目工作分解应注意的问题

对于实际的项目,特别是对于较大的项目而言,在进行工作分解的时候,要注意以下几点。

(1) 要清楚地认识到,确定项目分解结构就是将项目的产品(或服务)、组织、过程这三种不同的结构综合为项目分解结构的过程,也就是给项目的组织人员分派各自角色和任务的过程。

(2) 对项目底层的工作要划分得非常具体,而且要完整无缺地分配给项目内外的不同个人或者是组织,以便于明确各个工作的具体任务、项目目标和所承担的责任,也便于项目的管理人员对项目的执行情况进行监督和业绩考核。

(3) 对于底层的工作块,一般要有全面、详细和明确的文字说明并汇集编制成项目工作分解结构词典,用以描述工作包、提供计划编制信息(如进度计划、成本预算和人员安排),以便于在需要时随时查阅。

(4) 并非工作分解结构中所有的分支都必须分解到同一水平,各分支中的组织原则可能会不同。任何项目都不是只有唯一正确的工作分解结构。

第五节 项目范围核实

项目范围核实是通过参与者(倡议者、委托人和顾客等)的行为正式确定项目范围的过程。它要求回顾生产工作和生产成果,以保证所有项目都能准确地、满意地完成。如果这个项目已提前终止,这个范围核实过程也应该证

实并应以书面文件的形式把它的完成情况记录下来。范围核实与质量控制的不同之处在于,此过程主要关心验收可交付成果,而质量控制主要关心满足为可交付成果规定的质量要求。质量控制一般先于范围核实进行,但两者也可以同时进行。

一、项目范围核实的依据

(1) 项目范围说明书。项目范围说明书包括说明待审项目产品的产品范围说明书和产品验收原则。

(2) 工作分解结构词汇表。工作分解结构词汇表是详细的项目范围定义的一个组成部分,并用于核实已提交并验收的可交付成果是否已列入批准的项目范围之内。

(3) 项目范围管理计划。项目范围管理计划规定了如何正式核实与验收项目已完成可交付成果的过程。

(4) 可交付成果。可交付成果就是已经全部或部分完成的项目成果,因而是指导与管理项目执行过程的事项与物品。

二、项目范围核实的工具与技术

项目范围核实的主要工具与技术就是检查。检查包括通过诸如测量、仔细检查与核实等过程判断工作与可交付成果是否符合要求与产品验收原则的各项活动。检查有评审、产品评审、审计与演练等各种名称。在某些应用领域中,这些不同名称具有较窄、较具体的含义。

通过对项目范围的核实,应形成以下成果。

1. 验收的可交付成果

范围核实过程记载了已完成并经过验收的可交付成果。已完成但尚未验收的可交付成果也记载下来,并附有未验收的理由。范围核实包括收到的顾客或赞助人证明文件,并记载利害关系者验收项目可交付成果的事实。

2. 请求的变更

在范围核实过程中可能提出变更请求,并通过整体变更控制过程进行审查与批准。

3. 推荐的纠正措施

纠正措施是为了保证项目将来的绩效符合项目管理计划而提出并形成

文件的建议。

第六节　项目范围控制

在项目的生命周期中,存在着各种因素不断干扰着项目的进行,项目总是处于一个变化的环境之中。项目管理得再好,采用的管理方法再科学,项目也免不了会发生变化。根据项目管理的哲学思想,这种变化是绝对的。对项目管理者来说,关键是能够有效地预测可能发生的变化,以便采取预防措施,以实现项目目标。但实际上很难做到这一点,更为实际的方法是通过不断的监控,有效的沟通、协调,认真的分析研究,力求弄清项目变化的规律,妥善处理各种变化。

项目的变化主要是指项目目标、项目范围、项目要求、内部环境以及项目的技术质量指标等偏离原来确定的项目计划。项目范围的变化在项目变化中是很重要、很受项目经理关注的变化之一。一个项目的范围计划可能制订得非常好,但是在实施中不出现任何改变几乎是不可能的。因此对变更的管理也是项目经理必备的素质之一。项目范围的变化并不糟糕,糟糕的是缺乏规范的变更管理过程。范围变更的原因是多方面的,比如用户要求增加产品功能、环保问题导致设计方案修改而增加施工内容。项目经理在管理过程中必须通过监督绩效报告、当前进展情况等来分析和预测可能出现的范围变更,在发生变更时遵循规范的变更程序来管理变更。

为规范项目变更管理,需要制定明确的变更管理流程,其主要内容是识别并管理项目内外引起超出或缩小项目范围的所有因素。它包括三个主要过程:对引起工作范围变更的因素进行识别;确定确实需要发生变更并施加影响以保证变更是有益的;管理那些实际发生的变更。项目范围变更管理的一般流程如图 5-2 所示。

项目范围变更控制关心的是对造成项目范围变更的因素施加影响,并控制这些变更造成的后果,确保所有请求的变更与推荐的纠正,通过项目整体变更控制过程进行处理。项目范围控制也在实际变更出现时,用于管理这些变更并与其他控制过程结合为整体。未得到控制的变更通常称为项目范围潜变。变更不可避免,因而必须强制实施某种形式的变更控制过程。

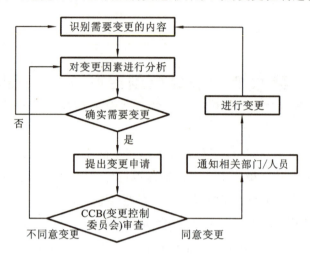

图 5-2 项目范围变更管理的一般流程

一、项目范围变更的原因分析

通过工作分解结构详细地界定项目的范围,确定了项目的工作边界,明确了项目的目标和主要的项目可交付成果。而如果项目的范围发生了变化,就必然会对项目产生影响,这种影响有的可能有利于项目目标的实现,但更多的则是不利于项目目标的实现。

一般来说,项目范围的变化会对项目带来以下影响。

1. 项目的目标

项目范围的变化可能会造成项目工期的延长或缩短,项目费用的增加或减少,项目质量的降低或提高。这种影响是项目管理人员最为关心的问题,也是最重要的问题。

2. 生产要素

项目范围的变化可能会导致对项目所需材料、设备或工具等生产要素的更新。

项目范围的变化不仅会对以上两个方面产生影响,还会影响到项目的方方面面,比如最终的绩效测量标准、进度计划以及预算成本等。也就是说,项目范围变化及其控制不是孤立的,因此在进行项目范围变更控制时,必须同时全面考虑到对其他因素的控制,特别是对时间、费用和质量的控制。当然在进行项目范围变更控制之前,我们还必须清楚项目范围变化的影响因素,从而有效地进行项目范围变化的控制。项目范围变化的规律可能因项目而异,但通常情况下,项目范围变化一般受以下因素的影响。

(1) 项目的生命周期。项目的生命周期越长,项目的范围就越容易发生变更。

(2) 项目的组织。项目的组织越科学、越有力,则越能有效制约项目范围的变化;反之,缺乏强有力的组织保障的项目范围较容易发生变化。

(3) 项目经理的素质。高素质项目经理善于在复杂多变的项目环境中应付自如,正确决策,从而使项目范围的变化不会造成对项目目标的影响。反之,在这样的环境中,往往难以驾驭和控制项目。

当然,除了上述因素以外,还有其他若干因素。例如,对项目的需求识别和表达不准确,计划出现错误,项目范围需要变化;项目中原定的某项活动不能实现,项目范围也需要变化;项目的设计不合理,项目范围更需要变化;外部环境发生变化、新技术、手段或方案的出现,项目范围需要变化;客户需求发生变化,项目范围也需要变化,等等。

二、项目范围变更控制

项目范围变更控制是指为使项目向着有利于项目目标实现的方向发展而变动和调整某些方面因素而引起项目范围发生变化的过程。项目范围变更是不可避免的,通常对于发生的变更,需要识别其是否在既定的项目范围之内。如果是在既定的项目范围之内,那么就需要评估变更所造成的影响,以及应对措施,受影响的各方都应该清楚明了自己所受的影响;如果变更是在项目范围之外,那么就需要商务人员与用户方进行谈判,看是否增加费用,或者放弃变更。因此,项目范围变更及控制不是孤立的。

1. 项目范围变更控制实施的基础和前提

(1) 进行工作任务分解。建立工作任务分解结构是确定项目范围的基础和前提。

(2) 提供项目实施进展报告。提供项目实施进展报告就是要提供与项目范围变化有关的信息,以便了解哪些工作已经完成,哪些工作尚未完成,哪些问题将会发生,这些将会如何影响项目的范围变化等。

(3) 提出变更要求。变更要求的提出一般以书面的形式,其方式可以是直接的,也可以是间接的。变更要求的提出可以是来自项目内部,也可能是来自项目外部;可以是自愿的,也可能是被迫的。

（4）项目管理计划。项目管理计划应对变更控制提出明确要求和有关规定，以使变更控制做到有章可循。

2. 项目范围变更控制的工具和技术

（1）项目范围变更控制系统。该系统用于明确项目范围变更处理程序，包括计划范围文件、跟踪系统和偏差控制与决策机制。范围变更控制系统应与全方位变化控制系统相集成，特别是与输出产品密切相关的系统相集成，这样才能使范围变更控制能与其他目标或目标变更控制的行为相兼顾。当要求项目完全按合同要求运行时，项目范围变更控制系统还必须与所有相关的合同要求相一致。

（2）偏差分析。项目实施结果测量数据用于评价偏差的大小。判断造成偏离范围基准的原因，以及决定是否应当采取纠正措施，都是范围控制的重要组成部分。

（3）补充规划。影响项目范围的变更请求批准后可能要求对工作分解结构与工作分解结构词汇表、项目范围说明书与项目范围管理计划进行修改。批准的变更请求有可能成为更新项目管理计划组成部分的原因。

（4）配置管理系统。正式的配置管理系统是可交付成果状态的程序，并确保对项目范围与产品范围的变更请求是经过全面透彻考虑并形成文件后，再交由整体变更控制过程处理的。

3. 项目范围变更控制的作用

项目范围变更控制的作用主要体现在以下几个方面。

（1）合理调整项目范围。项目范围变更是指对已经确定的、建立在已审批通过的 WBS 基础上的项目范围所进行的调整与变更。项目范围变更常常伴随着对成本、进度、质量或项目其他目标的调整和变更。

（2）纠偏行动。由于项目的变化所引起的项目变更偏离了计划轨迹，产生了偏差。为保证项目目标的顺利实现，就必须进行纠正。所以，从这个意义上来说，项目变更实际上就是一种纠偏行动。

（3）总结经验教训。导致项目范围变更的原因、所采取的纠偏行动的依据及其他任何来自变更控制实践中的经验教训，都应该形成文字、数据和资料，以作为项目组织保存的历史资料。

4. 项目范围控制的主要步骤

（1）在收集到已完成活动的实际范围和项目变更带来的影响的有关数

据,并据此更新项目范围后,对范围进行分析并与原范围计划进行比较,找出要采取纠正措施的地方。

(2)对需要采取纠正措施的地方确定应采取的具体纠正措施。

(3)估计所采取的纠正措施的效果,如果所采取的纠正措施仍无法实现满意的范围调整,则重复以上步骤。

5. 变更控制委员会

项目范围变更很可能需要额外的项目资金、资源与时间,因此,应建立包括来自不同领域的项目利益相关者在内的变更控制委员会(CCB),以评估范围变更对项目或组织带来的影响。这个委员会应当由具有代表性的人员组成,而且有能力在管理上做出承诺。CCB需要界定以下几个问题:范围变更发生时要确定项目经理能做些什么以及不能做些什么;规定一个大家都同意的办法,以便提出变更并评估其对项目基准的影响;说明批准或者不批准变更所需的时间、工作量、经费。

许多项目变更控制系统都包括一个变更控制委员会,负责批准或抵制变更要求。对变更控制委员会的权利和责任应该仔细界定,并且要取得主要参与者的同意。在一些大的复杂的项目中,可能会有很多变更控制委员会,它们负有不同的职责。

 2009 上海 ATP1000 网球大师系列赛的项目范围管理

项目范围管理是确保项目成功完成所需的全部工作,包括必须完成的工作的各个过程。它主要关心的是确定与控制那些应该与不应该包括在项目之内的过程。

2009上海ATP1000网球大师系列赛的范围管理首先确定了项目目标,即确定要将这次网球大师系列赛办成什么样的赛事,各项目的准备和执行所需要的周期,需要投入多少成本等;接着确定项目预计的成果;然后划分这次赛事项目的里程碑,每一个里程碑代表一个关键事件,并表明必须完成的时间界限。比如2009上海ATP1000网球大师系列赛运动员抵达比赛地到大赛开始之前一日为一个里程碑,这个阶段主要是负责运动员的食宿交通与训练。网球大师系列赛小组赛是一个里程碑,这个阶段由于比赛比较频繁和集中,所以要注意运动员的安全以及到场观众的交通和安全。网球大师系列赛的淘汰赛阶段又是一个里程碑,这个阶段不仅要注意运动员和观众的安全,还因为会有部分领导前来观战考察,要进一步加大安保力度。以里程碑为标志把项目划分为若干阶段,对每个阶段进行工作时间、成本和资源的估算,可以提高估算的准确度,便于项目团队安排合适的实施资源。里程碑是一种重要的项目进度控制点,里程碑按时完成,可以提高项目团队的信心,使项目小组将精力放到下一个项目任务中去。

2009上海ATP1000网球大师系列赛通过范围管理过程的大致确立后,再通过项目范围规划和工作分解结构的制定来确定各个项目小组管理的范围。2009上海ATP1000网球大师系列赛是国际化的赛事,因此要举办这样的一个赛事需要考虑的问题涉及各个方面,也需要通过不同的部门去预计和解决各自对口的问题,需要准确落实好各部门的具体工作范围,即对2009ATP1000上海网球大师系列赛整个大的项目进行工作分解。网球大师系列赛的工作分解可以通过良好的工作分解结构(WBS)来将所有的项目范围计划(包括时间计划、成本计划、风险计划、人力资源计划、采购计划)和对项目的集成管理进行任务分解。WBS可以使项目细化、责任明确化,使项目得以高效完成。

工作分解结构描述的是一个管理思路,是一个设计和计划的思路,它为各种项目计划和控制工作奠定了基础,包括:

(1) 已经定义和明确了2009 ATP1000上海网球大师系列赛项目的工作范围;

(2) 项目的最佳层次在赛场操作这一块;

(3) 为2009 ATP1000上海网球大师系列赛的项目进度明确了方向、奠定了基础;

(4) 识别了2009 ATP1000上海网球大师系列赛的主要风险源;

(5) 帮助确定项目组织的结构和功能;

(6) 为项目沟通搭建平台。

2009上海ATP1000网球大师系列赛项目工作分解结构图和网络图分别如图5-3和图5-4所示。

2009上海ATP1000网球大师系列赛项目范围管理基本需要考虑的内容如下。

1. 硬件的准备

硬件的准备包括网球场等体育设施和基本的物资基础的准备;比赛场地

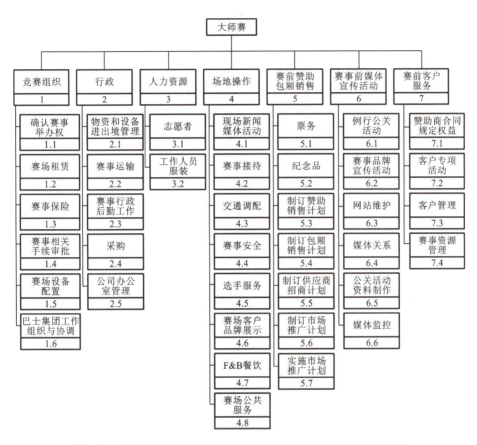

图 5-3　2009 上海 ATP1000 网球大师系列赛项目工作分解结构图

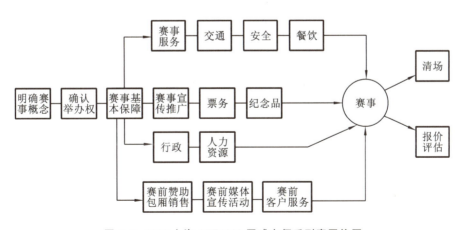

图 5-4　2009 上海 ATP1000 网球大师系列赛网络图

的修缮铺盖、看台的搭建以及场地内外大型器材设备的翻新、管理和维护。网球场的设施和基本的物资基础一般由承办方上海久事国际赛事有限公司和旗忠网球中心所在物业共同配合完成；场内的各种指示标牌等可活动设备基本由上海巴士励勇场地布置公司配合完成。

2. 软件的准备

2009上海ATP1000网球大师系列赛的软件准备主要包括赛事的信息传递和网络系统。赛事之前有一些广告媒体投放和赛事宣传等报道，比如高架、赛场附近以及市中心主要路段的赛事灯、旗宣传。在赛事举行期间则是要有效、快速地将赛事信息系统传给有需要的各方，广及全国范围，甚至全球范围。2009上海ATP1000网球大师系列赛有专门的品牌咨询研究部，负责发布大师系列赛的相关信息，包括参赛运动员的介绍、比赛日的战况、对战形势、焦点比赛推荐等。发布途径主要通过赛场中大屏幕的信息告示、每日战报等。软件的准备使赛事能够广为人知，产生一定的社会反响。提供给赛事关注者一定的赛事信息，使赛事能顺利举办。

3. 活件的准备

活件的准备的关键因素是人、交通等各方面，这几个方面都不能脱节。活件的准备还表现在人员的培训上，包括对赛事人员以及志愿者的培训。

（资料来源：汪力.项目管理方法在2009上海ATP1000网球大师系列赛中的运用[D].上海：上海体育学院，2010.）

第六章

项目进度管理

主要内容

- 项目进度计划的编制
- 项目进度计划的执行及其动态监测
- 项目进度控制
- 项目进度更新

> 项目进展迅速,直到完成90%为止,由此便停滞不前。
>
> ——项目管理谚语

1994年,美国Standish Group对于IT行业8400个项目(总投资250亿美元)的研究结果表明:项目平均预算超出量为90%,进度超出量为120%;项目总数的33%既超出预算,又推迟进度;在大公司,有9%的项目按预算、按预定进度完成。

在项目管理中,人们讨论项目进度的时候往往基于项目所需资源(人员、设备、工具、资金)有无限的能力并随时可以得到,现实情况却并非如此。一方面,因为成本、熟练水平、时间和竞争等因素,几乎所有的项目都受到资源的限制,有的资源可能根本得不到,有的可能得到一部分,也有可能得到的资源不具备所期望的能力。另一方面,由于人员、设备、工具和资金之间的搭配不合理，项目常常在关键时段发生延误，造成人力成本随项目推迟或因加班加点而增加，设备成本可能会因已提前租赁或在需要时却租赁不到而增加。在各种项目工序进行中可得到的资源数量和质量是有限的，在同一时间里，某些项目任务可能需要同一种资源，但项目往往不可能同时得到资源来满足所有的需要，这些任务对同一种资源的需求具有竞争性。如果得不到充分的资源，某些任务就不得不重新计划，并要等所需的资源能够得到时才能进行；要是增加资源以保证项目任务按时完成，项目成本又会超出预算。由此可见，资源对项目具有约束性，这就是资源约束——项目进度、成本及资源三者之间在一定范围内客观存在的一定的约束关系：项目必须使用尽可能少的资源，在规定的时间内完成，达到预计的成本控制指标。项目进度不能仅仅依据是否达到项目的里程碑来评估，还要考虑时间进度和稀缺资源的使用等问题。平衡资源使用能做到只在项目需要的时候获取资源，可以大量减少资源的传递工作，而且还能使相关成本趋于平衡，将其控制在计划范围内。在项目管理中，项目经理是否成功的一个衡量标准就是其在工作绩效、时间和成本之间进行综合平衡的能力。

在市场经济条件下，时间就是金钱、效率就是生命。一个项目能否在预定的时间内完成，是项目管理所追求的目标。如果项目不能按合同工期完成，必然会对项目的范围、成本、质量等方面产生负面影响。项目进度管理就是采用科学的方法确定目标进度，编制进度计划和资源供应计划，进行进度控制，在与质量、费用目标协调的基础上，实现工期目标。工期、费用、质量的控制构成项目管理的三大目标。其中，费用发生在项目的各项作业中，质量取决于每个作业过程，工期则依赖于进度系列上的时间保证，这些目标均能通过进度控制加以掌握，所以进度控制是项目控制工作的首要内容，是项目的灵魂。

对项目进度的管理又称为项目时间管理或工期管理，是为了确保项目准时完成而进行的一系列管理活动，具体包括项目进度计划的编制及项目进度控制。

第一节 项目进度计划的编制

项目进度计划是表达项目中各项工作的开展顺序、开始及完成时间及其相互衔接关系的计划。通过项目进度计划的编制,使项目实施形成一个有机整体。进度计划是项目进度控制和管理的依据。

根据进度计划所包含内容的不同,项目进度计划可分为项目总体进度计划、分项进度计划和年度进度计划等。这些不同的进度计划构成了项目的进度计划系统。当然,不同的项目,其进度计划的划分方法有所不同。如工程项目的进度计划可分为工程项目总体进度计划,单项工程进度计划,单位工程进度计划,分部、分项工程进度计划,以及年度进度计划等。

1. 编制进度计划的主要依据

(1) 项目对工期的要求;

(2) 项目的技术经济条件;

(3) 项目的外部条件;

(4) 项目各项工作的时间估计;

(5) 项目的资源供应状况。

2. 编制进度计划的基本要求

(1) 运用现代科学管理方法编制进度计划,以提高计划的科学性和质量;

(2) 充分落实编制进度计划的条件,避免过多的假定而使计划失去指导作用;

(3) 对大型、复杂、工期长的项目要实行分期、分段编制进度计划的方法,针对不同阶段、不同时期,提出相应的进度计划,以保持指导项目实施的前锋作用;

(4) 进度计划应保证项目实现工期目标;

(5) 保证项目进展的均衡性和连续性;

(6) 进度计划应与费用、质量等目标相协调,既有利于工期目标的实现,又有利于费用、质量、安全等目标的实现。

项目进度计划的编制通常是在项目经理的主持下,由各职能部门、技术人员、项目管理专家及参与项目工作的其他相关人员等共同参与完成。

不同类型的进度计划,编制步骤会有所不同,但无论哪种类型的进度计划的编制,以下几项工作都是必不可少的。

一、项目活动定义

项目活动定义就是对项目团队成员和项目干系人为实现项目目标、完成项目可交付成果必须开展的具体活动的确定。项目的每一项活动就是一个工作单元,它们有预期的历时、成本和资源要求。

成功的项目活动定义最终必须要能够保证项目目标的实现,所以项目活动定义要从项目目标出发,通过项目专家、项目问题领域的专业人士共同进行详细调查、系统分析,并参照类似项目的历史资料才能顺利实现。

项目活动定义常用的方法如下。

1. 头脑风暴法

召集项目团队成员、项目干系人及专家,集思广益,生成项目活动清单。该方法适用于规模较小的简单项目。

2. 工作结构分解法

以项目初始的工作分解结构为基础,将原来相对粗略的项目工作结构向下进行层层分解,一直分解到底层。该底层的活动称为工作包,它们相对独立、任务较少、易于管理和控制。

3. 项目活动平台界定法

该法又称原型法,它套用一个类似历史项目的活动清单作为新项目活动界定的原型或平台,结合新项目的特点,直接在此原型或平台上增减活动来定义新项目的活动清单。

以上三种项目活动定义的方法各有利弊,分别适用于不同的情况。头脑风暴法简便、快捷,但其效果的好坏主要取决于专家们的经验,且在大型复杂项目中采用此方法极易出现疏漏。工作结构分解法强调项目"自上向下"逐层分解,注重项目的整体性和全局性,但其活动分解过程烦琐、周期长、代价高。项目活动平台界定法也具有简明快捷的优点,但要找到一个与新项目完全类似的历史项目非常不容易,这就使新项目活动界定受原型或平台的限制而遗漏某些必要活动或增加一些多余的活动。

二、项目活动排序

确定了项目任务必须完成的活动后,就应该对项目活动进行排序了。

项目活动排序指识别项目活动清单中各项目活动的相互关联与依赖关系,并据此对项目各活动的先后顺序进行安排和确定的工作。

一个项目有若干项工作和活动,这些工作和活动在时间上的先后顺序称之为逻辑关系。逻辑关系可分为两类,其一为客观存在的、不变的逻辑关系,也称强制性逻辑关系。例如,建一座厂房,首先应进行基础施工,然后才能进行主体施工。其二为可变的逻辑关系,也称组织关系,这类逻辑关系随着人为约束条件的变化而变化,随着实施方案、人员调配、资源供应条件的变化而变化。项目的强制性逻辑关系指项目产品的生产过程必须遵循的工艺流程或项目服务的提供必须遵守的先后顺序,它取决于项目活动之间的必然联系,所以又称项目活动间的硬逻辑关系或强制依存关系。项目的可变的逻辑关系指受项目活动排序人员主观看法影响造成的排序差异,又称软逻辑关系或自由依存关系。项目活动的排序由项目间的软硬逻辑关系、项目的假设前提和约束条件、项目的内外部依存关系所决定。此外,项目活动排序还受项目工期、资源、成本等方面假设前提、约束条件的限制,并且与项目组织内部的非项目活动、与项目组织外部的其他活动之间存在着相互影响的外部依存关系。因此,项目活动的排序必须综合考虑以上因素的影响来进行,并注意以下几个重点:

（1）以提高经济效益为目的,选择所需费用最少的排序方案;

（2）以缩短工期为目标,选择能有效节约工期的排序方案;

（3）优先安排重点工作,持续时间长、技术复杂、难度大的工作应该是先期完成的关键工作;

（4）资源利用和供应之间的平衡、均衡,合理利用资源;

（5）环境、气候对排序的影响。

常用的项目活动排序方法是网络技术方法。

三、项目活动历时估算

项目活动历时估算,是指对已确定的项目活动的可能完成时间进行估算的工作。

完成一项活动所需的时间,除了取决于活动本身所包含的任务难度和数量外,还受到其他许多外部因素的影响,如项目的假设前提和约束条件、项目资源供给等。项目活动历时估算的方法有一时估算法和三时估算法。

1. 一时估算法

该方法估算的活动历时最终只取决于一个值,因此要求该值尽可能准确,要综合参考各种对活动历时估算有帮助的资料,通过统计分析和专家会商来确定。一时估算法是关键路径法(CPM)采用的活动历时估算方法。

2. 三时估算法

该方法对一项活动分别估算出最乐观、最可能、最悲观的三个历时时间,然后赋予每个时间一个权重,最后综合计算得出活动的期望完成时间。该方法是计划评审技术(PERT)采用的项目历时估算方法。

四、项目进度技术方法

(一) 横道图

1. 横道图概述

横道图是用来表示项目进度的一种线性图形技术,它由亨利·甘特于1900年发明,所以也叫甘特图。在项目管理中,横道图主要是用水平长条线表示项目中各项任务和活动所需要的时间,以便有效地控制项目进度。它是用于展示项目进度或者定义完成目标所需要的具体工作的最普遍的方法。

横道图是一个二维平面图,横维表示进度或活动时间,纵维表示工作包内容,如图6-1所示。

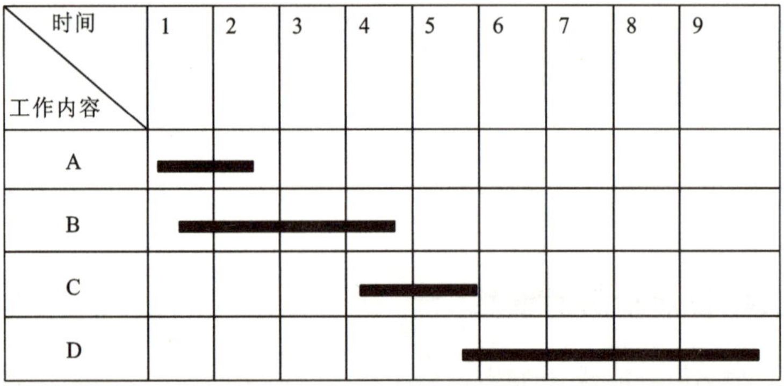

时间 工作内容	1	2	3	4	5	6	7	8	9
A	■■	■■							
B		■■	■■	■■					
C				■■	■■				
D						■■	■■	■■	■■

图6-1 项目进度横道图

图6-1中的横道线显示了每项工作的开始时间和结束时间,横道线的长度表示了该项工作的持续时间。横道图的时间维决定着项目计划粗略的程度,根据项目计划的需要,可以以小时、天、周、月、年等作为度量项目进度的时间单位。

2. 横道图的特点及适用范围

第一,横道图的最大优势是比较容易理解和改变。一眼就能看出活动什么时间应该开始,什么时间应该结束。

第二,横道图是表述项目进展(或者项目不足之处)的最简单方式,而且容易扩展来确定其提前或者滞后的具体因素。在项目控制过程中,它也可以清楚地显示活动的进度是否落后于计划,如果落后于计划,那么是何时落后于计划的,等等。

但是,横道图只是对整个项目或者把项目作为系统来看的一个粗略描述。它有以下缺陷:第一,虽然它可以被用来方便地表示项目活动的进度,却不能表示出这些活动之间的相互关系,因此也不能表示活动的网络关系;第二,它不能表示活动如果较早开始或者较晚开始而带来的结果;第三,它没有表明项目活动执行过程中的不确定性,因此没有敏感性分析。这些弱点严重制约了横道图的进一步应用。所以,传统的横道图一般只适用于比较简单的小型项目。

3. 横道图的类型

在项目管理的实践中,将网络图与横道图相结合,使横道图得到不断改进和完善。除了传统横道图以外,还有带有时差的横道图和具有逻辑关系的横道图。

1) 带有时差的横道图

网络计划中,在不影响工期的前提下,某些工作的开始和完成时间并不是唯一的,往往有一定的机动时间,即时差。这种时差在传统的横道图中并未表达,而在改进后的横道图中可以表达出来,如图 6-2 所示。

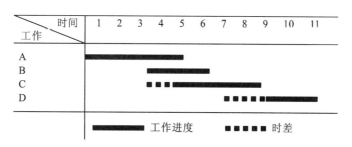

图 6-2 带有时差的横道图

2) 具有逻辑关系的横道图

将项目计划和项目进度安排两种职能组合在一起,在传统的横道图中表达出来从而形成具有逻辑关系的横道图,如图 6-3 所示。

上述两种类型的横道图,实际上是将网络计划原理与横道图两种表达形式进行有机结合的产物,其同时具备了横道图的直观性,又兼备了网络图各工作的关联性。

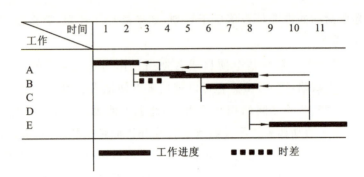

图 6-3 具有逻辑关系的横道图

4. 横道图的应用

横道图的主要作用之一是通过代表工作包的条形图在时间坐标轴上的点位和跨度来直观地反映工作包各有关的时间参数；通过条形图的不同图形特征（如实线、波浪线等）来反映工作包的不同状态（如反映时差、计划或实施中的进度）；通过使用箭线来反映工作之间的逻辑关系。

横道图的主要作用之二是进行进度控制。其原理是将实际进度状况以条形图的形式在同一个项目的进度计划横道图中表示出来，以此来直观地对比实际进度与计划进度之间的偏差，作为调整进度计划的依据。

横道图的主要作用之三是用于资源优化、编制资源及费用计划。

图 6-4 为上海 ATP1000 网球大师系列赛接机小组志愿者时间管理横道图。

标识号	任务名称	工期	开始时间	完成时间	2009年8月	2009年9月	2009年10月
1	确定志愿者配置	2工作日	2009年8月21日	2009年8月24日			
2	确定志愿者人数及要求	1工作日	2009年8月25日	2009年8月25日			
3	志愿者招募信息发布	14工作日	2009年9月1日	2009年9月18日			
4	制作志愿者培训材料	22工作日	2009年8月27日	2009年9月24日			
5	志愿者面试(初试)	1工作日	2009年9月19日	2009年9月19日			
6	志愿者面试(复试)	1工作日	2009年9月26日	2009年9月26日			
7	志愿者培训(第一次)	1工作日	2009年9月28日	2009年9月28日			
8	志愿者培训(第二次)	1工作日	2009年10月4日	2009年10月4日			
9	志愿者上岗	5工作日	2009年10月5日	2009年10月9日			

图 6-4 上海 ATP1000 网球大师系列赛接机小组志愿者时间管理横道图

（二）网络计划技术

1. 网络计划技术概述

随着现代化生产的不断发展，项目的规模越来越大，影响因素越来越多，项目的组织管理工作也越来越复杂。用横道图这一传统的进度管理方法，已不能明确地表明各项工作之间相互依存与相互作用的关系,管理人员很难迅速判断某一工作的推迟和变化,无法确定项目中最重要的、起支配作用的关键工作及关键线路。为了适应对复杂系统进行管理的需要,20世纪50年代末,在美国相继研究并使用了两种进度计划管理方法,即关键路径法(CPM)和计划评审技术(PERT),将这两种方法用于进度管理,并利用网络计划对项目的工作进度进行安排和控制,便形成了新的进度计划管理方法——网络计划技术方法。

网络计划是在网络图上加注工作的时间参数等而编制成的进度计划,所以,网络计划主要由网络图和网络参数两大部分组成。网络图是由箭线和节点组成的用来表示工作流程的有向、有序的网状图形,如图6-5所示。

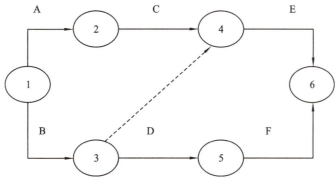

图6-5 网络图

网络参数是根据项目中各项工作的延续时间和网络图所计算出的工作、节点、线路等要素的各种时间参数。网络计划技术的种类与模式很多,以每项工作的延续时间和逻辑关系来划分,可归纳为表6-1所示的几种类型。

网络计划的基本形式是关键路径法和计划评审技术,这两种方法并无本质的区别,但从使用目的来说略有不同。用PERT编制项目进度计划时,以"箭线"或"事项"代表工作,按工作顺序,依次连接完成网络结构图,在估计工作的持续时间的基础上即可计算整个项目工期,并确定关键路径。这种方法的重点是研究项目所包含的各项工作的持续时间。用CPM编制项目进度计划时,其图形与PERT基本相同。除了具有与PERT相同的作用之外,CPM还可以调整项目的费用和工期,以研究整个项目的费用与工期的相互关系,争取以最低的费用、最佳的工期完成项目。PERT无法准确确定工作持续时间,只能以概率论为依据加以估计,在此基础上,计算网络的时间参数。而CPM能以经验数据为基础,较准确地确定各项工作的持续时间。对于一般项目来说,根据经验和知识,能够对项目的各项工作所需时间进行合理、准确的确定。所以,项目管理中最常用的是CPM。

表6-1 网络计划技术的类型

类型		延缓时间	
		肯定	不肯定
逻辑关系	肯定型	关键路径法(CPM)	计划评审技术(PERT)
	非肯定型	决策关键路径法(DCPM)	图形评审技术(GERT) 随机评审技术(QGERT) 风险评审技术(VERT)

除基本形式外,网络计划技术在项目管理实践中适应不同的管理需要生成了具有不同侧重点的管理技术。例如,决策关键路径法(DCPM)在网络计划中引入了决策点的概念,使得在项目的执行过程中可根据实际情况进行多种计划方案的选择。图形评审技术(GERT)引入了工作执行完工概率和概率分支的概念,一项工作的完成结果可能有多种情况。风险评审技术(VERT)可用于对项目的质量、时间、费用三坐标进行综合仿真和决策。

网络计划技术既是一种科学的计划方法,又是一种有效的管理方法。这种方法不仅能完整地揭示一个项目所包含的全部工作以及它们之间的关系,而且能根据数学原理,应用最优化技术,揭示整个项目的关键工作并合理地安排计划中的各项工作。对于项目进展过程中可能出现的工期延误等问题能够防患于未然,并进行合理的处置。从而使项目管理人员能依照计划执行的情况,对未来进行科学的预测,使得计划始终处于项目管理人员的监督和控制之中,达到以最佳的工期、最少的资源、最优的流程、最低的费用完成所控制的项目。

网络计划技术在我国已得到了广泛的推广和应用,并将在项目管理中发挥更大的作用。我国有关部门对网络计划技术的应用给予了高度重视,为了使网络技术的应用规范化、标准化,国家技术监督局(现国家质量监督检验检疫总局)于1992年颁布了《网络计划技术常用术语》、《网络计划技术网络图画法的一般规定》、《网络计划技术在项目计划管理中应用的一般程序》。建设部(现住房和城乡建设部)于1992年颁布了《工程网络计划技术规程》,该标准于 1999 年进行了重新修订,并颁布实施。

2. 网络图

绘制网络图是应用网络计划技术的基础。网络计划技术按网络的结构不同,可以分为双代号网络和单代号网络,网络图也就有了相应的种类:双代号网络图和单代号网络图。

双代号网络图(AOA)用箭线表示活动,用节点表示事件。由于可以使用前后两个事件的编号来表示这项活动的名称,故称双代号网络图(见图 6-6)。双代号网络又可以分为双代号时间坐标网络和非时间坐标网络。

单代号网络图(AON)用节点表示活动,用箭线表示事件,其中箭线仅仅表示各个活动之间的先后顺序,所以称为单代号网络图(见图 6-7)。单代号网络又可分为普通单代号网络和搭接网络。

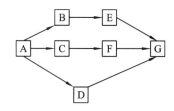

图 6-6 双代号网络图

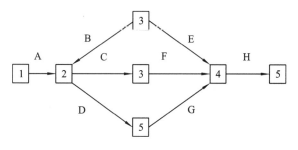

图 6-7 单代号网络图

在使用单代号网络图的过程中,当有多个活动不存在前导活动的时候,通常把它们表示成从一个叫作"开始"的节点引出。类似地,当多个活动没有后续活动时,通常把它们表示成从一个叫作"终止"的节点结束。

项目管理者使用双代号网络图表示还是使用单号网络图表示,这在很大程度上取决于个人的偏好。这两种网络表示方法都可以用于商业性的计算机软件包中。一般来说,双代号网络图比较难以绘制,但可以清楚地识别各项事件(里程碑)。单代号网络图不需要使用虚拟活动,而且画起来也比较容易。在本章中,我们大部分采用双代号网络图。

另外,网络图还可以按照时间的标注情况分类,包括逻辑网络图、计划网络图和日历网络图三种。逻辑网络图中并不注明时间,仅仅表示逻辑。计划网络图中同时注明时间和逻辑关系。在日历网络图中需要带有日历坐标。

1) 网络图的绘制

网络图的编制过程其实就是网络模型的建立过程,它是利用网络图编制网络计划,以实现对项目时间及资源合理的利用的第一步。网络图的编制可以分为以下三个步骤。

(1) 项目分解。要绘制网络图,首要问题是进行项目分解,明确项目工作的名称、范围和内容等。

(2) 工作关系分析。项目管理人员在深入了解项目、对项目资源和空间有充分考虑的基础上,通过比较、优化等方法进行工作关系分析,以确定工作之间合理、科学的逻辑关系,明确工作的紧前和紧后关系,并形成项目工作列表。

(3) 编制网络图。

编制网络图时要注意以下几个问题。

第一,一个网络图只有一个开始点和一个结束点。因为项目只有一个开始时间和一个结束时间,所以项目计划也只有一个开始节点和一个结束节点。如果几项活动同时开始或者同时结束,在双代号网络图中可以将这几项活动的开始节点合并为一个节点(见图6-8);而在单代号网络图中可以设置一个虚拟开始或者结束活动,作为该网络图的开始节点或者结束节点(见图6-9)。

第二,网络图是有方向的,不应该出现循环回路。从网络图中某一节点出发,沿着某个路径出发,最后如果又回到该出发节点,所经过的路径就形成了循环回路,这时网络图所表示的逻辑关系就会出现混乱,各个工作之间的先后次序将无法判断。

第三,一对节点不能同时出现两项活动。如果有这种情况,必须引入虚活动(见图6-10)。虚活动是为了表明相互依存的逻辑关系,消除活动与活动之间含混不清的现象而设置的,它既不消耗资源,也不占用时间。

第四,网络图中不能出现无箭头箭线和双箭头箭线。网络图中箭头所指的方向是表示活动进行的先后次序,如果出现无箭头线和双箭头线,活动先

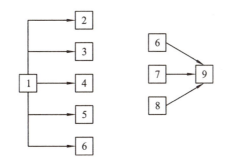

图 6-8　在双代号网络图中合并开始节点

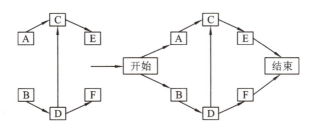

图 6-9　在单代号网络图中设置虚拟开始或者结束活动

图 6-10　引入虚活动图

后顺序就会无法判断,会造成各个活动之间的逻辑关系的混乱。

第五,网络图中不能出现无节点的箭线。无节点的箭线(见图 6-11)不符合网络图中关于活动的定义,无箭尾节点箭线和无箭头节点箭线都是不允许出现的。

图 6-11　无节点的箭线图

第六,在同一个网络图中的所有节点,不能出现相同的编号。如果用数字编号,一般要求每根箭线箭头节点的编号要大于其箭尾节点的编号。

2)活动时间计算

项目经理一般会根据大量的历史数据来估算每项活动的完工时间。显然,历史数据可用性越高,所做的估计就会越准确。然而,许多项目的事件和活动都是不可重复的,故项目经理通常会使用以下方法来估计时间。第一,乐观时间(a)估计。该方法假定一切都按照计划进行,而且只遇到最少的困难的情况下估计项目活动所需时间。这种情况发生的概率大约为1%。第二,悲观时间(b)估计。该方法假定一切都不能按照计划进行,而且最大量的潜在困难都将会发生的情况下估计项目活动所需要的时间。这种情况发生的概率大约也是1%。第三,最可能时间(m)估计。最可能时间是指项目经理认为在一切情况都比较正常的条件下,项目活动最可能需要的时间。

为了确定最可能的时间估计,我们可将这三个时间合并为单个时间期望值(T),但首先必须假设标准方差是时间需求范围的1/6,并且活动所需要的时间概率分析可以近似用β分布来表示,由此可得出,期望时间T的计算公式:

$$T=(a+4m+b)/6$$

以表6-2为例,我们可从表中看出,有些活动的工期是确定已经知道的,也就是说a、b、m都是一样的,比如活动C。有些活动的最可能时间和乐观时间相同($a=m$),比如活动G,有些活动的最可能时间和悲观时间相同($b=m$),例如活动D。

为了对各个活动的工期的不确定性进行测算,引入方差,计算公式为:

$$\sigma^2=[(b-a)/6]^2$$

并且,标准差可以由方差求出,即方差的平方根。

表6-2 项目活动时间表

活　动	乐观时间/天	最可能的时间/天	悲观时间/天	前序活动
A	12	22	26	—
B	14	18	22	—
C	12	12	12	—
D	5	11	11	A
E	7	14	15	B
F	3	4	5	B
G	9	9	21	C
H	5	8	21	B,D
I	4	11	12	G,H

由此,可得到表 6-3 所示的结果。

表 6-3 根据表 6-2 得到的结果

活 动	期望时间/天	方 差	标 准 差
A	21	5.44	2.33
B	18	1.78	1.33
C	12	0	0
D	10	1	1
E	13	1.78	1.33
F	4	0.11	0.33
G	11	4	2
H	8	1	1
I	10	1.78	1.33

3) 关键路径和时差

继续考虑上面的例子。我们假设下面是从第 0 天开始实施这个项目的,我们可以同时开始实施活动 A、B、C。因为这些活动每一个都没有前序活动。然后继续进行下面的活动和事件。我们发现有 5 条路径可以通向事件 7。它们分别是:

A—D—H,总共需要时间为 39(21+10+8)天;

B—H,总共需要时间为 26(18+8)天;

B—E,总共需要时间为 31(18+13)天;

B—F—I,总共需要时间为 32(18+4+10)天;

C—G—I,总共需要时间为 33(12+11+10)天。

这些路径中,A—D—H 是最长的,需要花费时间 39 天,我们称之为网络的关键时间,A—D—H 就是关键路径,通常用加黑或加粗线来表示(见图 6-12)。

在这个简单的例子中,很容易就可以找到并且计算出从开始到结束的每一条路径,接着就可以得到关键路径。但是现实中的网络一般都是相当复杂的,想要找出并且算出所有的路径可能是非常繁重的工作,有时几乎是不可能的。下面介绍一种可行而且相对比较容易的方法,经由这种方法可以比较容易地得到关键路径。

第一,事件的时间。

事件的时间分为最早时间和最迟时间。

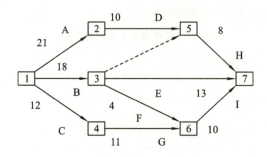

图 6-12 网络的关键时间图

如果某一事件为某一活动或者若干活动的箭尾事件,事件最早时间为各活动最早可能开始的时间。如果某一事件为某一活动或者若干活动的箭头事件时,事件最早时间为各活动的最早可能结束时间。我们通常按照箭头事件计算事件的最早时间,用 $T_E(j)$ 表示,它等于从开始事件到本事件最长路径的时间长度。一般假设开始事件的最早时间等于零,即 $T_E(1)=0$。箭头事件的最早时间等于箭尾事件的最早时间加上活动作业时间。当同时有两个或者若干个箭线指向箭头事件时,选择这些活动的箭尾事件的最早时间与各活动作业时间之和的最大值。计算公式如下:

$$T_E(1)=0$$
$$T_E(j)=\text{MAX}\{T_E(i)+T(i,j)\}(j=2,\cdots,n)$$

式中:$T_E(j)$ 为箭头事件的最早时间;$T_E(i)$ 为箭尾事件的最早时间;$T(i,j)$ 为作业时间。

根据上面的计算方法,我们可以得到上面例子中各个事件的最早时间,它们分别是 $T_E(1)=0$,$T_E(2)=21$,$T_E(3)=18$,$T_E(4)=12$,$T_E(5)=31$,$T_E(6)=23$,$T_E(7)=39$。

事件最迟时间是箭头事件各活动的最迟必须结束时间,或者箭尾事件各活动的最迟必须开始时间。为了尽量缩短工程的完工时间,把结束事件的最早时间,即整个项目的最早可能结束时间作为结束事件的最迟时间。事件最迟时间通常按照箭尾事件的最迟时间计算,从右往左反顺序进行。箭尾事件的最迟时间等于箭头事件的最迟时间减去活动的作业时间。当箭尾事件同时有两个以上的箭线时,该箭尾事件的最迟时间必须同时满足这些活动的最迟时间必须开始时间。所以在这些活动的最迟必须开始时间中选出一个最早的时间。即:

$$T_L(n)=T_E(n)(n \text{ 是结束事件})$$

$$T_L(i)=\text{MIN}\{T_L(j)-T(i,j)\}(i=n-1,\cdots,1)$$

式中：$T_L(j)$为箭头事件的最迟时间；$T_L(i)$为箭尾事件的最迟时间；$T(i,j)$为相应活动的作业时间。

根据上面的计算方法，我们可以得到上面例子中各个事件的最迟时间：$T_L(7)=T_E(7)=39,T_L(6)=29,T_L(5)=31,T_L(4)=18,T_L(3)=25,T_L(2)=21,T_L(1)=0$。

第二，活动的时间。

(1) 活动的最早开始时间 $T_{ES}(i,j)$。每个活动都必须在其前序活动结束后才能够开始，前序活动最早结束时间就是活动最早可能的开始时间，简称为活动最早开始时间，用 $T_{ES}(i,j)$ 来表示。它等于该活动的箭尾事件的最早时间，即：

$$T_{ES}(i,j)=T_E(i)$$

(2) 活动最早结束时间 $T_{EF}(i,j)$。它是活动最早可能结束时间的简称，等于活动最早开始时间加上该活动的作业时间，即：

$$T_{EF}(i,j)=T_{ES}(i,j)+T(i,j)$$

(3) 活动最迟结束时间 $T_{LF}(i,j)$。它是在不影响活动最早结束的条件下，工序最迟必须结束的时间，简称为活动最迟结束时间。它等于活动箭头事件的最迟时间，即：

$$T_{LF}(i,j)=T_L(j)$$

(4) 活动最迟开始时间 $T_{LS}(i,j)$。它是在不影响项目最早结束的条件下，活动最迟必须开始的时间，简称为活动最迟开始时间，它等于活动最迟结束时间减去活动的作业时间，即：

$$T_{LS}(i,j)=T_{LF}(i,j)-T(i,j)$$

第三，时差。

在不影响项目最早结束时间的条件下，活动最早开始(或者结束)时间可以推迟的时间，称为该活动的总时差，即：

$$T_E(i,j)=T_{LS}(i,j)-T_{ES}(i,j)$$

我们可以看出，如果总时差为零，开始和结束的时间没有一点机动的余地，由这些活动和事件所组成的线路就是网络中的关键路径。显然，总时差为零的活动就是关键活动。这种用计算活动总时差的方法确定网络图中的关键活动和关键路径是最常用的方法。另外，我们也可以看出，活动总时差越大，表明该活动在整个网络中的机动时间就会越大，可以在一定范围内将该活动的资源用到关键程序上去,以达到缩短项目结束时间的目的。

上面例子中各个活动的总时差计算结果如表 6-4 所示。

表 6-4 总时差计算结果

活 动	最迟开始时间/天	最早开始时间/天	总时差/天
A	0	0	0
B	7	7	0
C	6	6	0
D	21	21	0
E	26	18	8
F	25	18	7
G	18	12	6
H	31	31	0
I	29	29	0

五、项目进度计划的制订

项目进度不能超过合同工期,因此项目进度计划的制订基准是项目已签署的合同工期。首先根据合同工期制定项目的阶段性进度控制目标,再逐级分解至项目最低层级,制订出项目最小工作包的进度计划,最后根据项目活动的资源计划用量,进行进度计划优化程度的判别与调整。

项目进度计划的优化指对初始项目进度计划进行调整,使之更经济、高效,符合项目合同工期及质量要求的过程。项目进度计划的优化一般可以通过以下几种途径。

1. 在不增加资源的前提下压缩工期

在进行工期优化时,首先应在保持系统原有资源的基础上对工期进行压缩。如果还不能满足要求,再考虑向系统增加资源。在不增加系统资源的前提下压缩工期有两条途径:一是不改变网络计划中各项工作的持续时间,通过改变某些活动间的逻辑关系达到压缩总工期的目的;二是改变系统内部的资源配置,削减某些非关键活动的资源,将削减下来的资源调集到关键工作中去以缩短关键工作的持续时间,从而达到缩短总工期的目的。

2. 平衡资源供应,压缩关键活动工期

由关键路径的定义可知,关键路径的长度就是项目的工期,所以要压缩项目工期就必须缩短关键活动的时间。将初始网络计划的计算工期与合同指令工期相比较,会求出需要缩短的工期,通过压缩关键路径的方法进行多次测算直至符合指令工期的要求为止。

如果项目初始进度计划的工期是按各工序活动的正常工期计算出来的,那么它对应一个成本值。根据项目活动的成本费用率及极限工期,我们知道压缩项目活动的时间必然要增加相应的成本。在实际项目管理工作中,压缩任何活动的持续时间都会引起费用的增加,因此我们在压缩关键活动的工期时要抓住问题的关键:怎样合理地压缩工期,使项目花费的成本最小。

案例

某企业决定实施项目管理,为了有效地对项目的执行过程进行控制,该企业决定开发一套项目管理软件以满足这一需要。通过分析,项目管理软件的主要功能包括项目及工作信息的录入、项目网络计划图的绘制、项目时间计划的安排、甘特图计划的制订、项目执行信息的录入与分析及各种计划报表的输出等。该企业准备投入 100 万元进行该系统的开发,时间要求是 100~125 天。该软件项目的计划开始时间为 2002 年 6 月 1 日,企业要求软件正式验收前需要试运行 20 天以上的时间,并根据试运行情况进行适当修改。

以下是进度计划编制过程中所要解决的几个主要问题。

(1) 项目描述。

本项目交付物:研究开发一套功能齐全的项目管理软件,其功能和质量符合国家有关标准和该企业的要求。

项目工期:总工期 120 天,项目开始日期是 2002 年 6 月 1 日,完成日期是 2002 年 9 月 28 日。

项目费用:100 万元。

(2) 项目分解。

根据该项目的特点和研究开发过程,采用 WBS 方法进行项目分解。

(3) 分析工作排序分解结构及项目研究开发过程等因素,确定各工作之间的关系;根据各项目工作的工作量及所安排的人力资源数量估计各项工作的持续时间,结果如表 6-5 所示。此外,工作 G 与 H 的搭接关系为 SS10。

(4) 绘制网络图并计算网络参数。

根据工作关系表绘制单代号网络图并计算网络参数。

表 6-5　项目工作关系表

任务编码	任务名称	工作代号	紧前工作	紧后工作	持续时间/天	负责人
111	用户需求调研	A		112	10	
112	用户需求分析	B	111	113	5	
113	用户需求确认	C	112	121、131	5	
121	硬件环境准备	D	113	122	2	
122	软件环境准备	E	121	133	3	
131	系统分析	F	113	132	15	
132	功能模块设计	G	131	133	15	
133	数据库设计	H	122、132	141	5	
141	文档制作	I	133	142	15	
142	源代码编写	J	141	143、144	15	
143	程序测试	K	142、SS5	150	10	
144	美工界面设计	L	142	150	5	
150	系统测试	M	143、144	160	10	
160	试运行	N	150	170	20	
170	用户验收	O	160		5	

第二节　项目进度计划的执行及其动态监测

要使项目进度计划起到其应有的效应,就必须采取措施,使之得以顺利执行,可以说,计划是执行的开始,执行是计划的必然。

项目进度计划在执行过程中,必然会遇到各种阻力,比如项目实施人员未能认识到计划的必要性,认为计划仅是形式而并不完全按计划执行或完全不按计划执行,从而造成项目进度实施与计划脱节;再如项目资源(材料、设备、劳力、资金等)不能按计划提供,或提供资源的数量、质量不能满足要求;受不良的气候、不可预见的地质条件等不利的环境因素的影响等都会使项目进度计划受阻。这就需要根据项目的具体情况预测、分析可能会遇到的障碍,提出消除这些障碍的措施以保证项目进度计划的实施。

一、项目进度计划的执行

(一) 计划执行准备

计划执行的准备工作主要包括建立组织机构、编制进度补充计划、培训有关人员。

1. 建立组织机构

组织机构是进度计划顺利执行的必要的组织保证。组织机构的主要作用在于制订实施计划,落实计划实施的保证措施,监测计划的执行情况;分析与控制计划执行状况。概括地说,组织机构的作用就是执行项目进度计划,实施工期控制。组织机构的形式、规模等应根据项目的具体条件确定,无统一模式。但应做到使工期控制和管理工作层层有人抓、环环有人管。

2. 编制进度补充计划

项目实施过程复杂多变,所以进度计划的编制,不可能考虑到项目进展过程中的所有变化,不可能一次安排好未来项目实施的全部细节。因此可以说,进度计划是比较概括的,还应有更为符合实际的实施性计划加以补充。根据计划时间的长短,实施计划包括年度计划、季度计划、月度计划等。

3. 培训有关人员

为提高计划实施的有效性,应根据项目的特点,对各类人员分层次、分期培训,以提高项目参与者的素质,为进度控制打下良好的基础。

(二) 建立保证措施

项目进度受到诸多因素的制约,因此,必须采取一系列措施,以保证项目能满足进度要求。措施是多方面的,不同的项目,不同的条件,措施亦不相同。但无论什么项目,以下措施都是必要的。

1. 贯彻进度计划

进度计划的贯彻是计划实施的第一步,也是关键的一步。其工作内容,一是层层分解计划,形成严密的计划保证系统。高层次的计划是低层次计划的编制依据;低层次计划是高层次计划的具体化。在贯彻执行项目进度计划时,应首先检查计划本身是否协调一致,计划目标是否层层分解、互相衔接。

在此基础上,组成一个计划实施的保证体系,以任务书的形式下达给项目实施者,以保证实施。二是全面交底,明确责任。在计划实施前进行计划全面交底工作,使项目经理及项目管理人员、项目作业人员明确各项计划的目标、任务、实施方案和措施,使管理层和作业层协调一致,将计划变为项目人员的自觉行动。

2. 加强调度工作

调度工作是实现项目工期目标的重要手段。其主要任务是掌握项目计划实施情况,协调各方面关系,采取措施解决各种矛盾,加强薄弱环节,实现动态平衡,保证完成计划和实现进度目标。调度是通过监督、协调、会议等方式实现的。

3. 狠抓关键工作

关键工作是项目实施的主要矛盾,应紧抓不懈。可采取以下措施:一是采取组织骨干力量、优先提供资源等措施集中优势按时完成关键工作;二是专项承包,即对关键工作采用专项承包的方式,定任务、定人员、定目标;三是采用新技术、新工艺。技术、工艺选择不当,就会严重影响项目进度。采用一项好的、先进的技术或工艺能起到事半功倍的作用。所以,只要被证明是成功的新技术、新工艺,都应积极采用。

4. 保证资源的及时供应

应按资源供应计划,及时组织资源的供应工作,并加强对资源的管理。

5. 加强组织管理工作

根据项目特点,建立项目组织和各种责任制度,将进度计划指标的完成情况与部门、单位和个人的利益分配结合起来,做到责、权、利一体化。

二、项目进度动态监测

在项目进度计划实施过程中,由于主、客观条件的不断变化,计划亦需随之改变,凭借一个最优计划而一劳永逸是不可能的。因此,在项目进行过程中,必须不断监控项目的实际进程,收集反映项目进度实际状况的信息,以便对项目进度情况进行分析,掌握项目进度动态,以确保每项工作都能按进度计划进行。这一过程被称为项目进度动态监测。

对于项目进度状态的观测,通常采用日常观测和定期观测的方法进行,并将观测的结果用项目进度报告的形式加以描述。

(一) 日常观测

随着项目的进行,不断观测进度计划中所包含的每一项工作的实际开始时间、实际完成时间、实际持续时间、目前状况等内容,并加以记录,以此作为进度控制的依据。记录的方法有实际进度前锋线法、图上记录法、报告表法等。

1. 实际进度前锋线法

实际进度前锋线,是一种在时间坐标网络中记录实际进度情况的曲线,简称为前锋线。它表达了网络计划执行过程中,某一时刻正在进行的各工作的实际进度前锋的连线,如图 6-13 所示。

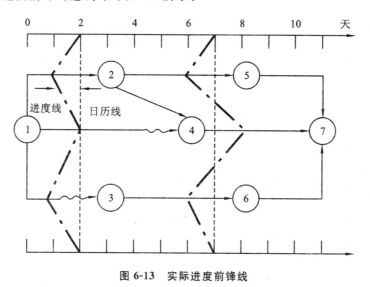

图 6-13 实际进度前锋线

2. 图上记录法

当采用非时标网络计划时,可直接在图上用文字或符号记录。如用点划线代表其实际进度并在网络图中标出,如图 6-14 所示;在箭线下方标出相应工作的实际持续时间,如图 6-15 所示;在箭尾节点下方和箭头节点下方分别标出工作的实际开始和实际结束时间;在网络图的节点内涂上不同的颜色或用斜线表示相应工作已经完成,如图 6-16 所示。

若进度计划是横道图,则可在图中用不同的线条分别表示计划进度和实际进度。随着项目的完成,可绘制实际进度网络图。实际进度网络图表达了各工作实际开工、完工时间,并将项目进度中出现的问题、影响因素等反映在图中。绘制实际进度网络图,可明显表达实际与计划不相符合的情况,有助

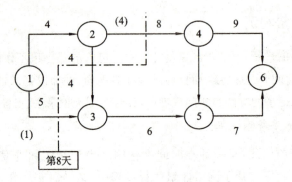

图 6-14 双代号网络实际进度的记录

注:( )内的数值表示检查时工作尚需的作业时间。

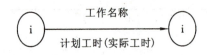

图 6-15 实际工时记录

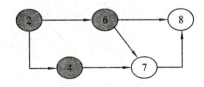

图 6-16 已完工作的记录

注:该图表示 2~6 工作和 2~4 工作已完成。

于计划工作的总结和资料的积累。

3. 报告表法

将实际进度状况反映在表上,即为报告表法。报告表的形式各异,所含内容亦各不相同。

(二) 定期观测

定期观测是指每隔一定时间对项目进度计划执行情况进行一次较为全面、系统的观测、检查。间隔的时间因项目的类型、规模、特点及对进度计划执行要求程度的不同而异,可以一日、两日、五日、周、旬、半月、月、季、半年等为一个观测周期。观测、检查的内容主要包括以下几个方面。

(1) 观测、检查关键工作的进度和关键路径的变化情况,以便采取措施调整或保证计划工期的实现。

(2) 观测、检查非关键工作的进度，以便更好地发掘潜力，调整或优化资源，以保证关键工作按计划实施。

(3) 检查工作之间的逻辑关系变化情况，以便适时进行调整。

(4) 有关项目范围、进度计划和预算变更的信息。这些变更可能是由客户或项目团队引起，也可能是由某种不可预见事件的发生引起。定期观测、检查有利于项目进度动态监测的组织工作，使观测、检查具有计划性，成为例行性工作。对定期观测、检查的结果应加以记录，其记录方法与日常观测记录相同。定期检查的重要依据是日常观测、检查的结果。

三、项目进度报告

对于项目进度观测、检查的结果以项目进度报告的形式向有关部门和人员报告。项目进度报告是记录观测结果、项目进度现状和发展趋势等有关内容的最简单的书面报告。

项目进度报告根据报告的对象不同，确定不同的编制范围和内容，一般分为项目概要级进度控制报告、项目管理级进度控制报告和业务管理级进度控制报告。项目概要级进度控制报告是以整个项目为对象说明进度计划执行情况的报告；项目管理级进度控制报告是以分项目为对象说明进度计划执行情况的报告；业务管理级进度控制报告是以某重点部位或重点问题为对象所编写的报告。

项目进度报告的内容主要包括：项目实施概况、管理概况、进度概要；项目实际进度及其说明；资源供应进度；项目近期趋势，包括从现在到下次报告期之间将可能发生的事件预测等内容；项目成本费用发生情况；项目存在的困难与危机，困难是指项目实施中所遇到的障碍，危机是指对项目可能会造成重大风险的事件。

项目进度报告的形式可分为日常报告、例外报告和特别分析报告。日常报告是根据日常监测和定期监测的结果所编制的进度报告，是项目进度报告的常用形式。例外报告是对项目进度计划执行中的例外情况进行分析所产生的报告。特别分析报告是就某个特殊问题所形成的分析报告。

项目进度报告的报告期应根据项目的复杂程度和时间期限以及项目的动态监测方式等因素确定，一般可考虑与定期观测的间隔周期相一致。一般来说，报告期越短，早发现问题并采取纠正措施的机会就越多。如果一个项目远远偏离了控制，就很难在不影响项目范围、预算、进度或质量的情况下实现项目目标。明智的做法是增加报告期的频率,直到项目按进度计划进行。

下面介绍几种常见的项目进度报告。

(1)进度计划执行情况报告。该报告包括报告期各项工作的计划执行状况。

(2)项目关键点检查报告。项目关键点是对项目工期影响较大的时间点,如里程碑事件点。对项目关键点的监测、检查是项目进度动态监测的重点之一。将关键点的检查结果加以分析、归纳所形成的报告就是项目关键点检查报告。

(3)项目执行状态报告。项目执行状态报告反映了一个项目或一项工作的现行状态。

(4)任务进度报告。项目进度报告反映了报告期项目进度的总体概况。

(5)项目管理报告。项目管理报告反映了报告期项目管理的总体状况。

以上报告从不同的侧重点对项目进度的监测结果进行反映,可根据需要选择使用。

第三节 项目进度控制

在项目进度计划实施过程中,项目不断的进度监控是为了掌握进度计划的实施状况,并将实际情况与计划进行对比分析,在实际进度向不理想方向偏离并超出了一定的限度时采取纠正措施,使项目按预定的进度目标进行,避免工期的拖延。这一过程称之为进度控制。

一、进度控制的内容

对项目进度的控制可从控制项目进度变更原因和实际进度变更两方面着手进行。

引起项目进度变更的原因有很多,其中可能性最大的有:编制的项目进度计划不切实际;人为因素的不利影响;设计变更因素的影响;资金、材料、设备等原因的影响;不可预见的政治、经济、气候等项目外部环境等因素的影响。这些引起项目进度变更的影响因素中,部分是项目管理者可以控制的

(如进度计划的制定、人为因素的影响以及资金、材料、设备的准备等),部分是项目管理者不能控制的(如项目外部环境)。因此,对项目进度变更的影响因素的控制要把重点放在可控因素上,力争有效控制这些可控因素,为项目进度计划的实施创造良好的内部环境。对不可控影响因素,要及时掌握变更信息并迅速加以利用,对项目进度进行适时、适度的调整,最大限度地为项目进度营造一个适宜的外部环境。

项目的进度控制就是在既定工期内,编制出最优的进度计划,在执行计划的过程中,经常检查项目实际进度,并将其与进度计划相比较,若出现偏差,则分析偏差产生的原因及对工期的影响程度,确定必要的调整措施,更新原计划。这一过程如此不断地循环,直至项目完成。项目实际进度控制的目标就是确保项目按既定工期目标实现,就是在保证项目质量且不会因此增加项目实际成本的条件下,适当缩短项目工期,如图6-17所示。

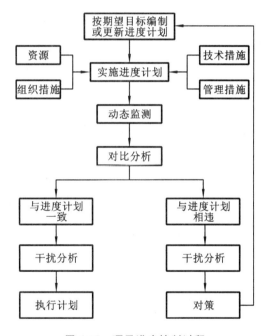

图6-17 项目进度控制过程

二、项目进度控制的原理

1. 动态控制原理

项目进度控制是随着项目的进行而不断进行的。是一个动态过程,也是

一个循环进行的过程。从项目开始,实际进度就进入了运行的轨迹,也就是计划进入了执行的轨迹。实际进度按计划进行时,实际进度符合计划,计划的实现就有保证;实际进度与计划不一致时,就会产生偏差,若不采取措施加以处理,工期目标就不能实现。所以,当产生偏差时,就应分析偏差的原因,采取措施,调整计划,使实际与计划在新的起点上重合,并尽量使项目按调整后的计划继续进行。但在新的因素干扰下,又有可能产生新的偏差,又需继续按上述方法进行控制,进度控制就是采用这种动态循环的控制方法来实现的。

2. 系统原理

进行项目的进度控制,首先应编制项目的各种计划,包括进度计划、资源计划等,计划的对象由大到小,计划的内容从粗到细,形成了项目的计划系统。项目涉及各个相关主体、各类不同人员,这就需要建立组织体系,形成一个完整的项目实施组织系统。为了保证项目进度,自上而下都应设有专门的职能部门或人员负责项目的检查、统计、分析、调整等工作。当然,不同的人员负有不同的进度控制责任,分工协作,形成一个纵横相连的项目进度控制系统。所以,无论是控制对象,还是控制主体,无论是进度计划,还是控制活动,都是一个完整的系统。进度控制实际上就是用系统的理论和方法解决系统问题。

3. 封闭循环原理

项目进度控制的全过程是一种循环性的例行活动,其活动包括编制计划、实施计划、检查、比较与分析、确定调整措施、修改计划,形成了一个封闭的循环系统。进度控制过程就是这种封闭循环不断运行的过程。

4. 信息原理

信息是项目进度控制的依据。项目进度计划的信息自上而下传递到项目实施相关人员,以使计划得到贯彻落实;而项目实际进度信息则自下而上反馈到各有关部门和人员,以供分析并做出决策、调整,以使进度计划仍能符合预定工期目标。这就需要建立信息系统,以便不断进行信息的传递和反馈。所以,项目进度控制的过程也是一个信息传递和反馈的过程。

5. 弹性原理

项目一般工期长且影响因素多。这就要求计划编制人员能根据统计经验估计各种因素的影响程度和出现的可能性,并在确定进度目标时进行目标的风险分析,使进度计划留有余地,即使得计划具有一定的弹性;在进行项目进度控制时,可以利用这些弹性,缩短工作的持续时间,或者改变工作之间的搭接关系,以使项目最终能实现预定的工期目标。

6. 网络计划技术原理

网络计划技术不仅可以用于编制进度计划,而且可以用于计划的优化、管理和控制。网络计划技术是一种科学、有效的进度管理方法,是项目进度控制,特别是复杂项目进度控制的计划管理和分析计算的理论基础。

三、项目进度控制的方法

项目进度控制的主要方法是规划、控制和协调。规划是指确定项目总进度控制目标和分进度控制目标,并编制其进度计划;控制是指在项目实施全过程中进行检查、比较及调整;协调是指协调参与项目的各有关单位、部门和人员之间的关系,使之有利于项目的进展。

进度控制所采取的措施主要有组织措施、技术措施、合同措施、经济措施和管理措施等。组织措施是指落实各层次的进度控制人员、具体任务和工作责任;建立进度控制的组织系统;按照项目的结构、工作流程或合同结构等进行项目的分解,确定其进度目标,建立控制目标体系;确定进度控制工作制度,如检查时间、方法以及协调会议时间、参加人员等;对影响进度的因素进行分析和预测。技术措施主要是指加快项目进度的技术方法。合同措施是指项目的发包方和承包方之间、总包方与分包方之间等通过签订合同明确工期目标,对项目完成的时间进行制约。经济措施是指实现进度计划的资金保证措施。管理措施是指加强信息管理,不断收集项目实际进度的有关信息资料,并对其进行整理统计,与进度计划相比较,定期提出项目进展报告,以此作为决策依据。

第四节 项目进度更新

在项目进展中,由于各种因素的影响,项目进度计划的变化是绝对的,不变是相对的。进度控制的核心问题就是能根据项目的实际进展情况,分析比较其对项目可能会产生的影响,不断地进行进度计划的更新。可以说,项目进度计划的更新既是进度控制的起点,也是进度控制的终点。

一、比较与分析

将项目的实际进度与计划进度进行比较分析,以评判其对项目工期的影响,查找实际进度与计划不相符合的原因,进而找出对策,这是进度控制的重要环节之一。进行比较分析的方法主要有以下几种。

1. 横道图比较法

横道图比较法是将在项目进展中经观测、检查、搜集得到的信息,经整理后直接用横道线与原计划的横道线标在一起,进行直观比较的方法。例如,某混凝土基础工程的施工实际进度与计划进度比较,如表 6-6 所示。

表 6-6 某钢筋混凝土基础施工实际进度与计划进度比较表

工作编号	工作名称	工作时间/天	1	2	3	4	5	6	7	8	9	10
1	挖土	3	■	■	■							
2	立模	3				■	■					
3	绑扎钢筋	4					■	■	■	■		
4	浇混凝土	5								■	■	■
5	回填土	3										

↑ 检查日期

表 6-6 中的细实线表示计划进度,粗实线表示实际进度。在第 5 天末检查时,挖土已按计划完成;立模比进度计划拖后 1 天;绑扎钢筋的实际进度与计划进度一致;浇筑混凝土工作尚未开始,比进度计划拖后 1 天。

通过上述比较,为项目管理者明确了实际进度与计划进度之间的偏差,为采取调整措施提出了明确任务。这是进度控制中最简单的方法,但是,这种方法仅适用于项目中各项工作都是按均匀的速度进行,即每项工作在单位时间内所完成的任务量是各自相等的。

项目完成的任务量可以用实物工程量、劳动消耗量和工作量三种物理量表示。为了方便比较,一般用实际完成量的累计百分数与计划应完成量的累计百分数进行比较。

2. 实际进度前锋线比较法

前锋线比较法是按照项目实际进度绘制其前锋线,根据前锋线与工作箭线交点的位置判断项目实际进度与计划进度偏差,以分析判断项目相关工作的进度状况和项目整体进度状况的方法。如图 6-13 所示,在第 7 天进行检查时,工作 2—5 和 3—6 比原计划拖后 1 天,工作 4—7 比原计划提前 1 天。工作 2—5 是关键工作,其提前或拖后将会对项目工期产生影响,所以该工作拖后 1 天,将会使项目工期拖后 1 天。

根据实际进度前锋线的比较分析可以判断项目进度状况对项目的影响。关键工作提前或拖后将会对项目工期产生提前或拖后的影响。对于非关键工作的影响,应根据其总时差的大小加以分析判断。一般来说,非关键工作的提前不会造成项目工期的提前;非关键工作如果拖后,且拖后的量在其总时差范围之内,则不会影响总工期;但若超出总时差的范围,则会对总工期产生影响,若单独考虑该工作的影响,其超出总时差的数值,就是工期拖延量。需要注意的是,在某个检查日期,往往并不是一项工作的提前或拖后,而是多项工作均未按计划进行,这时则应考虑其交互作用。

3. S 形曲线比较法

S 形曲线比较法是在计划实施前绘制出计划 S 形曲线,在项目进行过程中,将成本实际执行情况与计划 S 形曲线绘制在同一张图中,与计划进度相比较的一种方法。

运用该方法可得到以下信息。

(1) 项目实际进度状况。当实际进展点落在计划 S 形曲线左侧时,表明实际进度超前;若在右侧,则表示拖后;若正好落在计划曲线上,则表明实际与计划一致。

(2) 项目实际进度偏差。如图 6-18 所示,ΔT_a 表示在 T_a 时刻实际进度超前的时间,ΔT_b 表示在 T_b 时刻实际进度拖后的时间。

(3) 项目实际完成任务量偏差。如图 6-18 所示,ΔQ_a 表示在 T_a 时刻超额完成的任务量,ΔQ_b 表示在 T_b 时刻少完成的任务量。

(4) 项目进度预测。如图 6-18 所示,项目后期若按原计划速度进行,则工期拖延预测值为 ΔT_c。

4. "香蕉"形曲线比较法

"香蕉"形曲线是两条 S 形曲线组合而成的闭合曲线。它根据网络计划中的最早和最迟两种开始和完成时间分别绘制出相应的 S 形曲线,前者称为 ES 曲线,后者称为 LS 曲线。在项目实施过程中,根据每次检查的各项工作实际完成的任务量,计算出不同时间实际完成任务量的百分比,并在"香蕉"

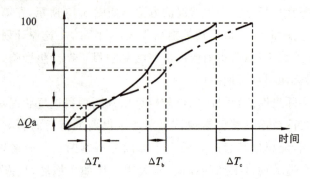

图 6-18 S 形曲线比较图

形曲线的平面内绘出实际进度曲线,即可进行实际进度与计划进度的比较,如图 6-19 所示。

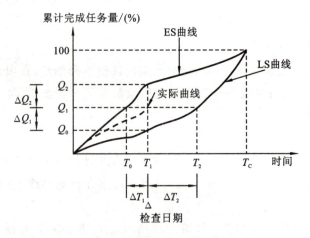

图 6-19 "香蕉"形曲线比较图

"香蕉"形曲线的比较主要包括如下两个方面。

(1) 时间一定,比较完成的任务量。当项目进展到 T_1 时,实际完成的累计任务量为 Q_1。若按最早时间计划,则应完成 Q_2,实际比计划少完成:$\Delta Q_1 = Q_1 - Q_2 < 0$。若按最迟时间计划,则应完成 Q_0,实际比计划多完成:$\Delta Q_1 = Q_1 - Q_0 > 0$。由此可以判断,实际进度在计划范围之内,不会影响项目工期。

(2) 任务量一定,比较所需时间。当项目进展到 T_1 时,实际完成累计任务量 Q_1。若按最早时间计划,则应在 T_0 时完成同样任务量,所以,实际比计划拖延,其拖延的时间是 $\Delta T_1 = T_1 - T_0 > 0$;若按最迟时间计划,则应在 T_2 时完成同样任务量,所以,实际比计划提前,其提前量为:$\Delta T_2 = T_1 - T_2 < 0$。可

以判断：实际进度未超出计划范围，进展正常。

5. **列表比较法**

采用无时间坐标网络计划时，在计划执行过程中，记录检查时刻正在进行的工作名称、已耗费的时间及尚需要的时间，然后列表计算有关参数，根据计划时间参数判断实际进度与计划进度之间的偏差，这种方法被称为列表比较法，如表6-7所示

表6-7 项目进度比较分析表

工作编号	工作代号	检查时尚需时间/天	到计划最迟完成前尚有时间/天	原有总时差	尚剩总时差/天	判断
2—5	D	1	13-10=3	2	3-1=2	正常
4—8	G	8	17-10=7	0	7-8=-1	拖期1天
6—7	L	2	15-10=5	3	5-2=3	正常

二、项目进度更新

根据实际进度与计划进度比较分析结果，以保持项目工期不变、保证项目质量和所耗费用最少为目标，做出有效对策，进行项目进度更新，这是进行进度控制和进度管理的宗旨。项目进度更新主要包括两方面的工作，即分析进度偏差的影响和进行项目进度计划的调整。

1. **分析进度偏差的影响**

通过前述进度比较方法，当出现进度偏差时，应分析该偏差对后续工作及总工期的影响。主要从以下几方面进行分析。

（1）分析产生进度偏差的工作是否为关键工作，若出现偏差的工作是关键工作，则无论其偏差大小，对后续工作及总工期都会产生影响，必须进行进度计划更新；若出现偏差的工作为非关键工作，则需根据偏差值与总时差和自由时差的大小关系，确定其对后续工作和总工期的影响程度。

（2）分析进度偏差是否大于总时差。若工作的进度偏差大于总时差，则必将影响后续工作和总工期，应采取相应的调整措施；若工作的进度偏差小于或等于该工作的总时差，则表明对总工期无影响，但其对后续工作的影响，需要将其偏差与其自由时差相比较才能做出判断。

（3）分析进度偏差是否大于自由时差。如果进度偏差大于自由时差，则会对后续工作产生影响，应如何调整，应根据后续工作允许影响的程度而定。

若工作的进度偏差小于或等于该工作的自由时差,则对后续工作无影响,进度计划可不作调整更新。

经过上述分析,项目管理人员可以确认应该调整产生进度偏差的工作和调整偏差值的大小,以便确定应采取的调整更新措施,形成新的符合实际进度情况和计划目标的进度计划。

2. 项目进度计划的调整

项目进度计划的调整,一般有以下几种方法。

1) 关键工作的调整

关键工作无机动时间,其中任一工作持续时间的缩短或延长都会对整个项目工期产生影响。因此,关键工作的调整是项目进度更新的重点。有以下两种情况。

(1) 关键工作的实际进度较计划进度提前时:若仅要求按计划工期执行,则可利用该机会降低资源强度及费用,即选择后续关键工作中资源消耗量大或直接费用高的子项目,在已完关键工作提前量的范围内予以适当延长;若要求缩短工期,则应重新计算与调整未完成工作,并编制、执行新的计划,以保证未完关键工作按新计算的时间完成。

(2) 关键工作的实际进度较计划进度落后时:调整的方法主要是缩短后续关键工作的持续时间,将耽误的时间补回来,保证项目按期完成。

2) 改变某些工作的逻辑关系

在工作之间的逻辑关系允许改变的条件下,改变关键线路和超过计划工期的非关键线路上有关工作之间的逻辑关系,如将依次进行的工作变为平行或互相搭接的关系,以达到缩短工期的目的。需要注意的是这种调整应以不影响原定计划工期和其他工作之间的顺序为前提,调整的结果不能形成对原计划的否定。

3) 重新编制计划

当采用其他方法仍不能奏效时,则应根据工期要求,将剩余工作重新编制网络计划,使其满足工期要求。

4) 非关键工作的调整

当非关键工作时间延长但未超过其时差范围时,因其不会影响项目工期,一般不必调整,但有时,为更充分地利用资源,也可对其进行调整。当非关键工作的持续时间延长而超出总时差范围时,则必然影响整个项目工期,关键线路就会转移。这时,其调整方法与关键线路的调整方法相同。

非关键工作的调整不得超出总时差,且每次调整均需进行时间参数计算,以观察每次调整对计划的影响。其调整方法有三种:一是在总时差范围内延长其持续时间;二是缩短其持续时间;三是调整工作的开始或完成时间。

5) 增减工作项目

由于编制计划时考虑不周,或由于某些原因需要增加或取消某些工作,则需重新调整网络计划,计算网络参数。增加工作项目,只是对原遗漏或不具体的逻辑关系进行补充;减少工作项目,只是对提前完成的工作项目或原不应设置的工作项目予以删除。增减工作项目不应影响原计划总的逻辑关系和原计划工期,若有影响,则应采取措施使之保持不变,以便使原计划得以实施。

6) 资源调整

若资源供应发生异常,则应进行资源调整。资源供应发生异常是指因供应满足不了需要,如资源强度降低或中断,影响到计划工期的实现。资源调整的前提是保证工期不变或使工期更加合理。资源调整的方法是进行资源优化。

第七章

项目成本管理

主要内容

- 项目资源计划
- 项目成本预算
- 项目成本估算
- 项目成本控制

> 你可以从不断交付的结果中吸取经验来更好地控制对项目的估计，这要比你一开始就打算估计整个项目要好得多。
>
> ——Tom Gilb

项目成本是因为项目而发生的各种资源耗费的货币体现，有时也被称为项目费用。项目成本包括项目生命周期每一阶段的资源耗费，其基本要素有人工费、材料费、设备费、咨询费、其他费用等。项目成本的影响因素有项目的范围、质量、工期、资源数量及其价格、项目管理水平等。

项目成本管理是指为保障项目实际发生的成本不超出项目预算，使项目在批准的预算内按时、按质、经济、高效地完成既定目标而开展的项目成本管理活动。项目成本管理的效果如何，将直接影响到项目的绩效，因此，成本管理要坚持全生命周期成本最低原则、全面成本管理原则、成本五分制原则、成本管理有效化原则和成本管理科学化原则。

《项目管理知识体系指南(第3版)》将项目成本管理过程定义为项目资源规划、项目成本估算、项目成本预算、项目成本控制等过程。资源规划指确定为完成项目诸工序,需用何种资源(人、设备、材料)以及每种资源的需要量;项目成本估算指编制为完成项目各工序所需的资源的近似估算总费用;项目成本预算指将总费用精确估算并分配到各单项工作上的过程;项目成本控制指控制项目预算变更的过程。

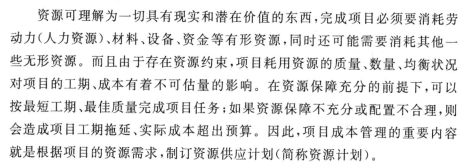

第一节 项目资源计划

资源可理解为一切具有现实和潜在价值的东西,完成项目必须要消耗劳动力(人力资源)、材料、设备、资金等有形资源,同时还可能需要消耗其他一些无形资源。而且由于存在资源约束,项目耗用资源的质量、数量、均衡状况对项目的工期、成本有着不可估量的影响。在资源保障充分的前提下,可以按最短工期、最佳质量完成项目任务;如果资源保障不充分或配置不合理,则会造成项目工期拖延、实际成本超出预算。因此,项目成本管理的重要内容就是根据项目的资源需求,制订资源供应计划(简称资源计划)。

项目资源计划是在分析、识别项目的资源需求,确定项目所需投入的资源种类、数量和时间的基础上,制订科学、合理、可行的项目资源供应计划的项目成本管理活动。

项目资源包括项目实施中需要的人力、设备、材料、能源、设施及其他各种资源等。项目资源计划涉及决定采用什么样的资源(人力、设备、材料)以及多少资源将用于项目的每一项工作执行过程中,因此它必然是与费用估计相对应起来的,是项目费用估计的基础。

一、编制资源计划的主要依据

1. 工作分解结构

利用工作分解结构系统进行项目资源计划时,工作划分得越细、越具体,所需资源种类和数量越容易估计。工作分解自上而下逐级展开,各类资源需要量可以自下而上逐级累加,便得到整个项目对各类资源的需要。

2. 项目进度计划

项目进度计划是项目计划中最主要的,是其他各项(如质量计划、资金使用计划、资源供应计划)的基础。资源计划必须服务于项目进度计划,什么时候需要何种资源是围绕项目进度计划的需要而确定的。

3. 历史信息

历史信息记录了以前类似工作使用资源的需求情况,这些资料如能获得的话,无疑对确定现在的工作资源需求具有很大的参考作用。

4. 项目范围说明书

项目范围说明书描述了项目目标,确定了项目可交付成果,明确了哪些工作是属于项目该做的,而哪些工作不应包括在项目之内,对它的分析可进一步明确资源的需求范围及数量,因此在编制项目资源计划中应该特别加以考虑。

5. 资源库描述

资源库描述是对项目拥有的资源存量的说明,对它的分析可确定资源的供给方式及其获得的可能性,这是项目资源计划所必须掌握的。资源库详细的数量描述和资源水平说明对于资源安排有特别重要的意义。

6. 组织策略

项目的组织方针体现了项目高层在资源使用方面的策略,可以影响到人员招聘、物资和设备的租赁或采购,对如何使用资源起着重要作用。因此,在资源计划过程中还必须考虑项目的组织方针,在保证资源计划科学合理的基础上,尽量满足项目的组织方针的要求。

二、资源计划的编制步骤

资源计划的编制步骤包括资源需求分析、资源供给分析、资源成本比较与资源组合、资源分配与计划编制。

1. 资源需求分析

通过资源需求分析,确定工作分解结构中每一项任务所需的资源数量、质量及其种类。

确定了资源需求的种类后,根据有关项目领域中的消耗定额或经验数据,确定资源需求量。在工程项目领域内,一般可按照以下步骤确定资源数量：

(1) 工作量计算；

(2) 确定实施方案；

(3) 估计人员需求量；

(4) 估计材料需求量；

(5) 估计设备需求量；

(6) 确定资源使用时间。

2. 资源供给分析

资源供给的方式多种多样，可以从项目组织内部解决，也可以从项目组织外部获得。资源供给分析要分析资源的可获得性、获得的难易程度以及获得的渠道和方式。可分别从内部、外部资源进行分析。

3. 资源成本比较与资源组合

确定需要哪些资源和如何可以得到这些资源后，就要比较这些资源的使用成本，从而确定资源的组合模式（即各种资源所占比例与组合方式）。完成同样的工作，不同的资源组合模式，其成本有时会有较大的差异。要根据实际情况，考虑成本、进度等目标要求，具体确定合适的资源组合方式。

4. 资源分配与计划编制

资源分配是一个系统工程，既要保证各个任务得到合适的资源，又要努力实现资源总量最少、使用平衡。在合理分配资源，使所有项目任务都分配到所需资源，而所有资源也得到充分利用的基础上，编制项目资源计划。

三、资源计划的编制工具

常用的资源计划的编制工具包括资源矩阵、资源甘特图、资源负荷图（或资源需求曲线）、资源累计需求曲线等。

资源矩阵、资源数据表以表格的形式列示项目的任务、进度及其需要的资源的品种、数量，以及各项资源的重要程度，其格式如表 7-1、表 7-2 所示。资源甘特图就是利用甘特图技术对项目资源的需求进行表达，其格式详见图 7-1。资源负荷图一般以条形图的方式反映项目进度及其资源需求情况，其格式详见图 7-2。资源需求曲线以线条的方式反映项目进度及其资源需求情况，分为反映项目不同时间资源需求量的资源需求曲线和反映项目不同时间对资源的累计需求的资源累计需求曲线，其格式如图 7-3 所示。

表 7-1 资源矩阵

工 作	资源需要					相 关 说 明
	资源1	资源2	…	资源 $n-1$	资源 n	
工作 1						
工作 2						
…						
工作 $m-1$						
工作 m						

表 7-2 资源数据表

资源需求种类	资源需求总量	时间安排(不同时间资源需求量)						相 关 说 明
		1	2	3	…	$T-1$	T	
资源 1								
资源 2								
…								
资源 $n-1$								
资源 n								

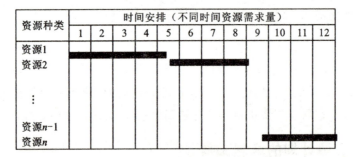

图 7-1 资源甘特图

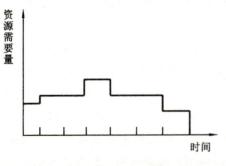

图 7-2 资源负荷图

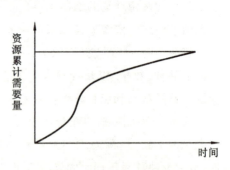

图 7-3 资源累计需求曲线

四、资源计划编制的结果

依据工作分解结构、历史资料、项目范围说明书和组织方针,通过专家的判断或数学模型进行选择确认,资源计划编制的结果是形成资源的需求计划,对各种需求及其计划加以描述,将资源的需求安排分解到具体的工作上,资源计划编制的结果通常以各种形式的表格予以反映。

第二节 项目成本估算

项目成本估算是对完成项目各项任务所需资源的成本进行的近似估算。项目成本估算是根据项目资源计划以及各种资源的价格信息,粗略地估算和确定项目各项活动的成本及项目总成本的项目管理活动。

美国项目管理学会成本估算的定义与我国项目投资估算的定义十分相似,即在对项目的建设规模、技术方案、设备方案、工程方案和项目实施进度等进行研究的基础上,估算项目的总投资。

项目成本估算包括初步项目成本估算(量级估算)、经技术设计后的成本估算(预算)和经详细设计后的成本估算(最终估算)等几种不同精度的项目成本估算。如前所述,项目生命周期包括多个阶段,各阶段都以一个或多个可交付成果作为标志。针对各阶段特定的成本管理任务,需要分阶段编制成本估算,因此,成本估算是贯穿项目整个生命周期的一种管理活动。同时,由于项目各阶段所具备的条件和掌握的资料不同,估算的精度也不同。随着阶段的不断推移,经过调查研究后掌握的资料越来越丰富,确定性条件越来越多,成本估算的精度便随之提高。在项目的启动阶段,项目估算为粗略估算。在项目进程中,对费用的估算应不断细化。在整个项目生命周期内,项目估算的准确性随着项目的进程而提高。

一、项目成本估算的主要依据

项目成本估算的主要依据有以下几点:
(1) 项目范围说明书。

(2) 工作分解结构。

(3) 资源需求计划。

(4) 资源单位价格。

(5) 历史信息。同类项目的历史资料始终是项目执行过程中可以参考的最有价值的资料,包括项目文件、共用的费用估算数据及项目工作组的知识等。

(6) 会计报表。会计报表说明了各种费用信息项的代码结构,这有利于项目费用的估算与正确的会计科目相对应。

除此之外,与项目有关的由部门、行业或国家颁布的一些定额(如基建概算、预算定额)和取费标准也可作为成本估算的参考依据。

二、成本估算的技术路线和方法

(一) 成本估算的技术路线

在项目进展的不同阶段,项目的工作分解结构的层次可以不同,根据项目成本估算单元在 WBS 中的层次关系,可将成本估算分为三种:自上而下的估算、自下而上的估算、自上而下与自下而上相结合的估算。

1. 自上而下的估算

自上而下的估算,又称类比估算,通常在项目的初期或信息不足时进行,此时只确定了初步的工作分解结构,分解层次少,很难将项目的基本单元详细列出来。因此,成本估算的基本对象可能就是整个项目或其中的子项目,估算精度较差。自上而下的成本估算实际上是以项目成本总体为估算对象,在收集上层和中层管理人员的经验判断,以及可以获得的关于以往类似项目的历史数据的基础上,将成本从工作分解结构的上部向下部依次分配、传递,直至工作分解结构的最底层。

2. 自下而上的估算

自下而上的估算是先估算各个工作单元的费用,然后自下而上将各个估算结果汇总,算出项目费用总和。采用这种技术路线的前提是确定了详细的工作分解结构,能做出较准确的估算。当然,这种估算本身要花费较多的费用。

3. 自上而下与自下而上相结合的成本估算

采用自上而下的估算路线虽然简便,但估算精度较差;采用自下而上的估算路线,所得结果更为精确,并且项目所涉及活动资源的数量更清楚,但估算工作量较大。为此,可将两者结合起来,以取长补短,即采用自上而下与自下而上相结合的路线进行成本估算。

自上而下与自下而上相结合的成本估算针对项目的某一个或几个重要的子项目进行具体分解,从该子项目的最低分解层次开始估算费用,并自下而上汇总,直至得到该子项目的成本估算值;之后,以该子项目的估算值为依据,估算与其同层次的其他子项目的费用;最后,汇总各子项目的费用,得到项目总的成本估算。

成本估算类型比较如表 7-3 所示。

表 7-3 成本估算类型比较

估算类型	何时做	为什么做	精确度
量级估算	在项目生命周期中非常早,通常是在项目完成前 3~5 个月	为项目选择决策提供成本估算	(-25%~75%)
预算估算	在项目完成前 1~2 个月	将资金投入预算计划	(-10%~25%)
最终估算	在项目完成前不足 1 个月	为采购提供详情,估算实际成本	(-5%~10%)

(二) 成本估算的技术方法

常用的成本估算方法有专家判断法、工料清单法、参数估算法、软件估算法等等。

1. 专家判断法

专家判断法是以专家为索取信息的对象,组织专家运用其项目管理理论及经验对项目成本进行估算的方法。该方法适用于项目成本估算精度要求不高的情况。通常,专家判断法有两种组织形式:一是成立项目专家小组共同探讨估算;二是专家们互不见面、互不知名而由一名协调者汇集专家意见并整理、编制项目成本估算。它通常比其他技术和方法花费要少一些,但是其准确性也较低。当历史项目与当前的项目不仅在形式上,而且在实质上相同时,专家判断法可能提供更可靠和实用的项目成本估算结果。

2. 工料清单法

工料清单法又称自下而上法,是根据项目的工作分解结构,将较小的相对独立的工作包负责人的估算成本加总计算出整个项目的估算成本的方法。

它通常首先估算各个独立工作的费用,然后从下往上汇总估算出整个项目费用。

工料清单法的优点是在子任务级别上对费用的估算更为精确,并尽可能精确地对整个项目费用加以确定。比起高层管理人员来讲,直接参与项目建设的人员更为清楚项目涉及活动所需要的资源量,因此工料清单法的关键是组织项目基层的工作包负责人参加成本估算并正确地对其估算结果加以汇总。

3. 参数估算法

参数估算法又称参数模型法,是根据项目成本重要影响因素的特性参数建立数学模型来估算项目成本的方法。通常是将项目的特征参数作为预测项目费用数学模型的基本参数,模型可能是简单的,也可能是复杂的。无论费用模型还是参数模型,其形式是各种各样的。如果模型是依赖于历史信息,则模型参数容易数量化。

4. 软件估算法

项目管理软件,如项目成本估算软件、计算机工作表、模拟和统计工具,被广泛用来进行费用估算。这些工具可以简化一些费用估算工作量,便于进行各种费用估算方案的快速计算。

三、项目成本估算的基本结果

项目成本估算的基本结果包括以下几个方面。

1. 项目成本估算

描述完成项目所需的各种资源的成本,其结果通常用劳动工时、工日、材料消耗量等表示。

2. 详细说明

成本估算的详细说明应该包括成本估算的范围描述、成本估算的实施方法、成本估算依据的各种假设、成本估算结果的有效范围。

3. 变更请求

成本估算过程可能产生影响资源计划、费用管理计划和项目管理计划的其他组成部分的变更请求,对于变更请求,应通过整体变更控制过程进行处理和审查。

第三节 项目成本预算

项目成本预算是在项目成本估算的基础上,更精确地估算项目总成本,并将其分摊到项目的各项具体活动和各个具体项目阶段上,为项目成本控制制订基准计划的项目成本管理活动,它又称项目成本计划。

成本估算和成本预算既有区别又有联系。

成本估算的目的是估计项目的总成本和误差范围,而成本预算是将项目的总成本分配到各工作项和各阶段上。成本估算的输出结果是成本预算的基础与依据,成本预算则是将已批准的成本估算(有时因为资金的原因需要砍掉一些工作来满足总预算要求,或因为追求经济利益而缩减成本额)进行分摊。

尽管成本估算与成本预算的目的和任务不同,但两者都以工作分解结构为依据,所运用的工具与方法相同,两者均是项目成本管理中不可或缺的组成部分。

一、成本预算的特征及编制原则

项目预算具有计划性、约束性、控制性三大特征。

所谓计划性,是指在项目计划中,根据工作分解结构,项目被分解为多个工作包,形成一种系统结构。项目成本预算就是将成本估算总费用尽量精确地分配到工作分解结构的每一个组成部分,从而形成与工作分解结构相同的系统结构。因此预算是另一种形式的项目计划。

所谓约束性,是因为项目高级管理人员在制定预算的时候均希望尽可能"正确"地为相关活动确定预算,既不过分慷慨,以避免浪费和管理松散,也不过于吝啬,以免项目任务无法完成或者质量低下。故项目成本预算是一种分配资源的计划,预算分配的结果可能并不能满足所涉及的管理人员的利益要求,而表现为一种约束,所涉及人员只能在这种约束的范围内行动。

所谓控制性,是指项目预算的实质就是一种控制机制。管理者的任务不仅是完成预定的目标,而且必须使得目标的完成具有效率,即尽可能地在完成目标的前提下节省资源,这样才能获得最大的经济效益。所以,管理者必须小心谨慎地控制资源的使用,不断根据项目进度检查所使用的资源量,如果出现了对预算的偏离,就需要进行修改。因此,预算可以作为一种度量资源实际使用量和计划使用量之间差异的基线标准。

此外,项目成本预算在整个计划和实施过程中起着重要的作用。成本预算和项目进展中资源的使用相联系,根据成本预算,项目管理者可以实时掌握项目的进度。如果成本预算和项目进度没有联系,管理者就可能会忽视一些危险情况,比如费用已经超过了项目进度所对应的成本预算但没有突破总预算约束。在项目的实施中,应该不断收集和报告有关进度和费用的数据,以及对未来问题和相应费用的预计,管理者从而可以对比预算进行控制,必要时对预算进行修正。

为了使成本预算能够发挥它的积极作用,在编制成本预算时应掌握以下原则。

1. 项目成本预算要与项目目标相联系

项目成本预算要与项目目标相联系,包括项目质量目标、进度目标。成本与质量、进度之间关系密切,三者之间既统一又对立,所以,在进行成本预算,确定成本控制目标时,必须同时考虑到项目的质量目标和进度目标。项目质量目标要求越高,成本预算也越高;项目进度越快,项目成本越高。因此,编制成本预算,要与项目的质量计划、进度计划密切结合,保持平衡,防止顾此失彼、相互脱节。

2. 项目成本预算要以项目需求为基础

项目成本预算同项目需求直接相关,项目需求是项目成本预算的基石。项目范围的存在为项目预算提供了充足的细节信息。如果以非常模糊的项目需求为基础进行预算,则成本预算不具有现实性,容易发生成本超支。

3. 项目成本预算要切实可行

编制的成本预算过低,经过努力也难达到,则实际作用很小;预算过高,便会失去其作为成本控制基准的意义。故编制项目成本预算,要根据有关的财经法律、方针政策,从项目的实际情况出发,充分挖掘项目组织的内部潜力,使成本指标既积极可靠,又切实可行。

4. 项目成本预算应当有一定的弹性

项目在执行过程中,可能会有预料之外的事情发生,包括国际、国内政治经济形势变化和自然灾害等,这些变化可能对项目成本预算的实现产生一定影响。因此,编制成本预算,要留有充分的余地,使预算具有一定的适应条件变化的能力,即预算应具有一定的弹性。通常可以在整个项目预算中留出 10%～15% 的不可预见费,以应付项目进行过程中可能出现的意外情况。

二、成本预算的依据和技术方法

项目成本预算的依据主要有成本估算、工作分解结构、项目进度计划等。其中,项目成本估算提供成本预算所需的各项工作与活动的预算定额;工作分解结构提供需要分配成本的项目组成部分;项目进度计划提供需要分配成本的项目组成部分的计划开始和预期完成日期,以便将成本分配到发生成本的各时段上。

项目成本预算的方法与费用估算相同。但由于项目成本预算的目的不同于成本估算的目的,所以在具体运用时存在差异。项目成本预算的两种基本方法是自上而下的预算和自下而上的预算,采用哪一种方法,与项目组织的决策系统有很大关系。以下对项目成本预算的两种基本方法进行比较。

1. 自上而下的预算方法

自上而下的预算方法主要是依据上层、中层项目管理人员的管理经验和判断。首先由上层和中层管理人员对构成项目整体成本的子项目成本进行估计,并把这些估计的结果传递给低一层的管理人员。在此基础上由这一层的管理人员对组成项目的任务和子项目的任务的成本进行估计,然后继续向下一层传递他们的成本估计,直到传递到最低一层。

这种预算方法的优点是总体预算往往比较准确,上、中层管理人员的丰富经验往往使得他们能够比较准确地把握项目整体的资源需要,从而保证项目预算能够控制在比较准确的水平上。这种方法的另一个优点是,由于在预算过程中总是将既定的预算在一系列任务之间进行分配,这就避免有些任务被过分重视而获得过多资源。

但是这种预算方法也存在不可避免的缺点。可能会出现下层人员认为不足以完成相应任务,但很难提出与上层管理者不一致的看法,而只能沉默地等待上层管理者自行发现其中的问题而进行纠正,这样就会导致项目在生产进行过程中出现困难,甚至失败。

2. 自下而上的预算方法

自下而上的预算方法,是管理人员对所有工作的时间和需求进行仔细的考查,以尽可能精确地加以确定。预算是针对资源而进行的,意见上的差异可以通过上层和中层管理人员之间的协商来解决,形成项目整体成本的直接估计。项目经理在此基础上分配适当的间接成本。

与自上而下的预算方法相比,自下而上的预算方法对任务档次的要求更高、更为准确,关键在于要保证把所涉及的所有工作任务都考虑到,为此,这种方法比自上而下的预算方法更为困难。

自下而上的预算方法的优点是,由于预算出自日后要参与实际工作的人员手中,故可以避免引发上下层管理人员发生争执和不满情况的出现。

为了建立项目预算,我们必须预测项目需要耗费何种资源,各种资源需要的使用量、何时需要以及相应形成的成本,其中要考虑到未来通货膨胀的影响。任何预测都带有不确定性,不确定性随着所涉及内容的不同而不同。有些时候,可以做出相当准确的预测。例如,一个建筑师可以相当准确地估计建筑一堵砖墙所需要的砖的数目,只要知道砖墙的长、宽、高就可以得到所需要砖的数目,加上一定的其他消耗,结果的误差可能在1%以下。另外一些时候预测可能相当不确定。例如,在估计某种特别软件项目所需要的人数时,有经验的工作人员可以对此进行估计,但结果可具有相当大的误差。而有些时候,预测可能会非常困难。例如,实施一种全新技术的开发项目,开发结果事前难以确定,更不用说项目进展的具体过程了。

三、项目成本预算的编制

项目成本预算的编制主要包括以下内容。

1. 成本预算总额的确定

这是将批准的项目成本估算进一步精确化,具体到各成本要素中去,并为每一个工作包建立预算成本,进而确定项目总成本的过程。

2. 项目各项活动预算的确定

这是依据项目各工作包的各项活动的进度,将项目预算成本分配到工作包及项目整个工期各阶段中的过程。

3. 项目成本预算调整

这是对已编制的预算成本进行调整,以使成本预算既先进又合理的过程。

项目成本预算的调整分为初步调整、综合调整和提案调整。

（1）初步调整。初步调整是借助工作任务一览表、工作分解结构、项目进度计划、成本估算等预算依据，在进行项目成本预算后对某些工作任务的遗漏和不足以及某些工作活动出现的偏差进行调整。对一些可能不够准确的地方进行再调查，并根据实际情况予以修正。

（2）综合调整。进行综合调整是因为项目总是处在变化当中，项目预算也会发生相应的变化，这就迫使人们对预算做出相应的综合调整，但是这种综合调整不像初步调整那样明确，在这里，更多的是依靠对政治经济形势的敏感，凭借的是管理者的直觉和经验。

（3）提案调整。提案调整是当财务、技术人员编制的项目预算已经接近尾声，并认为合理可行时，就可以把它写进项目预算，提交审议。这是一个非常关键的阶段，需要说服项目经理、项目团队和主管单位，最后还要求得到客户的肯定，使多数人认为该预算是适当的和周密的。

四、成本预算的结果

项目成本预算结果主要体现在以下两个方面。

1. 基准预算

项目基准预算又称费用基准，它由时段估算成本进一步精确、细化编制而成，通常以 S 形曲线表示，是按时间分段的项目成本预算，是项目管理计划的重要组成部分。许多项目，特别是大项目，可能有多个费用基准、资源基准或消耗品生产基准，来度量项目绩效的不同方面。

成本基准计划是对项目成本按时间进行分解，并在此基础上编制而成。其表示方式有两种：一种是在总体控制时标网络图上表示，如图 7-4 所示；另一种是利用时间-成本累计曲线表示，如图 7-5 所示。

2. 成本预算表和成本预算单

在编制项目成本预算时要填写预算单，完成成本预算。预算单上需要包括以下内容：劳动力，分包商和顾问，专用设备和工具，以及原材料等。

以上仅是预算单中所包括的部分内容，实际中还需要考虑更多的因素。为了防止遗漏，可以编制项目预算表，如表 7-4 所示。

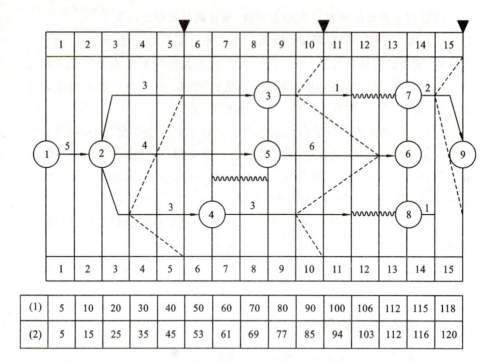

图 7-4 时标网络图按月编制的成本预算

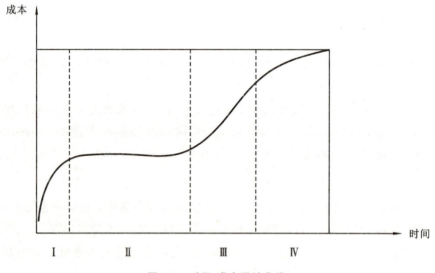

图 7-5 时间-成本累计曲线

表 7-4 项目预算表

项目名称：	日期： 自 至		制表人：	
项目	时间		数量（单位）	预算成本
	开始	结束		
1. 人员 (1) 项目团队成员 (2) 承包商 (3) 咨询商或顾问 ……				
2. 原材料 (1) (2) (3) ……				
3. 租用器具 (1) (2) (3) ……				

表 7-5 为 2009 上海 ATP1000 网球大师系列赛赛事基本保障预算表。

表 7-5 某工业项目每期预算成本表　　　　　　　　　单位：万元

预算成本	合计	工期/周										
		1	2	3	4	5	6	7	8	9	10	11	12
设计	26	5	5	8	8								
制造	75					9	9	15	15	14	13		
安装与调试	19											10	9
合计	120	5	5	8	8	9	9	15	15	14	13	10	9
累计		5	10	18	26	35	44	59	74	88	101	111	120

案例 项目成本预算

方兴公司生产并安装一台大型机床,项目成本估算的结果是 120 万元。

要求:编制该项目的成本预算。

分析:项目成本预算的编制首先要对成本估算进一步精确、细化并按项目分解结构分配到项目各组织部分直至各工作包中,以最终确定项目成本预算;其次还要将预算成本按项目进度计划分解到项目的各个阶段,建立每一时段的项目预算成本,以便在项目实施阶段进行成本控制。故项目成本预算的编制包括两个步骤:一是确定并分摊预算总成本;二是制定累计预算成本。具体操作如下。

1. 分摊预算总成本

分摊预算总成本就是将预算总成本分摊到各成本要素中去,并为每一个阶段建立预算总成本。其具体方法有两种。一种是自上而下法,即在总项目成本(人工、原材料等)之内按照每个阶段的工作范围,以总项目成本的一定比例分摊到各个阶段中;另一种方法是自下而上法,它是依据与每一阶段有关的具体活动而进行成本估计的方法。每一阶段的总预算成本就是组成各阶段的所有活动的成本总和。

方兴公司生产并安装一台大型机床,预算总成本分解如图 7-6 所示。

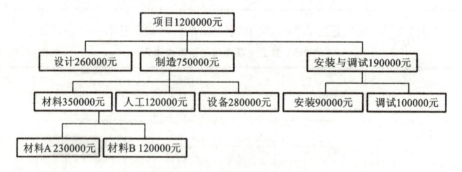

图 7-6 预算总成本分解

图 7-6 表明了把 120 万元的项目成本分摊到工作分解结构中的设计、制造、安装与调试各个阶段的情况。

那么,分摊到各阶段的数字表示为完成所有与各阶段有关的活动的总预算成本。无论是自上而下法还是自下而上法,都被用来建立每一阶段的总预算成本,所以所有阶段的预算总和不能超过项目总预算成本。

2. 制定累计预算成本

我们为每一阶段建立了总预算成本,就要把总预算成本分配到各阶段的整个工期中去,每期的成本估计是根据组成该阶段的各个活动进度确定的。当每一阶段的总预算成本分摊到工期的各个区间,就能确定在这一时间内用了多少预算。这个数字用截止到某期的每期预算成本总和表示。这一合计数,称作累计预算成本,将其作为分析项目成本绩效的基准。

在制定累计预算成本时,要编制大型机床项目每期预算成本表,如表7-5所示。

对于大型机床项目,表7-5表示出如何分摊每一阶段的预算总成本到各工期,也表示出整个项目的每期预算成本及其累计预算成本。

根据表7-5的数据,可以给出时间-成本累计曲线,如图7-7所示。

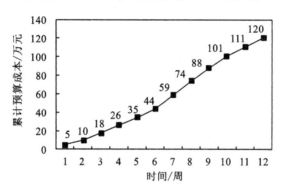

图7-7 时间-成本累计曲线

整个项目的累计预算成本或每一阶段的累计预算成本,在项目的任何时期都能与实际成本和工作绩效作对比。对项目或阶段来说,仅仅将消耗的实际成本与总预算成本进行比较容易引起误解,因为只要实际成本低于总预算成本,成本绩效看起来总是好的。在大型机床的例子中,我们会认为只要实际总成本低于120万元,项目成本就得到了控制。但当某一天实际总成本超过了总预算成本120万元,而项目还没有完成时,该怎么办呢?到了项目预算已经超出而仍有剩余工作要做的时候,要完成项目就必须增加费用,此时再打算进行成本控制就太晚了。为了避免这样的事情发生,就要利用累计预算成本而不是总预算成本作为标准来与实际成本作比较。如果实际成本超过累计预算成本时,就可以在不算太晚的情况下及时采取改正措施。

第四节 项目成本控制

在管理学中,控制通常是指管理人员按计划标准来衡量所取得的成果,纠正所发生的偏差,以保证计划目标得以实现的管理活动。管理首先开始于制订计划,继而进行组织和人员配备,并实施有效领导。一旦计划实施,就必须进行控制,以检查计划实施情况,找出偏离计划的误差,确定应采取的纠正措施,并采取纠正行动。

项目的成本控制是在项目实施过程中,根据项目实际发生的成本情况,修正初始的成本预算,尽量使项目的实际成本控制在计划和预算范围内的项目管理工作。

项目成本控制的主要目的是控制项目成本的变更,涉及项目成本的事前、事中、事后控制。项目成本的事前控制指对可能引起项目成本变化因素的控制,事中控制指在项目实施过程中的成本控制,事后控制指当项目成本变动实际发生时对项目成本变化的控制。

一、项目成本控制的原则

在项目实施过程中进行成本控制,必须遵循以下原则。

1. 节约原则

节约就是项目人力、物力和财力的节省,是成本控制的基本原则。节约绝对不是消极限制与监督,而是要积极创造条件,要着眼于成本的事前预测、过程控制,在实施过程中经常检查是否出偏差,以优化项目实施方案、提高项目的科学管理水平,实现项目费用的节约。

2. 经济原则

经济原则是指因推行成本控制而发生的成本不应超过因缺少控制而丧失的收益。任何管理活动都是有成本的,为建立一项控制所花费的人力、物力、财力不能超过这项控制所能节约的成本。这项原则在很大程度上决定了项目只能在重要领域选择关键因素加以控制,只要求在成本控制中对例外情况加以特别关注,而对次要的日常开支采取简化的控制措施,如对超出预算的费用支出进行严格审批等。

3. 责权利相结合的原则

要使成本控制真正发挥效益,必须贯彻责权利相结合的原则。它要求赋予成本控制人员应有的权力,并定期对他们的工作业绩进行考评奖惩,以调动他们的工作积极性和主动性,从而更好地履行成本控制的职责。

4. 全面控制原则

全面控制原则包括全员控制和全过程控制。

项目成本费用的发生涉及项目组织中的所有成员,因此应充分调动他们的积极性,树立起全员控制的观念,从而形成人人、事事、时时都要按照目标成本来约束自己行为的良好局面。项目成本的发生涉及项目的整个生命周期,成本控制工作要伴随项目实施的每一阶段,才能使项目成本自始至终处于有效控制之下。

5. 例外管理原则

成本控制的日常工作就是归集各项目单元的资源耗费,然后与预算数进行比较,分析差异存在的原因,找出解决问题的途径。按照例外管理原则,为提高工作效率,成本差异的分析和处理要求把重点放在不正常、不符合常规的关键性差异,即例外差异分析上。确定例外的标准,通常有以下四条。

一是重要性。一般情况下,我们将成本差异额或差异率大的,或对项目有重大不利影响的差异作为重要差异给予重点控制。但差异分为有利差异和不利差异,项目成本控制不应只注意不利差异,还需注意有利差异中隐藏的不利因素。例如,采购部门为降低采购成本而采购劣质材料,不但会造成材料用量的大幅增加,从而导致项目成本增加,而且还会导致项目成果质量低下,故应引起高度重视。

二是可控性。有些成本差异是项目管理人员无法控制的,即使发生重大差异,也不应视为例外。例如,由于国家税率或公用事业收费标准的变更而带来的重大金额差异,项目管理人员对其无能为力,就不能视为例外,也无须采取措施。

三是一贯性。尽管有些成本差异从未超过规定的金额或百分率,但一直在控制线的上下限附近徘徊,亦应视为例外。它意味着原来的成本预测可能不准确,需要及时进行调整;或意味着成本控制不严,必须严格控制,予以纠正。

四是特殊性。凡对项目施工全过程都有影响的成本项目,即使差异没有达到"重要性"的标准,也应受到成本控制的密切注意。如在机械维修费上片面强调节约,在短期内虽可降低成本,但因设备维修不足可能造成机械"带病运转",甚至停工修理,从而影响项目进度并最终导致项目成本超支。

二、成本控制的内容和依据

成本控制主要关心的是影响改变费用线的各种因素、确定费用线是否改变以及管理和调整实际的改变。成本控制的内容包括:监控成本预算执行情况以确定其与计划的偏差,对造成费用基准变更的因素施加影响;确认所有发生的变化都被准确记录在费用线上;避免不正确的、不合适的或者无效的变更反映在费用线上;确保合理变更请求获得同意,当变更发生时,管理这些实际的变更;保证潜在的费用超支不超过授权的项目阶段成本和项目成本总预算。

成本控制还应包括寻找成本向正反两方面变化的原因,同时还必须考虑自身与其他控制过程如项目范围控制、进度控制、质量控制等相协调,以防止不合适的费用变更导致质量、进度方面的问题或者导致不可接受的项目风险。

成本控制的主要依据如下。

1. 项目成本基准

项目成本基准又称费用线,是按时间分段的项目成本预算,是度量和监控项目实施过程中项目成本费用支出的最基本的依据。

2. 项目执行报告

项目执行报告提供项目范围、进度、成本、质量等信息,是实施项目成本分析和控制必不可少的依据。

3. 项目变更申请

很少有项目能够准确地按照期望的成本预算计划执行,不可预见的各种情况要求在项目实施过程中重新对项目的费用做出新的估算和修改,形成项目变更请求。只有当这些变更请求经各类变更控制程序得到妥善处理,或增加项目预算,或减少项目预算,项目成本才能更加科学、合理,符合项目实际并使项目成本真正处于控制之中。

4. 项目成本管理计划

项目成本管理计划确定了当项目实际成本与计划成本发生差异时如何进行管理,是对整个成本控制过程的有序安排,是项目成本控制的有力保证。

三、成本控制的方法

从成本控制的内容可见,项目成本控制是一个系统工程,因此研究成本控制的方法非常重要。对规模大且内容复杂的项目,通常是借助相关的项目管理软件和电子表格软件来跟踪计划成本、实际成本和预测成本改变的影响,实施项目成本控制。项目管理实践证明以下一些成本控制方法将使成本控制简便而有效。

1. 项目成本分析表法

项目成本分析表法是利用项目中的各种表格进行成本分析和成本控制的一种方法。应用成本分析表法可以很清晰地进行成本比较研究。常见的成本分析有月成本分析表、成本日报或周报表、月成本计算及最终预测报告表。

下面以工程项目为例介绍月成本计算及最终成本预测报告表的格式。

每月编制月成本计算及最终成本预测报告表,是项目成本控制的重要内容之一。该表的主要事项包括项目名称、支出金额、到竣工尚需金额、盈亏预计等。月成本计算及最终成本预测报告表要在月末会计账簿截止的同时完成,并随时间推移使精确性不断增加,其格式如表 7-6 所示。

表 7-6　月成本计算及最终成本预测报告表

序号	科目编号	名称	支出金额	调整		备注	现在的成本			序号	到竣工尚需金额			最终预算工程成本			合同预算金额			预算比较	
				金额增	金额减		金额	单价	数量		金额	单价	数量	金额	单价	数量	金额	单价	数量	亏	盈

2. 成本累计曲线法

成本累计曲线是反映整个项目或项目中某个相对独立部分开支状况的图示。它可以从成本预算计划中直接导出,也可利用网络图、条线图等图示单独建立。

成本累计曲线图中实际支出与理想情况的任何一点偏差,都是一种警告信号,但并不是说工作中一定发生了问题。图中的偏差只反映了现实与理想情况的差别,发现偏差时要查明原因,判定是正常偏差还是非正常偏差,然后采取措施处理。

在成本累计曲线图上,根据实际支出情况的趋势可以对未来支出进行预测,将预测曲线与理想曲线进行比较,可获得有价值的成本控制信息,这对项目管理很有帮助。

虽然成本累计曲线可以为项目控制提供重要的信息,但前提是我们假定所有工序时间都是固定的。在网络技术中我们知道,大量的非关键工序开始和结束时间是需要调整的。按最早开始时间和最迟开始时间制作的成本累计曲线称为成本香蕉曲线,如图7-8所示。顺便指出,成本香蕉曲线不仅可以用于成本控制,还是进度控制的有效工具。

成本香蕉曲线表明项目成本变化的安全区间,实际发生的成本变化如不超出两条曲线限定的范围,就属于正常变化,可以通过调整开始和结束的时间使成本控制在计划的范围内。如果实际成本超出这一范围,就要引起重视,查清情况,分析原因。如有必要,应迅速采取纠正措施。

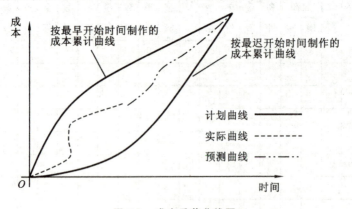

图7-8 成本香蕉曲线图

3. 挣值法

挣值法是一种综合的绩效度量技术,它既可用于评估项目成本变化的大小、程度及原因,又可用于对项目的范围、进度进行控制,将项目范围、费用、进度整合在一起,帮助项目管理团队评估项目绩效。该方法在项目成本控制中的运用,可确定偏差产生的原因、偏差的量级和决定是否需要采取行动以纠正偏差。

该方法的基本原理和评价指标将在后面的项目管理方法中详细介绍,此处不再赘述。现以案例说明该方法在成本控制中的具体运用。

项目成本控制分析

某项目共有10项任务,在第20周结束时有一个检查点。项目经理在该点对项目实施检查时发现,一些任务已经完成,一些任务正在实施,另外一些任务还没有开工,如图7-9所示(图中的百分数表示任务的完成程度)。各项任务已完成工作量的实际耗费成本在表7-7中给出。假设项目未来情况不会有大的变化,请计算该检查点的BCWP(已完成工作的预算费用)、BCWS(已安排工作的预算费用)和EAC(任务完成时的预测成本),并判断项目在此点的费用使用和进度情况。

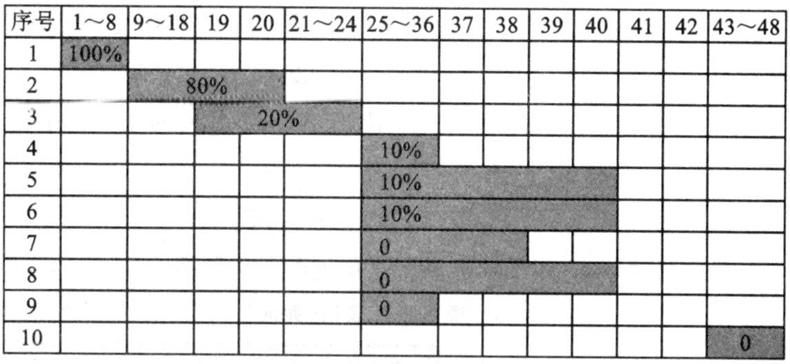

序号	1~8	9~18	19	20	21~24	25~36	37	38	39	40	41	42	43~48
1	100%												
2		80%											
3			20%										
4						10%							
5						10%							
6						10%							
7						0							
8						0							
9													
10												0	

图 7-9 项目在第 20 周时的进度示意图

表 7-7 项目跟踪表(未完成)

序号	成本预算/万元	ACWP(实际耗用成本)/万元	BCWP/万元	EAC/万元	BCWS/万元
1	25	22			
2	45	40			
3	30	6			

续表

序号	成本预算/万元	ACWP(实际耗用成本)/万元	BCWP/万元	EAC/万元	BCWS/万元
4	80	7			
5	75	0			
6	170	0			
7	40	0			
8	80	0			
9	25	0			
10	30	0			
合计	600	75			

相关分析如下。

在利用挣值法分析项目实施状况时,一定要紧扣有关概念。概念清楚,计算思路才会清晰。以任务 2 为例,计算如下:

$$BCWP = 工作预算费用 \times 当前已完成工作量$$
$$= 45 \text{ 万元} \times 80\% = 36 \text{ 万元}$$
$$BCWS = 工作预算费用 \times 当前预计完成工作量$$
$$= 45 \text{ 万元} \times 100\% = 45 \text{ 万元}$$

EAC 的计算有多种方式,由于未来情况不会发生大的变化,所以采用第一种计算方式:

$$EAC = 40 \text{ 万元}/80\% = 50 \text{ 万元}$$

其余任务的有关指标可同理算得,结果如表 7-8 所示。

表 7-8 项目跟踪表(已完成)

序号	成本预算/万元	ACWP/万元	BCWP/万元	EAC/万元	BCWS/万元
1	25	22	25	22	25
2	45	40	36	50	45
3	30	6	60	30	10
4	80	7	8	70	0
5	75	0	0	75	0
6	170	0	0	170	0

续表

序号	成本预算/万元	ACWP/万元	BCWP/万元	EAC/万元	BCWS/万元
7	40	0	0	40	0
8	80	0	0	80	0
9	25	0	0	25	0
10	30	0	0	30	0
合计	600	75	75	592	80

CV（成本偏差）＝BCWP－ACWP＝75万元－75万元＝0万元，故项目既没有超支也没有节约。

SV（进度偏差）＝BCWP－BCWS＝75万元－80万元＝－5万元＜0万元，故项目进度落后了。

四、成本控制的结果

成本控制的结果是实施成本控制后的项目所发生的变化，主要包括成本估算更新、成本预算更新、纠正措施和经验教训。

1. 成本估算更新

成本估算更新是为了管理项目的需要而修改成本信息，成本估算更新可以不必调整整个项目计划的其他方向。更新后的成本估算是指对用于项目管理的费用资料所做的修改。如果需要，成本估算更新应通知项目的利害关系者。

2. 成本预算更新

在某些情况下，费用偏差可能极其严重，以至于需要修改费用基准，才能对绩效提供一个现实的衡量基础，此时，成本预算更新是非常必要的。成本预算更新是对批准的费用基准所做的变更，是一个特殊的修正成本估算的工作，一般仅在进行项目范围变更的情况下才进行修正。

3. 纠正措施

纠正措施是为了使项目将来的预期绩效与项目管理计划一致而采取的所有行动，是指任何使项目实现原有计划目标的努力。费用管理领域的纠正措施经常涉及调整计划活动的成本预算，比如采取特殊的行动来平衡费用偏差。

4. 经验教训

费用控制中所涉及的各种情况,如导致费用变化的各种原因、各种纠正方法等,对以后的项目实施与执行是一个非常好的案例,应该以数据库的形式保存下来,供以后参考。

在市场经济中,项目的成本控制不仅在项目控制中,而且在整个项目管理以至整个企业管理中都有着重要的地位,企业的成就通常通过项目来实现,而项目的成就通过盈利的最大化和成本的最小化来实现。

由于成本、进度和资源三者密不可分,项目成本管理系统绝不能脱离资源管理和进度管理而独立存在,相反,要在成本、资源、进度三者之间进行综合平衡。要实现这种全过程控制(事前、事中、事后)和全方位控制(成本、进度、资源),离不开及时、准确的动态信息反馈系统对成本、进度和资源进行跟踪报告,以便进行项目经费管理和成本控制。

第八章

项目质量管理

主要内容

- 项目质量管理及其管理体系
- 项目质量保证
- 项目质量规划
- 项目质量控制

> 我们不应该忘记任何经验,即使是最痛苦的经历。
> ——达格·哈马舍尔德(曾任联合国秘书长)

第一节 项目质量管理及其管理体系

一、质量管理概述

关于什么是质量,不同的专家学者有不同的意见。克劳斯比(Crosby)认为质量是产品符合规定要求的程度。美国质量管理专家戴明(Deming)认为质量是产品与标准的偏差。从用户的角度看,美国质量管理专家朱兰(Juran)认为质量是产品的适应性。随着技术的发展,社会的进步以及人们认识水平的提高,质量定义的对象进一步扩展到了服务和过程中。国际标准化组织(ISO)认为,质量是一组固有特性满足要求的程度。所谓固有,就是指在某事和某物中本来就有的,尤其是那种永久的特性;特性是指可区分的特征,特性可以是固有的或赋予的,可以是定性的或定量的,可是各种各样的特性,如物理的、感官的、行为的、时间的、人体工效的、功能的等;要求是指明示的、通常隐含的或必须履行的需求或期望。通常隐含是指组织、顾客和其他相关方的惯例或一般做法,所考虑的需求或期望是不言而喻的。

质量的主体可以是产品,也可以是某项活动或过程的工作质量,还可以是质量管理体系运行的质量。项目质量的主体是项目,项目的结果可能是有形产品,也可能是无形产品,更多的则是两者的结合。例如,工程项目质量就包括建筑工程产品实体(有形产品)和服务(无形产品)这两类特殊产品的质量。根据项目的一次性特点,项目质量取决于由工作分解结构所确定的项目范围内所有的阶段、子项目、各工作单元的质量,即项目的工作质量。要保证项目质量,首先应保证工作质量。

人们普遍认为质量管理是指在质量方面指挥和控制组织的协调活动。在质量方面的指挥和控制活动,通常包括制定质量方针和质量目标以及质量策划、质量控制、质量保证和质量改进。可见,质量管理是质量管理主体为使产品质量能满足不断更新的质量要求,而开展的策划、组织、计划、实施、检查、监督、审核等所有管理活动的总和。

质量管理的产生和发展是伴随着整个社会发展的客观需要而发展的,它与科技的进步、经济和管理科学的发展紧密相关。从近代质量管理的发展历史来看,质量管理大体经历了质量检验管理、统计质量控制和全面质量管理三个阶段。

1. 质量检验管理阶段

20世纪初到20世纪40年代,质量管理是以严格的检验作为手段来控制产出物的质量,我们把这一阶段称为质量检验管理阶段。该阶段的质量管理属于"事后检验"存在诸多弱点,出现质量问题容易扯皮,缺乏系统的管理,无法在生产过程中起到预防、控制作用。该阶段的质量管理要求对产品进行100%的检验,质量管理的成本较高。因此,这种方法的管理效能很差。

2. 统计质量控制阶段

20世纪40年代至50年代,质量管理由事后的终端把关剔除不合格品转至对生产过程的控制,并广泛采用统计的思考方法和分析方法进行质量抽样检查或对生产过程进行质量控制,此即统计质量控制(SQC)阶段。该阶段较上一阶段有明显的进步,但它过分强调一般人深奥难懂的数理统计方法,给人一种"质量管理就是数理统计"的印象,在一定程度上妨碍了质量管理的普及、推广和应用。

3. 全面质量管理阶段

20世纪50年代后,随着系统工程及管理科学的快速发展,统计质量控制广泛吸收各种现代学科的理论,把技术管理、行政管理和现代经营管理方法结合起来,形成一整套全面质量管理(TQC)的理论、方法体系,使质量管理发展到一个新的阶段,即全面发展管理阶段。该阶段追求客户满意、注重预防而不是检查,承认管理层对质量的责任,追求"在最经济的水平上,考虑到充分满足客户要求的前提下,进行市场研究、设计、生产和服务,把企业的设计质量、维持质量和提高质量的活动构成整个有效的体系"。

目前正在全球推广的全面质量管理是全面的质量管理、全过程的质量管理及全员参加的质量管理的统一。所谓全面的质量管理,不仅要求对产品本身的质量进行管理,还要求对组织各职能部门的工作和工序进行管理。所谓全过程的质量管理,是指质量管理涉及由产品到商品的全过程,包括市场调查、产品设计、制造、检验、运输、储存、销售、安装、使用和维修等各个环节。所谓全员参加的质量管理,即要求企业的全体人员无论是经营管理者还是生产、销售人员都参与到质量管理工作中来,及时从技术和组织上解决工作现场出现的质量问题。

全面质量管理的实施分四个阶段——计划阶段(Plan)、实施阶段(Do)、检查阶段(Check)和处理阶段(Action),即PDCA循环(见图8-1)。因其最早由美国质量管理专家戴明博士所创造,因此又称"戴明环"或"戴明轮"。PDCA循环在具体实施中又细分为八个步骤。

P阶段——计划阶段,确定质量目标、质量计划、管理项目和管理措施,包括以下四个步骤。

第1步:分析质量现状,找出存在的质量问题。

第2步:分析产生质量问题的各种原因或影响

图8-1 PDCA循环

因素。

第3步：从各种原因中找出影响质量的主要原因。

第4步：针对影响质量的主要原因制定政策，拟定管理、技术和组织措施，提出执行计划和措施的预计效果。

D阶段——实施阶段，只含第5步。

第5步：即按预定计划、目标和措施及分工去执行。

C阶段——检查阶段，只含第6步。

第6步：将实施的结果与计划的要求进行对比，检查计划的执行情况和实施效果。

A阶段——处理阶段，包括以下两个步骤。

第7步：对取得的经验教训进行总结并纳入相应的标准、制度或规定中，处理已发生的问题并防止其再次发生。

第8步：提出本次循环尚未解决的问题，作为遗留问题转入下一轮循环，为下一阶段制订计划提供依据。

PDCA循环有以下四个明显特点。

1. 周而复始

PDCA循环的四个过程不是运行一次就完结，而是周而复始地进行。一个循环结束了，解决了一部分问题，可能还有问题没有解决，或者又出现了新的问题，再进行下一个循环，依此类推。

2. 大环带小环

类似行星轮系，一个公司或组织的整体运行体系与其内部各子体系的关系，是大环带动小环的有机逻辑组合体。

3. 阶梯式上升

PDCA循环不是停留在一个水平上的循环，不断解决问题的过程就是水平逐步上升的过程。

4. 统计的工具

PDCA循环应用了科学的统计观念和处理方法。作为推动工作、发现问题和解决问题的有效工具，其典型模式被称为"四个阶段"、"八个步骤"和"七种工具"。

四个阶段就是P、D、C、A。

八个步骤如下。

（1）分析现状，发现问题。

（2）分析问题中各种影响因素。

（3）分析影响问题的主要原因。

（4）针对主要原因，采取解决措施：①为什么要制定这个措施？②达到什么目标？在何处执行？③由谁负责完成？④什么时间完成？⑤怎样执行？

（5）执行，按计划的要求去做。

（6）检查，把执行结果与要求达到的目标进行对比。

（7）标准化，把成功的经验总结出来，制定相应的标准。

（8）把没有解决或新出现的问题转入下一个循环中去解决。

通常，七种工具是指在质量管理中广泛应用的直方图、控制图、因果图、排列图、相关图、分层法和统计分析表等。

二、项目质量管理

根据《项目管理知识体系指南（第 3 版）》，项目质量管理是为保证项目达到原先规定的各项要求而进行的组织活动，即确定质量方针、目标与责任，并通过质量规划、质量保证、质量控制、质量持续改进等加以实施的各项管理活动的总和，其过程包括：

（1）质量规划——判断哪些质量标准与本项目相关，并决定应如何达到这些质量标准；

（2）质量保证——开展规划确定的系统的质量活动，确保项目实施满足要求所需的所有过程；

（3）质量控制——监控项目的具体结果，判断它们是否符合相关质量标准，并找出消除不符合之处的方法。

上述过程不仅彼此相互作用，而且还与其他知识领域的过程相互作用。根据项目需要，每个过程可能涉及一个或多个个人或者集体所付出的努力。一般来说，每个过程在每个项目阶段至少出现一次。虽然过程被描述为界线泾渭分明的独立组成部分，但在实践中，它们可能交错重叠并相互作用。

项目的质量管理是指围绕项目质量所进行的指挥、协调和控制等活动。进行项目质量管理的目的就是确保项目按规定的要求满意地实现，它包括使项目所有的功能活动能够按照原有的质量及目标要求得以实施。项目的质量管理是一个系统过程，在项目实施过程中，应创造必要的资源和条件，使之与项目质量要求相适应。项目各参与者都必须保证其工作质量，做到工作流

程程序化、标准化和规范化,围绕一个共同的目标——实现项目质量的最佳化,开展质量管理工作。

本书介绍的质量管理基本方法以美国项目管理知识体系相关内容为基础,力求与国际标准化组织介绍的方法、一些拥有专有权的质量管理方法(如戴明、朱兰、克劳斯比推荐的方法)和某些非专有方法(如全面质量管理(TQM)、六西格玛、质量成本(COQ)和持续改进法等)保持兼容。

现代质量管理与项目管理是相辅相成的。例如,质量管理和项目管理这两门学科都认识到以下几方面的重要性。

(1)顾客的满意程度——理解、评估、定义和管理顾客的需求,以便与顾客的期望相符,使项目产品既符合要求又适于使用,即项目交付的产品或服务与其宣布将交付的产品或服务相符并且要满足实际需求。

(2)预防胜于检查——防患于未然的代价总是小于检查所发现错误的纠正代价。

(3)管理层的责任——成功要求项目团队全体成员的参与,然而提供取得成功所需的资源仍然是管理层的职责。

(4)持续改进——计划、实施、检查、行动循环是质量改进的基础。另外,实施组织采取的质量改进举措,诸如全面质量管理和六西格玛,不仅可改善项目管理的质量,而且可改进项目产品的质量。

三、项目质量管理体系

1. 质量管理体系概述

质量管理体系是指在质量方面指挥和控制项目组织及其活动的管理体系。这一管理体系是由建立质量方针和目标与实现目标的相互关联或相互作用的一组要素所组成。质量管理体系将影响质量的技术、管理、人员和资源等因素综合在一起,使之为一个共同的目的——达到质量目标而互相配合、努力工作。

质量管理体系包括硬件和软件两大部分。组织在进行质量管理时,首先根据达到质量目标的需要,准备必要的条件,如人员素质、试验、加工、检测设备等资源。其次通过设置组织机构,分析、确定需要开发的各项质量活动和过程,分配、协调各项活动的职责和接口,通过程序的制定,明确从事各项质量活动的工作方法,使各项质量活动能经济、有效、协调地进行,这样组成的有机整体就是质量管理体系。

一般来说，项目的实施总是以组织（企业）为依托。所以，组织（企业）是否建立质量管理体系及建立的质量管理体系能否有效运行将直接关系到项目质量的保证程度。

2. 建立质量管理体系所依据的国际标准和国家标准

国际标准化组织于1986年发布了ISO 8402《质量——术语》和1987年发布了ISO 9000《质量管理和质量保证标准——选择和使用指南》、ISO 9001《质量体系——设计开发、生产、安装和服务的质量保证模式》、ISO 9002《质量体系——生产和安装的质量保证模式》、ISO 9003《质量体系——最终检验和试验的质量保证模式》、ISO 9004《质量管理和质量体系要素——指南》等6项国际标准，通称为ISO 9000系列标准。该系列标准发布后经两次修改，于2000年12月15日正式发布了ISO 9000:2000《质量管理体系——基础和术语》、ISO 9001:2000《质量管理体系——要求》、ISO 9004:2000《质量管理体系——业绩改进指南》。该系列标准用于指导组织建立质量管理体系并使之有效运行，同时也是进行质量管理体系认证的依据。

我国于1992年采用了ISO国际标准，并发布了GB/T 19000系列标准，用于指导我国的质量体系认证工作。根据ISO 9000:2000系列标准，于2015年12月28日发布了GB/T 19000—2016《质量管理体系——基础和术语》、GB/T19001—2000《质量管理体系——要求》、GB/T 19004—2011《追求组织的持续成功 质量管理方法》。这一系列标准将是我国在今后一段时间内指导组织建立质量管理体系，进行质量体系认证的主要依据。

第二节 项目质量规划

项目质量管理必须兼顾项目规划和项目实施。任何一方面未满足质量要求都可能导致对部分或全部项目产生严重的负面效果。例如：通过项目团队的超量工作来满足客户的要求，可能产生不断上升的雇员跳槽率，形成负面效果；通过加速完成列入计划的质量检验工作来满足项目进度，当错误没有被发现而放过时，就可能产生负面效果。

项目经理在进行项目质量规划时要注意，不能把质量与等级相互混淆。

等级是"一种具有相同使用功能、不同质量要求的实体的类别或级别"。低质量通常是个问题,级别低却可能不是。例如,一个软件产品可能会是高质量(没有明显问题,具备可读性较强的用户手册)和低等级(功能有限)的,或者是低质量(问题多,用户文件组织混乱)和高等级(功能众多)的。

一、项目质量规划概述

质量管理规划是指识别哪些质量标准适用于本项目,并确定如何满足这些标准的要求。例如,为了达到已确认的质量标准,对项目产品所做的变更,可能要求对费用或进度进行调整,或者所要求的产品质量可能需要对某项已确认的问题做详细的风险分析。

在项目规划中,它是实施规划过程和制订项目计划期间的若干关键过程之一,也是项目程序推进的主要动力之一,因此,项目团队应当有规律地执行质量规划,并且与其他项目规划程序结合起来一起执行。例如,对管理质量的要求可能是对成本或进度计划的调节,对生产质量的要求则可能是对确定问题的风险分析。因此,事先不进行规划,仅仅指望在项目实施过程中靠检查和督促来保证项目质量是行不通的。

项目经理在质量规划过程中首先要注意以下一些问题。

1. 质量策略

质量策略是指"项目实施组织领导层就质量问题明确阐明的所有努力和决策,通常称为顶级管理"。项目实施组织的质量策略经常能为项目所采用。例如,某项目实施组织提出"向用户提供最佳的产品和服务"的质量策略,而该组织中的某个项目团队可能提出的质量策略就是"为下面工序提供的成果无可挑剔"。然而,如果项目实施组织没有正式的质量策略,或者如果项目中包含了多个实施组织(比如合资企业),则项目团队就需要单独为这个项目提出一次质量策略。但是,不管质量策略的理由是什么,或者来自何方,项目经理有责任确保项目所有的相关人员都了解它。

2. 范围阐述和产品说明

范围阐述不仅规定了项目的主要成果,而且也规定了项目的目标,是项目规划的基础和依据,同时也规定了什么样的事项是影响项目的质量问题。虽然产品说明的因素可以在范围阐述中加以具体化,但通常仍需要产品说明来阐明技术要点的细节和其他可能影响质量规划的因素。

3. 标准和规则

项目经理必须考虑可能对该项目产生影响的任何领域的专门标准和规则,考虑这些标准和规则对本项目的质量会带来什么影响,进而为本项目的质量规划所用。

4. 其他过程的结果

除了范围说明和产品说明外,其他过程也可能和质量规划有一定联系。例如,采购计划可能对承包商提出各种质量要求,因此,这些也应该在质量管理规划中有所反映。

二、质量规划的工具与技术

现代质量管理的一项基本准则是:质量是规划、设计出来的,而不是检查出来的。质量规划通常采用以下工具和技术。

1. 成本效益分析

质量规划过程必须考虑成本与效益之间的取舍权衡。符合质量要求所带来的主要效益是减少返工,它意味着劳动生产率提高,成本降低,利害相关者更加满意。为达到质量要求所付出的主要成本是开展项目质量管理活动的开支。而质量成本包括呈反方向变动的两类成本:

(1) 质量纠正成本,包括交货前的内部故障成本和交货后的外部故障成本;

(2) 质量保证成本,包括预防成本和鉴定成本。

进行质量成本分析的目的是寻求最佳质量成本。

质量成本的四个项目的比例,在不同项目、项目的不同阶段是不相同的,但它们的发展趋势总带有一定的规律性。例如,在开展质量管理的初期,质量水平不太高时,一般鉴定成本和预防成本较低;随着质量要求的提高,这两项费用就会逐渐增加;当质量达到一定水平后如再需提高,这两项费用将急剧上升。内部损失成本和外部损失成本的情况正好相反,当合格率较低时,内、外部损失成本较大;随着质量要求的提高,质量内部和外部损失的费用都会逐步下降。质量与成本的关系如图8-2所示。

2. 基准对照

基准对照指通过将项目的实际做法或计划做法与其他项目的做法进行对照,启发改善项目质量管理的思路,产生改进的方法,或者提供一套度量绩

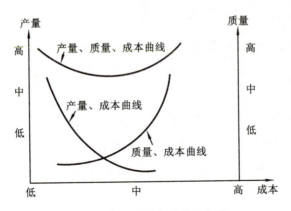

图 8-2　项目质量与成本的关系

效的标准。这其中所说的其他项目既可在实施组织内部,也可在其外部;既可在同一应用领域,也可在其他领域。

3. 流程图

流程图是显示系统中各要素之间的相互关系的图表。流程图能够帮助项目小组预测可能发生哪些质量问题,在哪个环节发生,因而使解决问题手段更为有效。在质量管理中常用的流程图有以下两种。

(1) 因果图(见图 8-3),又称鱼刺图,用于说明各种直接原因和间接原因与所产生的潜在问题和影响之间的关系。

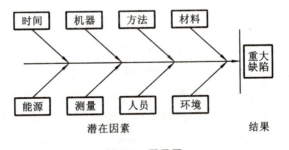

图 8-3　因果图

对于复杂的项目,编制质量规划时可以采用因果分析图,描述相关的各种原因和子原因如何产生潜在问题或影响,将影响质量问题的"人、机、料、法、环"等各方面的原因进行细致的分解,以便在质量规划中制定相应的预防措施。质量规划中还必须确定有效的质量管理体系,明确质量监理人员对项目质量所负责任和各级质量管理人员的权限。戴明环作为有效的管理工具在质量管理中得到广泛应用,它采用计划—执行—检查—措施的质量环,质量规划中必须将质量环上各环节明确落实到各责任单位,才能保证质量计划的有效实施。

（2）程序流程图（见图8-4），用于显示一个系统中各组成要素之间的相互关系。

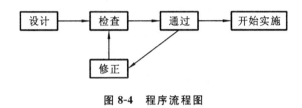

图8-4 程序流程图

4．实验设计

实验设计可以说是一种分析技术,它有助于鉴定哪些变量是对整个项目产生影响最主要的因素。这种技术最常应用于项目生产的产品。例如,汽车设计者可能希望决定哪种刹车与轮胎的组合能具有最令人满意的运行特性,而成本又比较合理。

下面介绍一种实验设计方法,即主次因素排列图法,也叫帕累托图法。它是找出影响质量的主要因素的一种简单而有效的方法。由于影响质量的因素很多,而主要因素往往只有其中少数几项,而它们造成的质量问题却占总数的决定部分。主次因素排列图有两个纵坐标,一个横坐标,几个长方形,一条曲线。左边纵坐标表示频数,右边纵坐标表示频率,以百分数表示。横坐标表示影响质量的各项因素,按照影响大小从左向右排列。曲线表示各因素大小的累计百分数,通常对累计百分数进行如下划分：0～80％为A类因素,称为主因素；80％～90％为B因素,称为次要因素；90％～100％为C类因素,称为一般因素。主要因素找到后,就可以集中力量进行规划。图8-5即为主次因素排列图。

另外,实验设计也可应用于项目管理成果,如成本和进度的平衡。例如,高级工程师比青年工程师的工资（成本）高得多,但是高级工程师能够用较短的时间完成所分配的工作。一项设计合适的实验,（在这个例子中,就是计算项目中高级工程师和青年工程师不同组合方案下项目的成本和工期）,常常可以从数量有限的几种相关方案中得出解决问题的正确决策。

通常,也使用其他质量规划工具,从而更好地界定情况并有助于更有效地规划质量管理活动。这些工具包括集思广益、关系图、力场分析、名义组技术、模块图和优先排序矩阵等。

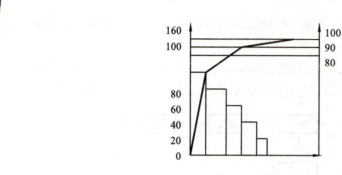

图 8-5　主次因素排列图

三、质量规划的结果

项目经理在质量规划结束后,应该得到下面的成果。

1. 质量管理计划

质量管理计划用来说明项目管理团队如何具体执行质量策略。用 ISO 9000 的术语来描述,质量体系是"组织结构、责任、工序、工作过程及具体执行质量管理所需的资源"。质量管理计划为整个项目计划提供了输入资源,并兼顾项目的质量控制、质量保证和质量提高。

2. 实施说明

实施说明是用非常专业化的术语描述各项操作的实际内容以及如何通过质量控制程序对它们进行检测。例如,仅仅把满足计划时间进度作为质量管理的检测标准是不够的;项目经理还应指出是否每项工作都应准时开始,还是只要准时结束即可;另外,是否要检测个人的工作,还是仅仅对特定的子项目进行检测。在这些标准确定了之后,项目经理还要明确哪些工作或者哪些工作报告需要检测。

3. 核对单

有关质量的核对单的具体内容因行业的不同而不同,但有一点共同之处,即用它来检查需要执行的一系列步骤是否已经得到贯彻实施。国外许多组织都提供标准化的核对单,以确保对常规工作的要求保持前后一致。在一些应用领域中,核对单可能会由专业协会或商业服务机构来提供。

第三节　项目质量保证

一、质量保证概述

根据《质量管理体系——基础和术语》(GB/T 19000—2000)，质量保证是质量管理的一部分,致力于提供质量要求会得到充分的信任。由该定义可知,"质量保证"是一个专用名词,具有特殊的含义,与一般概念的"保证质量"有较大区别。保证满足质量要求是质量控制的主要任务,就项目而言,用户有权提出质量保证要求,项目实施者应当进行质量控制,以保证项目的质量满足用户的要求。用户是否提出质量保证要求,这对项目实施者来说是有区别的。用户不提质量保证要求,项目实施者在项目进行过程中如何进行质量控制就不需让用户知道。如果项目较简单,其性能完全可由最终检验反映,用户只需把住检验关,就能得到满意的项目成果,而不需知道项目实施者是如何操作的。但是,随着技术的发展,项目越来越复杂,对其质量要求也越来越高,项目的有些性能已不能仅仅通过检验来鉴定。就这些项目来说,用户为了确信项目实施者所完成的项目达到了所规定的质量要求,就要求项目实施者证明项目设计、实施等各个环节的主要质量活动确实做得很好,且能提供合格项目的证据,这就是用户提出的质量保证要求。针对用户提出的质量保证要求,项目实施者就应开展外部质量保证活动,就应对用户提出的设计、项目实施等全过程中的某些环节的活动提供必要的证据,以使用户放心。

质量保证的内涵已不是单纯地为了保证质量。保证质量是质量控制的任务,而质量保证是以保证质量为基础,进一步引申到提供信任这一基本目的。要使用户能信任,项目实施者应加强质量管理,完善质量体系,对项目有一套完善的质量控制方案、办法,并认真贯彻执行,对实施过程及成果进行分阶段验证,以确保其有效性。在此基础上,项目实施者应有计划、有步骤地采取各种活动和措施,使用户能了解其实力、业绩、管理水平、技术水平,以及项目在设计、实施各阶段主要质量控制活动和内部质量保证活动的有效性,使对方建立信心,相信完成的项目能达到所规定的质量要求。所以,质量保证的主要工作是促进完善质量控制，以便准备好客观证据，并根据对方的要求有计划、有步骤地开展提供证据的活动。美国质量管理专家朱兰在《质量计划与分析》一书中指出，"保证"一词的含义类似于"保险"一词。保证和保险都是试图得到某种保护以避免灾祸，从而进行少量的投资。就保险来说，这种保护是在万一出现了灾害或事故之后，能得到一笔损失赔偿费。而就保证而言，这种保护反映为所得到的信息，这种信息为下述两种信息之一。

（1）使对方确信万无一失。例如，项目满足用户要求，过程正在正常进行，工艺规程正被遵循等。

（2）向对方提供并非一切如意和某种故障可能正在酝酿之中的早期警示。通过这种早期警示，对方可以预先采取措施，以防止故障或事故的发生。

可见，质量保证的作用是从外部向质量控制系统施加压力，促使其更有效地运行，并向对方提供信息，以便及时采取改进措施，将问题解决在早期，以避免更大的经济损失。

内部质量保证是为使企业领导确信本企业所完成的项目能满足质量要求所开展的一系列活动。企业领导对项目质量负全责，一旦出现质量事故，要由其承担法律和经济责任。而项目的一系列质量活动是由项目经理部或项目团队进行的，虽然项目团队明确了职责分工，也有相应的质量控制方法和程序。但是，是否严格按程序进行，这些方法和程序是否确实有效，企业领导需要组织一部分独立的人员（质量保证人员）对直接影响项目质量的主要质量活动实施监督、验证和质量审核活动（内部质量保证活动），以便及时发现质量控制中的薄弱环节，提出改进措施，促使质量控制能更有效地得以实施，从而使企业领导放心。所以，内部质量保证是企业领导的一种管理手段。正如朱兰所指出的那样，"质量保证"概念与财政保证概念极相似。财务状况准确可信，是通过独立审计核定以下事实来保证的：

（1）良好的会计制度（相当于质量控制程序），若能无误，财务报告（相当于质量活动的成果）就能正确地反映公司的财政情况（相当于满足质量要求）；

（2）这种制度正在得到有效贯彻执行。

二、项目质量保证体系

项目质量保证体系如图8-6所示。

三、项目质量保证计划

项目质量保证计划依照公司《质量保证计划编制指导》，由项目经理主持

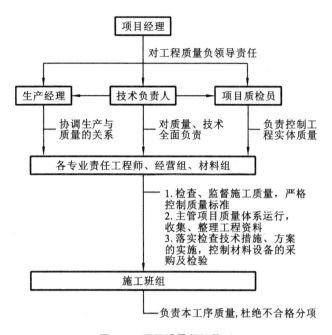

图 8-6 项目质量保证体系

编写。

1. 项目质量保证计划的编制依据

(1) 工程概况；

(2) 质量目标；

(3) 组织机构；

(4) 质量控制及管理组织协调的系统描述；

(5) 必要的质量控制手段、施工过程、服务、检验和试验程序等；

(6) 确定关键工序和特殊过程及作业的指导书；

(7) 与施工阶段相适应的检验、试验、测量、验证要求；

(8) 更改和完善质量计划的程序。

2. 项目质量计划的实施

(1) 质量管理人员应按照分工控制质量计划的实施，并按规定保存质量控制记录。

(2) 当发生质量缺陷或事故时，必须分析原因、分清责任、进行整改。

3. 项目质量计划的验证

(1) 项目技术负责人应定期组织具有资格的质量检查人员和内部质量审

核员验证质量计划的实施效果。当项目质量控制中存在问题或隐患时,应提出解决措施。

(2)重复出现的不合格和质量问题,责任人应按规定承担责任,并应依据验证评价的结果进行处罚。

第四节 项目质量控制

一、质量控制概述

1. 质量控制的含义

质量控制是质量管理的一部分,致力于满足质量要求。质量控制的目标就是确保项目质量能满足有关方面所提出的质量要求(如适用性、可靠性、安全性等)。质量控制的范围涉及项目质量形成全过程的各个环节。项目质量受到质量环各阶段质量活动的直接影响,任一环节的工作没有做好,都会使项目质量受到损害而不能满足质量要求。质量环各阶段是由项目的特性所决定的,根据项目形成的工作流程,由掌握了必需的技术和技能的人员进行一系列有计划、有组织的活动,使质量要求转化为满足质量要求的项目或产品,并完好地交付给用户,还应根据项目的具体情况进行项目成果交付后的服务,这是一个完整的质量循环。

质量控制的工作内容包括作业技术和活动,即包括专业技术和管理技术两方面。在项目形成的每一个阶段和环节,即质量环的每一阶段,都应对影响工作质量的人、机、料、法、环等因素进行控制,并对质量活动的成果进行分阶段验证,以便及时发现问题,查明原因,采取措施,防止类似问题再次发生,并使问题在早期得到解决,减少经济损失。为使每项质量活动都能有效,质量控制对干什么、为何干、如何干、由谁干、何时干、何地干等问题应做出规定,并对实际质量活动进行监控。项目的进行是一个动态过程,所以,围绕项目的质量控制也具有动态性。

2. 质量控制的特点

项目不同于一般产品,对于项目的质量控制也不同于一般产品的质量控制,其主要特点如下。

(1)影响质量的因素较多。项目的进行是动态的,影响项目质量的因素也是动态的。在项目的不同阶段、不同环节、不同过程,影响因素也不尽相同。这些因素有些是可知的,有些是不可预见的;有些因素对项目质量的影响程度较小,有些因素对项目质量的影响程度较大,有些因素对项目质量的影响则可能是致命性的,这些都给项目的质量控制造成了难度。所以,加强对影响质量因素的管理和控制是项目质量控制的一项重要内容。

(2)质量控制的阶段性。项目需经历不同的阶段,各阶段的工作内容、工作结果都不相同,所以每阶段的质量控制内容和控制重点亦不相同。

(3)易产生质量变异。质量变异就是项目质量数据的不一致性。产生这种变异的原因有两种,即偶然因素和系统因素。偶然因素是随机发生的,客观存在的,是正常的;系统因素是人为的,异常的。偶然因素造成的变异称为偶然变异,这种变异对项目质量的影响较小,是经常发生的,难以避免的,难以识别的,也难以消除的;系统因素所造成的变异称为系统变异,这类变异对项目质量的影响较大,易识别,通过采取措施可以避免,也可以消除。由于项目的特殊性,在项目进行过程中,易产生这两类变异。所以在项目的质量控制中,应采取相应的方法和手段对质量变异加以识别和控制。

(4)易产生判断错误。在项目质量控制中,经常需要根据质量数据对项目实施的过程或结果进行判断。由于项目的复杂性、不确定性,造成质量数据的采集、处理和判断的复杂性,往往会对项目的质量状况做出错误判断。如将合格判为不合格,或将不合格判为合格;将稳定判为不稳定,或将不稳定判为稳定;将正常判为不正常,或将不正常判为正常。这就需要在项目的质量控制中,采用更加科学、更加可靠的方法,尽量减少判断错误。

(5)项目一般不能解体、拆卸。已加工完成的产品可以解体、拆卸,对某些零部件进行检查。但项目一般做不到这一点,例如,对于已建成的楼房,就难以检查其地基的质量;对于已浇筑完成的混凝土构筑物,就难以检查其中的钢筋质量。所以,项目的质量控制应更加注重项目进展过程,注重对阶段结果的检验和记录。

(6)项目质量受费用、工期的制约。项目的质量不是独立存在的,它受费用和工期的制约。在对项目进行质量控制的同时,必须考虑其对费用和工期的影响,同样应考虑费用和工期对质量的制约,使项目的质量、费用、工期都能实现预期目标。

3. 质量控制的主要工作内容

(1) 预防(不让错误进入项目程序)和检验(不让错误进入客户眼中)。

(2) 静态调查(其结果要么一致,要么不一致)和动态调查(其结果依据衡量一致性程度的一种持续性标准而评估)。

(3) 确定因素(非常事件)和随机因素(正态过程分布)。

(4) 误差范围(如果其结果落入误差范围内,那么该结果就是可接受的)和控制界限(如果其成果落入控制界限内,那么该项目也在控制之中)。

二、项目质量控制的步骤

就项目质量控制的过程而言,质量控制就是监控项目的实施状态,将实际状态与事先制定的质量标准作比较,分析存在的偏差及产生偏差的原因,并采取相应对策。这是一个循环往复的过程,对任一控制对象的控制一般都按这一过程进行。该控制过程主要包括以下步骤。

(1) 选择控制对象。在项目进展的不同时期、不同阶段,质量控制的对象和重点也不相同,这需要在项目实施过程中加以识别和选择。质量控制的对象可以是某个因素、某个环节、某项工作或工序、某项阶段成果等一切与项目质量有关的要素。

(2) 为控制对象确定标准或目标。

(3) 制订实施计划,确定保证措施。

(4) 执行计划。

(5) 跟踪、观测、检查。

(6) 发现、分析偏差。

(7) 根据偏差采取对策。

上述步骤可归纳为全面质量管理的四个阶段:计划(Plan)、实施(Do)、检查(Check)和处理(Action)。在项目质量控制中,这四个阶段循环往复,形成了 PDCA 循环。

计划阶段的主要工作任务是确定质量目标、活动计划和管理项目的具体措施。本阶段的具体工作为:分析现状,找出质量问题及控制对象;分析产生质量问题的原因和影响因素;从各种原因和因素中确定影响质量的主要原因或影响因素;针对质量问题及影响质量的主要因素制定改善质量的措施及实施计划,并预计效果。在制订计划时,要反复分析思考,回答以下问题:

(1) 为什么要提出该计划,采取这些措施?为什么应作如此改进?

(2) 改进后要达到什么目的？有何效果？

(3) 改进措施(哪道工序、哪个环节、哪个过程)在何处执行？

(4) 计划、措施在何时执行和完成？

(5) 计划由谁执行？

(6) 用什么方法完成？

实施阶段的主要工作任务是根据计划阶段制定的计划、措施，组织贯彻执行。本阶段要做好计划、措施的组织落实、技术落实和物资落实。

检查阶段的主要工作任务是检查实际执行情况，并将实施效果与预期目标对比，进一步找出存在的问题。

处理阶段的主要工作任务是对检查结果进行总结和处理。其具体工作包括：总结经验，纳入标准。即通过对实施情况的检查，明确有效果的措施，制定相应的工作文件、工艺规程、作业标准以及各种质量管理的规章制度，总结经验，防止问题再次发生。

将遗留问题转入下一个控制循环。通过检查，找出效果仍不显著或效果仍不符合要求的措施，作为遗留问题，进入下一个循环，为下期计划提供数据资料和依据。

三、实施质量控制的工具与技术

1. 控制图

控制图(见图 8-7)旨在确定一个过程是否稳定，是否具有可预测的绩效结果。控制图也可作为数据收集工具，表明过程何时受特殊原因影响而使过程失控。同时也可以反映一个过程随着时间推移而体现的规律。这构成了过程变量之间交互作用的图形表现形式，可借此得出问题的答案：过程变量是否在可接受的范围内？通过对控制图数据点规律的检查，可以揭示波动幅度很大的过程数值，过程数值的突然变动，或偏差日益增大的趋势。通过对过程结果的监控，可有利于评估过程变更的实施是否带来预期的改进。如果过程处于正常控制范围内，就不应对其进行调整。但如果过程没有处于正常控制范围内，则需要对其进行调整。也就是说，控制图是画有控制界线的一种图表，用来分析质量波动究竟是由于正常原因引起还是由于异常原因引起，从而判明生产过程是否处于控制状态。

控制图上一般有三条线，上面一条虚线叫上控制线，用 UCL 表示；下面一条虚线叫下控制线，用 LCL 表示；中间一条实线叫中心线，用 CL 表示。

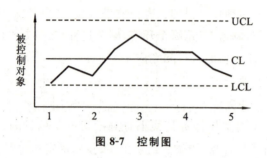

图 8-7 控制图

2. 直方图

直方图(见图 8-8 和图 8-9)指一种横道图,可反映各变量的分布。每一栏代表一个问题或情况的一个特征或属性。每一栏的高度代表该种特征或属性出现的相对频率。这种工具通过各栏的形状和宽度来确定问题的根源。

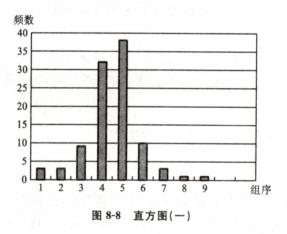

图 8-8 直方图(一)

3. 趋势图

趋势图可反映偏差的历史和规律。它是一种线形图,按照数据发生的先后顺序将数据以圆点形式绘制成图形。趋势图可反映一个过程在一定时间段的趋势、偏差情况,以及过程的改进或恶化。趋势分析是借助趋势图来进行的。趋势分析指根据过去的结果用数学工具预测未来的成果。趋势分析往往用于监测技术绩效(有多少错误或缺陷已被确认,其中有多少尚未纠正)和费用与进度绩效(每个时期有多少活动在活动完成时出现了明显偏差)。

4. 散点图

散点图(见图 8-10)显示两个变量之间的关系和规律。通过该工具,质量团队可以研究并确定两个变量的变更之间可能存在的潜在关系。将独立变

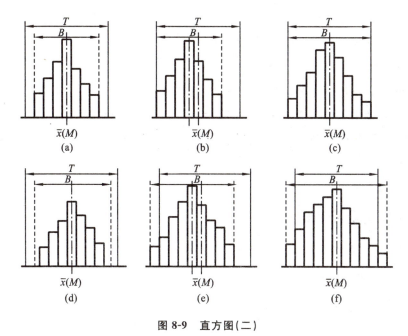

图 8-9　直方图(二)

注：T 表示质量标准要求界限。B 表示实际质量特性分布范围

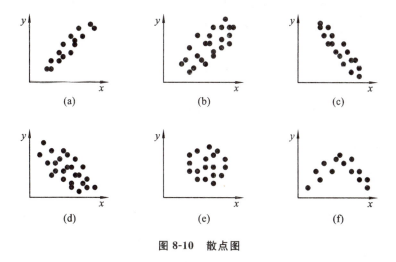

图 8-10　散点图

量和非独立变量以圆点绘制成图形。两个点越接近对角线，两者的关系就越紧密。

5. 统计抽样

统计抽样指从感兴趣的群体中选取一部分进行检查(例如，从总数为 75 张的工程图纸目录中随机选取 10 张)。适当的抽样往往可以降低质量控制费用。统计抽样已经形成了规模可观的知识体系。在某些应用领域,项目管理团队有必要熟悉多种不同的抽样技术。

6. 检查

检查系指检查产品,确定其是否符合标准。一般而言,一项检查的结果包括测量结果。可在任一层级上进行检查,如可检查单项活动的结果,也可检查项目的最终产品。检查有各种不同的名称,例如,审查、产品审查、审计和实地查看等。在某些应用领域,这些术语的含义较窄、较具体。也可通过检查技术验证缺陷补救情况。

四、质量控制的结果

质量控制的结果是形成质量改进措施。

(1) 可接受的决定。每一项目都有接受和拒绝的可能,不被接受的工作需要重新进行。

(2) 重新工作。不被接受的工作需要重新执行,项目工作组的目标是使得返工的工作最少。

(3) 完成检查表。当检查的时候,应完成项目质量记录及检查表格填写。

(4) 过程调整。过程调整包括对质量控制结果的纠正以及对偏差的预防工作。

第九章
项目冲突与沟通管理

主要内容

- 认识项目冲突
- 面对冲突的项目沟通管理
- 项目沟通及其管理

解决项目冲突的办法总是存在的,问题是我们不一定能找到它。

——项目管理谚语

第一节 认识项目冲突

冲突是双方感知到的矛盾与对立,是一方感觉到另一方对自己关心的事情产生或将要产生消极影响,因而与另一方产生互动的过程。

冲突的表现形式多种多样,公开的示威游行是冲突,微妙的意见不一致也是冲突。传统观点认为,一切冲突都是有害的、无益的,要尽可能避免冲突。但事实上矛盾无处不在,无时不有,冲突无法避免;而且,过分中庸、平和的组织往往意识不到变革的需要,满足于现状而失去开拓进取和创新精神。冲突的反面常常不是意见一致,而是漠不关心和消极观望。低冲突的团队总是忽视关键问题,或根本就不了解其所处环境中正在发生的重大变化。面对这种危险,管理者有时甚至需要主动激发冲突。对于高明的管理者来说,冲突不仅是可以管理的,而且是可以利用的。

一、项目冲突的概念

项目冲突是组织冲突的一种特定表现形态,是项目内部或外部某些关系难以协调而导致的矛盾激化和行为对抗。项目冲突是项目内外某些关系不协调的结果,一定形态的项目冲突的发生表明了该项目在某些方面存在问题。深入认识和理解项目冲突,有利于项目内外关系的协调和对项目冲突进行有效管理。

1. 项目冲突的主体

项目冲突的内涵告诉我们,项目中的个人、群体、项目本身以及与项目发生交往活动的一切行为主体都可能成为项目冲突的主体。

2. 项目冲突的表现形式

项目是企业组织的一种特殊形态,其本质是一个人与人之间相互作用的系统,表现为一种密切的相互协作关系,即项目成员之间、成员与项目之间、项目与外部环境之间存在着高度的依赖性,而这种依赖性是项目冲突产生的客观基础。当项目内外部的某些组织关系发生不协调时,项目冲突便产生了,这种冲突表现为直接对抗。这种冲突一般需要通过适当的方式或方法予以消除。

项目冲突的另一种表现形式为项目冲突双方或各方之间存在的不平衡的压力关系。通常情况下,压力使人们感到紧张或忧虑,甚至表现为组织冲突。在此意义上,项目冲突的发生就是冲突双方或各方之间对压力的心理反应不平衡而引起相互之间的抵触或不一致的行为等。也就是说,在项目成员之间以及项目之间,各方都承受着对方给予的压力,它们构成一个动态的压力结构,项目内部关系及其与外部关系的平衡状态通过其压力结构水平的高低表现出来。若各方之间的压力处于均衡状态,项目内外关系将保持平衡,对抗的双方或各方对压力的反应就表现为一种潜在的冲突行为;若是压力不足或各方能够承受对方的压力,且感觉不到忧虑和威胁,则项目成员之间的对抗性不强,项目内外部关系表现为一种和谐、友善、协作的关系;而当各方不能承受对方的压力时,相互之间压力结构的均衡状态就会被打破,矛盾公开化,往往呈现出对抗性的冲突行为,并且冲突程度随着对方压力的增加而加剧或激化。对这种形式的冲突可以根据具体情况有意识地予以引导,甚至激化,以激励或促进项目成员、各个项目之间的竞争,从而高效率地完成任务。

3. 项目冲突的范围

界定项目冲突的范围不能离开项目。毫无疑问,发生于项目内部成员或群体之间的冲突属于项目内部冲突,其范围限于项目内部;而发生在项目外部的冲突,如项目与项目之间的冲突、项目与环境之间的冲突,属于项目外部冲突,其主体是项目本身,冲突的范围可能涉及项目或更多;当冲突对方为不同地区或国家的个人、群体或项目时,冲突必然扩展为地区性或国际性的冲突。所以,项目冲突的范围界定必须视具体情况及性质而定。

二、项目冲突的类型及其来源

冲突是双方感知到的矛盾与对立,是否存在冲突是一个知觉问题,即使双方存在观点、利益上的不一致,但如果没有意识到,也就不存在冲突。在项目管理中,冲突无时不在,按项目发生的层次和特征的不同,项目冲突可以分为人际冲突、群体或部门冲突、个人与群体或部门之间的冲突以及项目与外部环境之间的冲突。

人际冲突指的是群体内的个人之间的冲突,主要指群体内两个或两个以上个体由于意见、情感不一致而相互作用时导致的冲突。项目人际冲突一般含有两个层面:同一层级的个人之间的横向关系冲突和不同层级的个人之间的纵向关系冲突。

群体或部门冲突是项目中部门与部门、团体与团体之间,由于各种原因发生的冲突。组织理论研究者桑斯通过研究认为,组织中群体或部门之间的冲突一般有四种情况:组织不同层次间的冲突、不同职能间的冲突、指挥系统与参谋系统间的冲突以及正式组织与非正式组织间的冲突。

个人与群体或部门之间的冲突不仅包括个人与正式组织部门的规则制度要求及目标取向等方面的不一致,也包括个人与非正式组织团体之间的利害冲突。

项目与外部环境之间的冲突主要表现在项目与社会公众、政府部门、消费者之间的冲突。如社会公众希望项目承担更多的社会责任和义务，项目的组织行为与政府部门约束性的政策法规之间的不一致和抵触，项目与消费者之间发生的纠纷，等等。

项目冲突的产生来源于项目管理的诸多方面，如项目团队个人因素、项目团队角色因素、项目干系人目标差异因素、项目管理程序因素等，均可能引发项目冲突。

1. 项目团队个人冲突

个人的价值取向和态度及个性特征，构成了一个人的风格和个性，使得其不同于其他人，这种差异便是造成冲突的来源。个性冲突经常是"以自我为中心"造成的，它往往被沟通问题和技术争端所掩盖，是最难解决的冲突。

2. 项目团队角色冲突

项目目标被分解为各项明晰的任务，分配到项目组织内部的各个部门去完成，这便造成了项目组织内不同部门有不同的目标，不同职位有不同的要求，而且专门化程度越高，越可能出现冲突。高层管理者需要平衡各部门目标，以促成组织整体目标的实现。冲突的双方应充分认识到对方的团队角色需要，谋求双赢的解决之道。

3. 项目干系人目标差异冲突

项目不同的干系人对项目有不同的期望和需求，他们关注的目标和重点常常相去甚远，这就造成了项目干系人之间的冲突。这种冲突在工程移民项目中尤为激烈：投资者也许十分在意成本，希望工程移民能"短、平、快"迅速完成；设计师往往更注重技术一流；移民安置者关心"迁得出、住得下、能发展"；而移民们则担心搬迁后的生活水平。

4. 项目管理程序冲突

许多冲突来自项目应如何管理，哪些项目活动具有项目优先权、如何完成项目任务、项目活动和任务的排序、项目应配备哪些资源、项目成本超支、进度拖延等方面。

调查研究表明，项目管理中进度计划的冲突对项目影响强度最大，项目成员个性冲突对项目的影响强度最小，但最难以有效解决。从整个项目启动、计划、实施及结束四个阶段看，各类冲突的强度会因为所处阶段的不同而有所变化：在项目启动阶段，对项目影响强度最大的是项目优先权和管理程序；在项目计划阶段，对项目影响强度最大的是项目优先权和项目进度计划；

在项目实施阶段,对项目影响强度最大的是进度计划、技术和人力资源;在项目结束阶段,对项目影响强度最大的是项目进度计划、个性和人力资源。

第二节 项目沟通及其管理

沟通是人际传递和理解信息的过程。如果信息或想法没有被传递到,如讲话者没有听众或写作者没有读者或收信者面对一封完全不懂的外文信件,均不能构成沟通。沟通是意义的传递和理解。

完善的沟通,就是经过传递与理解之后,接受者感知到的信息与发送者发出的信息完全一致。但这种理想的沟通可能很少发生,因为在信息传递中,发信者并非直接把信息传给接收者,中间要经过某些人的传承,这就有一个沟通渠道和沟通网络问题,在沟通的各个渠道和网络中,可能存在多种信息失真的情况。

一、项目沟通

(一) 沟通模式

信息沟通的渠道有很多,相关研究表明,当面交谈、电话、电子邮件、备忘录、信件、录像、出版物、一般文件等都是沟通的渠道。这些渠道在传递信息方面的能力是不同的,有些渠道拥有同一时间处理多种线索、快速反馈的能力,如面对面交谈,而有些渠道传递信息的能力较弱。在关闭设施、重组机构、进行合并与兼并等重大活动中,所涉及的信息都是非常规的、模糊的,它要求沟通渠道能同时传递大量信息,因此,管理者往往大量运用面对面的交流来处理这些信息。沟通有以下几种类型。

1. 正式沟通与非正式沟通

(1) 正式沟通。正式沟通是利用组织明文规定的渠道进行信息传递和交流的方式。如组织规定的汇报制度、例会制度、报告制度及组织与其他组织的公函来往。这种沟通方式的优点是沟通效果良好,有较强的约束力;缺点是沟通速度较慢。

(2) 非正式沟通。非正式沟通指在正式沟通渠道之外进行的信息传递和交流。如员工之间的私下交谈、小道消息等。这种沟通方式的优点是沟通方便，沟通速度快，且能提供一些正式沟通中难以获得的信息；缺点是容易失真。

2. 上行沟通、下行沟通与平行沟通

(1) 上行沟通。上行沟通是指下级的意见向上级反映，即自下而上的沟通。项目经理应鼓励下级积极向上级反映情况，只有上行沟通渠道畅通，项目经理才能掌握全面情况，做出符合实际的决策。上行沟通有两种形式：一是层层传递，即依据一定的组织原则和组织程序逐级向上反映；二是越级反映，它指的是减少中间层次，让项目最高决策者与一般员工直接沟通。

(2) 下行沟通。下行沟通是指领导者对员工进行的自上而下的信息沟通。如将项目目标、计划方案等传达给基层群众，发布组织新闻消息，对组织面临的一些具体问题提出处理意见等。这种沟通形式是领导者向被领导者发布命令和指示的过程。

(3) 平行沟通。平行沟通是指组织中各平行部门之间的信息交流。在项目实施过程中，经常可以看到各部门之间发生矛盾和冲突，除其他因素外，部门之间互不通气是重要原因之一，保证平行部门之间沟通渠道的畅通，是减少部门间冲突的一项重要措施。

3. 单向沟通与双向沟通

(1) 单向沟通。单向沟通是指信息发送者和接收者两者之间的地位不变（单向传递），一方只发送信息，另一方只接收信息。双方无论是在情感上还是在语言上都不需要信息反馈。如做报告、发布指令等。这种方式，信息传递速度快，但准确性差，有时还容易使接收者产生抗拒心理。

(2) 双向沟通。双向沟通中，发送者和接收者之间的位置不断交换，且发送者是以协商和讨论的姿态面对接收者，信息发出以后还需及时听取反馈意见，必要时双方可进行多次重复商谈，直到双方共同明确和满意为止。如交谈、协商等。其优点是沟通信息准确性较高，接收者有反馈意见的机会，产生平等感和参与感，增加自信心和责任心，有助于建立双方的感情。但是，对发送者来说，在沟通时随时会受到接收者的质询、批评和挑剔，因而心理压力较大，同时信息传递速度也较慢。

4. 书面沟通与口头沟通

书面沟通是指以书面形式所进行的信息传递和交流，如通知、文件、报刊、备忘录等。其优点是可以作为资料长期保存,反复查阅。口头沟通就是运用口头表达进行信息交流活动,如谈话、游说、演讲等。其优点是比较灵活、速度快,双方可以自由交换意见,且传递消息较为准确。

5. 言语沟通与体语沟通

言语沟通是利用语言、文字、图画、表格等形式进行的。体语沟通是利用动作、表情姿态等非语言方式(形体)进行的,比如欢乐时手舞足蹈,悔恨时捶胸顿足,惧怕时手足无措等。一个动作、一个表情、一个姿势都可以向对方传递某种信息;不同形式、丰富复杂的身体语言也在一定程度上起着沟通的作用。

(二) 沟通渠道

在信息传递中,发送信息者并非直接把信息传给接收者,中间要经过某些人的转发,由此构成沟通网络。沟通网络的结构形式关系着信息交流的效率,对团队集体行为、团队工作效率、团队成员心理及团队组织气氛均有重大的影响。沟通网络有两种类型:正式的和非正式的。

1. 正式沟通渠道

公认的正式沟通渠道有链式、轮式、环式、Y式及全通道五种形式,非正式沟通渠道有单线、流言、偶然、集束等四种形式。

五种正式沟通渠道如图 9-1 所示。图中每一个圈可看成是一个成员或组织的同等物,每一种网络形式相当于一定的组织结构形式和一定的信息沟通渠道,箭头表示信息传递的方向。

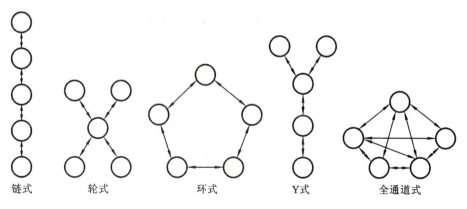

图 9-1　五种正式沟通渠道

(1) 链式沟通渠道。该模式相当于一个纵向沟通渠道,信息按高低层次逐级传递,引进自上而下或自下而上的交流。但居于两端的传递者只能与内侧的每一个传递者相联系,居中的则可以分别与上下互通信息,各个信息传递者所接受的信息差异较大。该模式的最大优点是信息传递速度快,它适用于班子庞大、实行分层授权控制的项目。

(2) 轮式沟通渠道。在该模式中,主管人员分别同下属部门发生联系,成为个别信息的汇集点和传递中心。只有处于领导地位的主管人员了解全面情况,并由他向下属发出指令,而下级部门和基层公众之间没有沟通联系,他们只分别掌握本部门的情况。该模式在一定范围内具有沟通快速、有效的优点,适用于一个主管领导者直接管理若干部门,是加强控制、争时间、抢速度的一种有效方法和沟通模式。

(3) 环式(或圆周式)沟通渠道。在该模式中,不同成员之间依次联络沟通。第一级主管人员与第二级主管人员建立纵向联系。第二级主管人员与主管人员建立联系,基层主管人员基层工作人员之间建立横向的沟通联系。该模式的最大优点是能提高群体成员的士气,适用于多层次的组织系统。

(4) Y式沟通渠道。这是一个组织内部的纵向沟通渠道,其中只有一个成员位于沟通活动中心,成为中间媒介与中间环节。

(5) 全通道式沟通渠道。该模式是一个开放式的信息沟通系统,其中每一个成员之间都有一定的联系,彼此十分了解。民主气氛浓厚、合作精神很强的组织一般采用沟通模式。

关于不同的沟通网络如何影响个体和团体的行为,以及各种网络结构的优点和缺点,巴维拉斯(Bavelas)曾对上述五种结构形式进行比较,如表9-1所示。

表9-1 各种正式沟通网络的比较

沟通模式 指标	链式	Y式	轮式	环式	全通道式
解决问题的速度	适中	适中	快	慢	快
正确性	高	高	高	低	适中
领导者的突出性	相当显著	非常显著	非常显著	不发生	不发生
士气	适中	适中	低	高	高

2. 非正式沟通渠道

正式沟通渠道只是信息沟通渠道的一部分。在一个组织中,还存在着非正式的沟通渠道,有些消息往往是通过非正式渠道传播的,其中包括小道消息。

戴维斯曾在一家公司对 67 名管理人员采取顺藤摸瓜的方法,对小道消息的传播进行了研究,发现有四种传播方式(见图 9-2)。

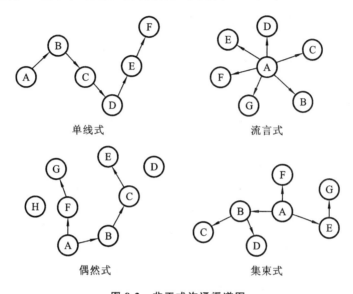

图 9-2　非正式沟通渠道图

(1) 单线式。由 A 通过一连串的人把消息传播给最终的接收者。

(2) 流言式,又叫闲谈传播式。是由 A 主动地把小道信息传播给其他人。如在小组会上传播小道消息。

(3) 偶然式,又叫机遇传播式。消息由 A 经偶然的机会传播给他人,他人又经偶然的机会进行传播,并无一定的路线。

(4) 集束式,又叫群集传播式。它是将消息由 A 有选择地告诉自己的朋友或有关的人,使有关的人也照此办理的信息沟通方式。这种沟通方式最为普遍。

戴维斯的研究结果证明,小道消息传播的最普遍形式是集束式,集束式又称葡萄藤式。例如,在一个大公司里,总经理准备邀请数名地位较高的经理到郊外野餐。在国外企业中,部门经理受到总经理的邀请是一种荣誉。在发出请柬之前,小道消息已经传播出去。据调查,数名被邀请的经理在接到请柬之前几乎全部知道了这个消息,而在未被邀请的地位较低的经理中,只有两个人知道这个消息,这两个人所以能够知道,还是因为传播消息者误认为这两个人也在被邀请之列。这一实例以及许多实例表明,小道消息多是按集束式传播的。

戴维斯还发现,只有10%的人是小道消息的传播者,而且,小道消息的传播者往往是固定的一些人,大多数人是姑妄听之、听而不传的。

企业中传播的小道新闻,常常会对项目目标带来不良影响。改善的办法在于使正式沟通渠道畅通,用正式消息驱除小道传闻。

但是,非正式沟通渠道也有辅助正式渠道不足的作用。

有效沟通信息的传递如图9-3所示。

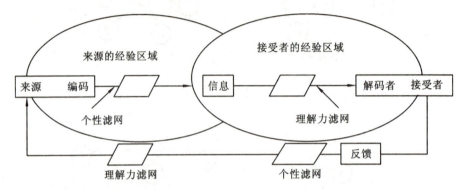

图 9-3 有效沟通信息的传递

(三) 有效沟通的障碍

在信息传递、理解过程中,以下因素会妨碍沟通的效果,应着力加以克服。

(1) 过滤。信息发送者故意操纵信息,使信息对自己有利。

(2) 选择性知觉。在沟通过程中,我们会根据自己的需要、动机、经验、背景及其他个人特点有选择地去获取信息,对我们接收到的信息进行解释,并称之为事实,在有意无意中产生知觉的选择性,造成沟通障碍。

(3) 知识经验水平。信息发送者与接收者的知识经验水平差距太大,双方没有"共同的经验区",使接收者不能正确理解发送者的信息含义。

(4) 情绪。接收信息者所处的情绪状态会使个体对同一信息的解释截然不同,这种状态常常使其无法进行客观而理性的思维活动,从而做出情绪性的反应。

(5) 语言。由于个人的年龄、教育和文化背景不同,同样的词汇会有不同的理解,某一专业人员的行话和技术术语,其他专业人员理解会存在问题,个人语言风格迥异,也给有效沟通造成语义障碍。

(6) 忽视倾听。倾听是对信息积极主动地进行搜寻和加工,不是被动的接受。很多人可能考虑到了交流过程中的许多因素,却忽略了倾听。

二、项目沟通管理

在项目管理过程中,项目沟通是进行项目各方面管理的纽带,它在人员与信息之间提供取得成功所必需的关键联系,有效的项目沟通可以确保我们在适当的时间以低代价的方式使正确的信息被适当的人所获得,以便更好地组织、指挥、协调和控制项目的实施过程。有效和经常的沟通对于保持项目进展、识别潜在问题、征求建议以提高项目绩效、满足客户需求和避免意外是非常重要的。

根据美国项目管理协会的定义,项目沟通管理是保证及时与恰当地生成、收集、传播、存储、检索和最终处置项目信息所需的过程,具体包括沟通规划、信息发布和利害关系者管理等内容。

1. 沟通规划

沟通规划的过程是确定利害关系者的信息与沟通需求,包括谁需要何种信息,何时需要以及如何向其传递。虽然所有项目都有交流项目信息的需要,但信息的需求及其传播方式彼此大相径庭。认清利害关系者的信息需求,确定满足这些需求的恰当手段,是项目成功的重要因素。

沟通规划制定的依据主要是项目范围说明书及项目管理计划,在多数项目中,沟通规划大都在项目早期阶段进行。但在项目的整个过程中,都应对其结果定期进行检查,并根据需要进行修改,以保证继续适用。

沟通规划制定的基础是沟通需求分析。通过沟通需求分析,可得出项目各利害关系者信息需求的总和。项目利害关系者就是参与项目或其利益受到该项目影响的个人和组织。项目管理者必须弄清楚项目利害关系者,确定他们的需求和期望是什么,然后对这些期望进行管理和施加影响,确保项目获得成功,信息需求的界定是通过所需信息的类型与格式,以及该价值的分析这两者结合来完成的。项目资源只应该用于沟通有利于成功的信息,或者缺乏沟通会造成失败的信息。这并不是说不用发布坏消息,而是说,沟通需求分析的主旨在于防止项目利害关系者因过多的细节内容而应接不暇。

项目经理应考虑到,潜在沟通渠道或沟通路径的数量可反映项目沟通的复杂程度。

沟通渠道总量为 $n(n-1)/2$,其中,$n=$ 利害关系者人数。因此,如果项目的利害关系者为 10 人,则项目具有 45 条潜在沟通渠道。在项目沟通规划中,

一项极为关键的内容是,确定并限制谁与谁沟通,以及谁是信息接收人。确定项目沟通需求通常需要的信息包括:

(1) 组织机构图;

(2) 项目组织和利害关系者职责关系;

(3) 项目中涉及的学科、部门和专业;

(4) 多少人参与项目、在何地参与项目等后勤物流因素;

(5) 内部信息需求(如跨越组织的沟通);

(6) 外部信息需求(如与媒体或承包商的沟通);

(7) 利害关系者信息。

沟通规划的第二个内容是正确选择沟通技术。如前所述,沟通的渠道有很多,科学选择沟通技术以达到迅速、有效、快捷地传递信息主要取决于下列因素:对信息要求的紧迫程度,已有系统满足信息沟通的能力,项目参与者对沟通系统的适应状况以及沟通制约因素等。

要达成良好的沟通,除正确选择沟通技术外,还有许多因素会影响沟通,因此我们必须采取有针对性的措施,以提高沟通的有效性。

要达成良好的沟通,应该从提高沟通的有效性和艺术性入手。

1) 清晰表达

在沟通中许多人想当然地认为,他们所讲的对他们而言很清晰,因此对听众而言肯定也清晰,但实际上由于沟通者的个体差异,这种想当然的清晰往往并不存在。因此,我们透彻了解沟通的目的、环境,明确沟通对象的背景及特性,尽量使用精确、简化的语言,只对必要的信息进行沟通,避免使信息接收者负担过重。在不确定听众背景时,对所用的专业术语或引语适当加以解释;对重要信息,可事先向不熟悉该内容的人传递并根据对方的接受程度修改自己的语言,以适应听众。

2) 控制情绪

情绪能使信息的传递严重受阻或失真。在强烈的情绪主导下,信息发送者可能无法清晰和准确地表述自己的意思,而信息接收者可能曲解所接收的信息,失真的信息反过来又会进一步煽动这种情绪。因此,提高沟通有效性的一个最基本的方法就是控制情绪。如果沟通的一方甚至双方均处于极度情绪化的状态,最好的方法就是暂停沟通,直到恢复平静。

3) 积极倾听

语言沟通的有效性不仅取决于如何表达,而且更大程度地取决于人们如何"听"。由于大脑的思考速度是一般人说话速度的6倍,在沟通过程中,听者的大脑拥有了除听讲和对讲话内容思考以外的剩余的思维时间和空间,这使听者难以集中注意力,造成沟通效果降低。要提高倾听效果,就必须训练听众有效地利用人脑剩余的思维时间和空间,在倾听的同时注意以下四点。

(1)倾听者思维先于讲话者,并力图预测出对方所谈问题的导向及最终可能的结论。

(2)倾听者注重说话者用以证明其观点的论据,并思考其来源及证明力。

(3)概括和综合听到的信息,不断将其纳入先前的框架。

(4)全过程努力寻找讲话者话里话外隐含的意思,注意非语言交流并判断其隐藏信息。倾听者在充分利用剩余思维时间和空间的基础上,与讲话者之间进行互动式的交流,如用自己的语言复述讲话者的意思或分析自己听到的内容,在恰当的时机向讲话者提出问题,这将大大有助于提高沟通的有效性。

4)利用多种通道,注意运用反馈

要综合运用多种方式进行沟通,如在语言沟通时辅之以表情、手势;又如为会议制作纪要,与会人员在口头汇报或传达时,再配合会议纪要进行沟通,就可以使会议精神更完整地被会外人员所理解,只有这样,才能提高信息沟通的整体效应。此外,许多沟通问题是由于误解造成的,如果经常性地进行信息的追踪与反馈,注意运用信息反馈回路,就可以减少这些问题的发生。

沟通的基本目标是传递信息,但传递信息其实只是一种手段,通过传递信息改善人际关系,增进了解,完成工作或解决问题等,才是沟通的终极目的。为了达到这些目的,还要讲究沟通的艺术性。

5)建设性沟通

建设性沟通的本质是换位思考,要求沟通双方多站在对方的立场上去思考问题,尊重对方,承认他人也能为解决问题和建立良好的关系做出贡献,从而使双方的价值得到认同,形成协作关系。

建设性沟通一方面要求沟通主体在传递信息时考虑对方的情感因素,另一方面要求沟通者能站在对方立场进行信息内容的组织,要学会肯定对方,多运用肯定的、令人愉悦的陈述,要善于从对方的语言中提炼正确的思想;在出现沟通问题时,双方不要进行人身攻击,要学会克制自己,从解决问题的角度考虑沟通策略,批评对方时,多用事实性语言,不要对人妄下定论,以免对方产生防卫心理。最后,建设性沟通强调认同性原则,认真倾听别人的讲话,恰当地给予反映,取得对方心理上的接纳和认同,创造一个良好沟通的基础。

沟通规划阶段的成果便是制订沟通管理计划,其主要内容如下。

(1) 详细说明信息收集渠道的结构,即采用何种方法,从何处收集各种各样的信息。

(2) 详细说明信息分发渠道的结构,即信息(报告、数据、指示、进度报告、技术文件等)将流向何人,以何种方法传送各种形式的信息,这种结构必须同项目组织结构图中说明的责任和报告关系相一致。

(3) 说明待分发信息的形式,包括格式、内容、详细程度和要采用的符号规定与定义。

(4) 制定信息发生的日程表。在表中列出每种形式的通信将要发生的时间;提供信息更新依据或修改程序,确定在依进度安排的通信发生之前查找现时信息的各种方法。

(5) 制定随着项目的进展而对沟通计划进行更新和细化的方法。

沟通计划可以是正式的、非正式的,也可以是非常详细的或仅仅粗线条的。具体如何计划,应视项目的需要而定。

2. 信息发布

信息发布指把所需要的信息及时提供给项目利害关系者,包括实施沟通管理计划,以及对预料之外的信息索取要求做出反应。

信息发布作为沟通过程的一部分,发送方要保证信息内容清晰明确、不模棱两可和完整无缺,以便让接收方能正确接收,并确认理解无误。接收方的责任是保证信息接收完整无缺、信息理解无误。要达成以上两点,必须建立信息收集、发布、管理系统。项目管理信息系统是用于收集、整合、散发信息的工具和技术的总和。它的优点是能快速查找和处理纷繁复杂的事件。系统信息可由项目管理班子成员通过各种方法共同使用。项目管理信息系统主要包括检索和分发两个子系统,前者由手工档案系统、电脑文本数据库、项目管理软件以及可以查询的诸如工程图纸等技术文件系统组成;后者主要包括项目会议、纸张复印文件、可公开查找的电脑数据库网络、传真、电子邮件以及可视电话会议等。信息发布包括以下内容。

(1) 经验教训记录。包括问题的起因,所采取纠正措施的原因和依据,以及有关信息发布的其他经验教训。记录下来的经验教训可成为本项目和实施组织的历史数据库的组成部分。

(2) 项目记录。项目记录可包括函件、备忘录以及项目描述文件。这些信息应尽可能地以适当方式有条理地加以保存。项目团队成员也往往在项目笔记本中保留个人记录。

（3）项目报告。正式和非正式项目报告将详细说明项目状态，其中包括经验教训、问题登记簿、项目收尾报告和其他知识领域的成果。

（4）项目演示介绍。项目团队正式或非正式地向项目利害关系者提供信息。这些信息要切合听众需要，介绍、演示的方法要恰当。

（5）利害关系者的反馈。可以发布从利害关系者那里收集的有关项目运营的信息，并根据该信息改进或修改项目的未来绩效。

（6）利害关系者通知。可就解决的问题、审定的变更和一般项目状态问题向利害关系者发出通报。

（7）绩效报告。绩效报告指收集所有基准数据，并向利害关系者提供绩效信息。一般来说，绩效信息包括为实现项目目标而投入的资源的使用情况。绩效报告一般应包括范围、进度计划、费用和质量方面的信息。许多项目要求在绩效报告中加入风险和采购信息。报告可草拟为综合报告，或者通报特殊情况的专题报告。

绩效报告组织与归纳所收集的信息，并展示依据绩效衡量基准分析的所有结果。绩效报告应按沟通计划所记载的各个利害关系者的要求的详细程度，提供状态和绩效信息。绩效报告的常用格式包括条形图、S形曲线、直方图及表格。

3. 利害关系者管理

利害关系者管理系指对沟通进行管理，以满足利害关系者的需求并与利害关系者一起解决问题。对利害关系者进行积极管理，可促使项目沿预期轨道进行，而不会因未解决的利害关系者问题而脱轨。同时，进行利害关系者管理可提高团队成员协同工作的能力，并限制对项目产生的任何干扰。通常，由项目经理负责利害关系者管理。根据项目沟通管理计划对项目利害关系者的目标与沟通层次进行分析，项目管理者对其需求和期望进行确认，在此基础上，可采取面对面会议或问题记录单的方法对项目利害关系者进行管理。

面对面会议是与利害关系者讨论、解决问题的最有效方法。大多数情况下，会议这种沟通方式把时间用在交换信息而非制定决策与达成行动纲领上，容易浪费时间和导致效率低下。会议是人们"共享知识和经验能力的社会思维活动"，但要使之真正发挥效用，就要讲究会议艺术。首先要做好充分准备,确定恰当的议题及日程,并提前两三天将其发送到与会者手中。其次要保证会议准时开始并按日程计划进行。在会议中控制喋喋不休者和引导沉默者讲话同样重要,前者往往花很长的时间讲很少的东西,应该坚决地给予打断;后者除了表明同意、无意见或正在思考外,也有可能表明缺乏自信或存有敌意。对缺乏自信的与会者,会议主持人应表示出兴趣以鼓励进一步的讨论;对有敌意的沉默,应进一步深入探查内部原因,判明敌意的指向:对会议主持人?对会议?对决策过程?以便及时加以处置。最后,会议艺术强调保护弱者,提防压制建议氛围的形成。会议成员的资历及地位是不平等的,下级的建议往往招致其上级的反对,但不能任其上升到下级成员无发言权的地步,以免削弱会议的作用。当有人提出建议时,应给予特别关注,从中挑选出最好的部分让与会成员补充完善,以利于进行决策。在会后 24 小时之内公布会议成果。总结文件应该简洁,如有可能,尽量写在一张纸上。总结文件应该明确所做的决定,并列出行动细目,包括负责人、预计完工日期和预期的交付物。同时,可以列出参加和缺席人员名单。应将会议成果分发给所有被邀请参加会议的人,不管他们是否真正参加了会议。

问题记录单或行动方案记录单可用来记录并监控问题的解决情况。这些问题一般不会升级到需要实施项目或采取单独行动对之进行处理的程度。但是通常会需加以处理以保持各利害关系者(包括团队成员)之间的良好工作关系。

以一定的方式对问题进行澄清和陈述,以使问题得以解决。需要针对每项问题分派负责人,并规定解决问题的目标日期。如果问题未得到解决,则可能导致冲突和项目延迟。

第三节　面对冲突的项目沟通管理

冲突具有两面性,它有可能导致糟糕的项目决策、挫伤项目团队成员的积极性、延误项目问题的解决,但它也可能产生加强决策过程的新信息,从而制定更好的问题解决方案,关键看项目管理人员怎样解决业已发生的、潜在的冲突。

项目冲突管理是从管理的角度运用相关理论来面对项目中的冲突事件，避免负面影响，发挥正常作用，保证项目目标的实现。

一、项目冲突管理的阶段

项目冲突管理一般包括诊断、处理和结果三个阶段。

1. 诊断

诊断是项目冲突管理的前提，是发现问题的过程；项目负责人在诊断过程中要充分认识到冲突发生在哪个层面上，问题出在哪里，并做出在什么时候应该降低冲突或激发冲突的反应。

2. 处理

项目冲突处理包括事前预防冲突、事后有效处理冲突和激发冲突三个方面。事前预防冲突包括事前规划与评估（如环境影响评估）、人际或组织沟通、工作团队设计、健全规章制度等，目的在于协调和规范各利害关系个人或群体的行为，建立组织间协调模式，鼓励多元化合作与竞争，强调真正的民众参与；事后冲突处理强调主客观资料收集、整理与分析，综合运用回避、妥协、强制和合作等策略，理性协商谈判，形成协议方案，监测协议方案执行，并健全冲突处理机制。

3. 结果

对项目冲突的处理结果必然会影响组织的绩效，项目负责人必须采取相应的方法有效地降低或激发冲突，使项目内冲突维持在一个合理的水平上，从而带来项目绩效的提高。由于项目冲突具有性质的复杂性、类型的多样性和发生的不确定性等特性，因此对项目冲突进行管理就不可能千篇一律地使用一种方法或方式，而是对项目冲突进行深入的分析，采取积极的态度，选择适当的项目冲突管理方式，尽可能地利用建设性冲突，控制和减少破坏性冲突。

二、解决冲突的模式

研究表明，冲突可以通过多种模式解决，项目经理在处理冲突中扮演着非常重要的角色，如果冲突处理得恰当，冲突就会展现其有利的一面，从而使暴露出的问题得到及早的重视，激起相关议题的讨论，澄清项目成员的观念以促进团队建设，迫使成员寻求新的方法以更好地解决项目中出现的问题。然而，如果冲突处理不当，则冲突会对项目团队产生不利的影响，如使项目沟通受阻,使成员不大愿意倾听或不尊重别人的意见,破坏团队团结,降低相互间的信任度和开放度。布莱克、穆顿、基尔曼和托马斯这些研究人员描绘了五个处理冲突的模式,即回避或撤退、逼迫或强制、圆滑、妥协、面对。除此之外,仲裁或裁决、沟通和协调、发泄等都是解决冲突的有效模式。

1. 回避或撤退

使项目经理卷入冲突的其他成员从冲突情况中撤退或让步,以避免发生实际或潜在的争端。例如,如果某个人与另一个人意见不同,那么第二个人只需保持沉默就可以了,但是这种方法会使得冲突积聚起来,并且在后来逐步升级以至造成更大的冲突,因此这种方法是最难令人满意的冲突处理模式。

2. 逼迫或强制

也就是采用非输即赢的方法来解决冲突。这种方法认为,在冲突中获胜要比成员之间的关系更有价值。在这种情况下,项目经理往往使用权力来处理冲突,肯定自己的观点而否定他人的观点,这种方法具有一定的独裁性。用这种方法处理冲突,会导致成员的怨恨心理,使工作气氛紧张。例如,项目经理强制性地要求团队成员按自己的方法做,作为下属,成员也许会按命令去做,但其内心会产生不满及抵触情绪。

3. 圆滑

尽力在冲突中找出意见一致的方面,最大可能地淡化或避开有分歧的领域,不讨论有可能伤害感情的话题。这种方法认为,成员之间的相互关系要比解决问题本身更重要。这种方法能对冲突形势起缓和作用,但不能彻底解决问题。

4. 妥协

团队成员通过协商,分散异议,寻求一个折中的解决冲突的方法,使冲突各方都能得到某种程度的满意。但是,这种方法并不是很可行。例如,在预计项目任务的完成时间时,有的成员认为需要十几天,而有的成员认为只要五六天就行了,这时,可采用妥协模式,取折中值认为项目可在十天内完成,但这样的预计也许并不是最好的预计。

5. 面对

在这种模式中,项目经理将直接面对冲突,既要正视问题的结果,也要重视成员之间的关系。拥有一个良好的项目环境是使这种方法有效的前提,在这种环境中,成员之间相互以诚相待,他们之间的关系是开放和友善的,他们以积极的态度对待冲突,并愿意就面临的冲突进行沟通,广泛交换意见。每个成员都以解决问题为目的,努力理解别人的观点和想法,在必要时愿意放弃或重新界定自己的观点,从而消除相互间的分歧以得到最好、最全面的解决方案。在面对模式中,可以采取相应的措施来避免或缩小某些不必要的冲突,如让项目团队参与制订计划的过程,明确每个成员在项目中的角色和职责,进行开放、坦诚和及时的项目沟通,明确工作规程等。

调查研究发现,在上述五种处理冲突的模式中,面对是项目经理最喜欢和最常用的解决问题的方法,该模式注重双赢策略,冲突各方一起努力寻找解决冲突的最佳方法,因此也是项目经理在解决与上级冲突时常用的方法;其次是以权衡和互让为特征的妥协模式,这种模式更多地用来解决与职能部门的冲突;排在第三位的是圆滑模式;逼迫或强制排在第四位;回避或撤退则是项目经理最不愿意采用的方法,排在第五位。然而这种排位并不是绝对的,因此在项目冲突的处理过程中,项目经理可根据实际需要对各种方式进行组合,使用整套的冲突解决方式。例如,如果采用妥协和圆滑模式不会严重影响项目的整体目标,项目经理就可能把它们当作有效策略;虽然撤退是项目经理最不喜欢的模式,但用在解决与职能经理之间的冲突上很有效;在应付上级时,项目经理更愿意采取妥协的模式。另外,从某种程度上说,面对模式实际上有可能包含了所有的冲突处理方法,因为面对的目标是找到解决问题的方法,因此,在解决某个冲突中可以采用撤退、妥协、强制或圆滑模式以使冲突最终得到有效解决。

6. 仲裁或裁决

在项目冲突无法界定的情况下,冲突双方可能争执不下,这时可以由领导或权威机构经过调查研究,判断孰是孰非,经由仲裁解决冲突;有时对冲突双方很难立即做出对错判断,但又急需解决冲突,这时一般需要专门的机构或专家做出并不代表对错的裁决,但裁决者应承担起必要的责任。这种方式的长处是简单、省力,要求权威者必须是一个熟悉情况、公正、明了事理的人,否则会挫伤团队成员的积极性,降低效益,影响项目目标的实现。这种解决问题的方法常常很奏效,其中有两个原因:一是把冲突双方召集在一起,能够使各方了解并不是只有他们自己才面临问题;二是仲裁或裁决的会议可以作为冲突各方的一个发泄场所,防止产生其他冲突。

7. 沟通和协调

信息的来源不一,得到的信息不全面是项目冲突产生的主要原因之一。

针对这种情况,应该加强信息的沟通和交流,了解并掌握全部情况,在此基础上进行谈判、协调和沟通。这种方式要求冲突双方采取积极态度,消除消极因素。

8. 发泄

上面所列的项目冲突管理模式,并没有从根本上消除已有的冲突,其冲突只不过是得到一定程度的缓解,原有的冲突在新的环境条件下可能死灰复燃,使冲突越来越深,甚至导致新的冲突。针对以上模式的不彻底性及消极看待和处理冲突的缺陷,德国社会学家齐美尔提出了宣泄理论,有利于彻底地解决冲突。采取发泄的方式,要求项目负责人或管理者创造一定的条件和环境,使不满情绪有一定的渠道、途径和方式发泄出来,使项目的运行稳定有序。

在项目冲突中,项目经理可以扮演以下三种角色:参与者、裁决者、协调者。作为项目的管理者,要防止卷入纷争和冲突中去,不要陷入参与者的角色。若作为裁决者,项目经理将不得不权衡利弊并对问题的最终解决做出结论性判断,冲突一方必然会产生对立、怨恨,最终以生成管理者与员工间新的冲突而告终。

在项目对抗性冲突中,协调者才是项目经理应该扮演的角色。项目经理解决冲突的破坏性影响的关键环节是防止冲突各方在坚持自己的观点上走得太极端,他应该为冲突双方的争论提供基本的原则,帮助他们分离和定义出产生冲突的核心问题;向双方询问大量"如果……怎样"的问题,不直接提供答案,而是帮助推进达成双方满意的解决方法,促使他们自己解决冲突。

如前所述,冲突的强度在项目的不同阶段有不同表现,项目经理如果能够预见冲突的出现并了解它们的组成及重要程度,对冲突管理的理论及实践经验有深刻的了解,形成自己的冲突管理思想体系和方法体系,并在管理项目冲突的过程中综合地加以运用,就有可能避免或减少潜在冲突的破坏性影响,增加冲突的建设性和有利影响。

第十章

项目采购与合同管理

主要内容

- 采购管理概述
- 货物采购
- 合同管理
- 工程项目采购
- 咨询服务采购

> 着眼太远是个错误,在一段时间内,只能处理命运之链上的一个环节。
>
> ——温斯顿·丘吉尔

20世纪80年代以来,技术的进步大大提高了生产率,而经济全球化则为利用外部资源提供了便利。利用外部资源可以取得他人的技术,减少资金的投入,克服进入他国市场的障碍,利用他人的地理优势,降低投资风险,利用他人满足客户的急迫要求,保证稳定的原料来源,提高项目成果交付能力等。要做到以上各点,项目管理人员必须提高项目采购和合同管理能力。

项目采购管理是项目管理的重要组成部分。项目采购管理几乎贯穿整个项目生命周期,项目采购管理模式直接影响项目管理模式和项目合同类型,对项目整体管理起着举足轻重的作用。项目采购管理在项目管理这门新兴学科中被赋予了全新的概念。PMBOK将项目采购管理定义为"为达到项目范围而从执行组织外部获取货物或服务所需的过程"。世界银行将项目采购分为工程采购、货物采购和咨询服务采购。本章从美国项目管理学会提出的项目采购管理的基本概念入手，以世界银行工程项目采购、货物采购和咨询服务项目采购为主线，概述世界银行采购管理的一些内容和运作模式以及在项目实施过程中合同管理常出现的问题及其处理方法。

第一节 采购管理概述

采购指从项目管理或执行系统外部获得项目所需土建工程、货物和咨询服务（以下统称产品）的完整的采办过程，按世界银行的定义，项目采购包括以下内容。

（1）工程采购。工程采购属于有形采购，是指通过招标或其他商定的方式选择合格的工程承包单位，承担项目工程施工任务。如修建高速公路、大型水电站的土建工程、污水处理工程等，并包括与之相关的服务，如人员培训、维修等。

（2）货物采购。货物采购属于有形采购，是指购买项目建设所需的投入物（如机械、设备、材料等）及与之相关的服务（如运输、保险、安装、培训、维修等）。

（3）咨询服务采购。咨询服务采购不同于一般的货物采购或工程采购，它属于无形采购，主要指聘请咨询公司或咨询专家提供项目投资前期准备工作的咨询服务（如项目的可靠性论证）、工程设计和项目招标文件编制服务、项目管理或施工监理等执行性服务、技术援助和培训服务等。

一、项目采购的主要过程

各种类型的项目采购，如工程采购、货物采购、咨询服务项目采购或IT项目采购都有其共性。

项目采购管理的主要过程包括：

（1）采购规划——确定采购何物及何时、如何采购；

(2) 发包规划——记录产品、服务或成果要求,并确定潜在卖方;

(3) 询价——根据情况获取信息、报价、投标书、报盘或建议书;

(4) 选择卖方——评定报价,选择潜在的卖方,并与卖方洽谈书面合同;

(5) 合同管理——管理合同以及买卖双方之间的关系,审查并记录卖方当前的绩效或截至目前的绩效,管理与合同相关的变更,以确定所需要的纠正措施,并在适当时管理与项目外部买方的合同关系;

(6) 合同收尾——完成并结算合同,包括解决任何未解决的问题,并就与项目或项目阶段相关的每项合同进行收尾工作。

上述过程不仅彼此交互作用,而且与其他知识领域的过程交互。根据项目需要,每个过程可能涉及一人、多人或集体所付出的努力。每个过程在每个项目中至少出现一次。

根据上述知识体系、结合我国的项目管理实践,项目采购管理的主要过程应包括以下内容。

1. 采购计划编制

采购计划是指项目中整个采购工作的总体安排。采购计划包括项目或分项采购任务的采购方式、时间安排、相互衔接以及组织管理、协调安排等内容。

采购计划的编制依据有范围说明书、产品说明书、市场状况、约束条件、其他计划等。在采购计划的编制中,凡是可获得的其他计划都应该作为编制基础而给予充分考虑,通常必须考虑的其他计划有工作分解结构、初步成本和进度计划估算、质量管理计划、风险控制计划等。

采购计划编制的结果如下。

(1) 采购管理计划。采购管理计划应说明如何管理从询价计划到合同收尾的整个采购过程。根据项目需要,采购计划可以是正式的或非正式的、非常详细的或概括的。它是总体项目计划的分项。

(2) 工作说明书。工作说明书应该根据采购项目的性质、买方的需求及采购合同的形式足够详细地说明采购项目,以方便预期的卖方确定其是否具备提供该项目拟购产品的能力。工作说明书应尽可能明确、完善和简练,它应包括对所附属服务的说明书,如所购产品对项目结束后的运作支持。在一些应用领域,对工作说明书有具体的内容、格式要求。

2. 询价计划编制

询价计划编制包括建立支持询价工作所需的文档和形成采购评价标准

的整个过程。

询价计划编制的依据有采购管理计划、工作说明书、其他计划编制的结果等。其他计划应该作为采购计划编制的一个环节而再次被审查,需要特别注意的是询价计划的编制应该与项目进度计划保持高度一致,这是项目实现进度、成本控制的基本保障。

询价计划编制的结果如下。

(1) 采购文档。采购文档用于向可能的卖主索要建议书。根据项目采购主要考虑的评价指标情况,采购文档会有不同的名称,如采购主要考虑价格因素时,采购文档被称为"投标"或"报价";当采购主要考虑非价格因素如技术、技能或方法时,采购文档通常采用"建议书"这一术语;此外采购文档常用的名称包括投标邀请、邀请提交建议书、邀请报价、谈判邀请和承包商初步答复等。有时采购文档的这些术语会相互交换使用,应注意不要对使用某一术语可能带来的暗示意义作无保证的推测。对采购文档应以方便可能的卖方做出准备、全面的答复为目的进行构架设计,通常包括有关的工作说明书、对于期望的答复形式的说明书和所有必要的合同条款。

(2) 评价标准。评价标准用于对建议书进行排序或评分。如果项目采购可以迅速地从多个可接受的来源中获得,则评价标准可能仅限于采购成本,否则必须确定其他的采购评价标准并形成相应的文档。除采购成本标准外,常用的其他采购评价标准有卖方的信誉、技术能力、管理方法、财务能力等。

3. 询价

询价是指从预期的卖方获取有关项目需求如何被满足的意见反馈(建议书或投标书)。本过程绝大部分实际工作由可能的卖主承担,一般来说,这时候项目没有成本。

询价通过召集投标者会议或广告的形式进行。询价的依据有采购文档、合格的卖方清单等。

询价的结果是取得建议书。建议书是卖方按照有关采购文档的要求准备的说明,是提供项目所需产品的能力和意愿的说明文档。

4. 供方选择

(1) 供方选择包括接受建议书及选择供货商的评价标准。在供方选择决策过程中,除了采购成本以外,还可能需要评价许多其他因素,如可接受卖方按时交货的能力的评价;分别评价建议书的技术(方法)部分和商务(价格)部分,或投标书的技术标和方法标;对于关键产品,可能需要有多个供方等。对主要采购项目,这个过程可以重复。根据初步建议书,列出合格卖主的短名单,然后根据更为详细和综合的建议书进行更为详细的评价。

供方选择通过合同谈判、量化定性指标的加权评价、编制采购成本估算等方法,以建议书、评价标准、组织政策为依据。

供方选择的结果就是与被选择的项目采购供货方签订采购合同。合同是一个约束双方的协议,使卖方有义务提供规定的产品,并使买方有义务付款。

虽然所有项目文档都经过一定形式的审查和批准,但合同的法律约束性常常意味着合同可能需要经过更广泛的批准过程。总之,审查和批准的重点为,应保证合同文本说明的是能够满足项目特定需求的产品和服务。

5. 合同管理

合同管理是确保卖方履行合同要求的过程。对于具有多个产品和服务承包商的大型项目,合同管理的一个关键方面是管理各个承包商之间的组织界面。合同关系的法律属性要求项目队伍应清醒、强烈地意识到在合同管理中所采取行为的法律含义。

合同管理包括在合同关系中应用适当的项目管理过程,并把这些过程的结果集成到项目的整体管理中。当涉及多个承包商和多种产品时,这种集成和协调经常在多个层次上发生。合同管理也有财务管理的成分。付款条款应在合同中定义,并建立卖方执行进度和费用支付间的联系。

合同管理通过合同变更控制、项目绩效报告、成本支付控制等方法,依据合同、卖方工作结果、合同变更申请及卖方发票等材料进行。

合同管理的结果如下。

(1) 来往函件。合同经常需要买方、卖方通过某些书面文档进行沟通,例如对不满意绩效、合同变更或澄清的警告。

(2) 合同变更。通过适当的方式对变更(批准的或未批准的)进行反馈,并及时更新项目计划和其他有关文档。

6. 合同收尾

合同收尾类似于管理收尾,它涉及产品核实(所有的工作是否正确、令人满意地完成)和管理收尾(更新记录以反映最终结果,并为将来使用而对这些信息归档)。合同条款可以对合同收尾规定具体的程序。

合同收尾依据的资料就是合同文档,其内容包括(但不限于)合同本身及其附带的所有支持性进度计划、申请和批准的合同变更、任何卖方编制的技术文档、卖方绩效报告、发票和支付记录等财务文档,还包括与合同有关的检查结果。

合同收尾的结果如下。

(1)合同归档。合同执行完毕,应对项目采购做出一套完整的最终记录并归档管理。

(2)正式验收和收尾。对正式验收和收尾的要求,通常在合同中予以定义。

当项目从执行组织以外获得产品和服务(项目范围)时,对每项产品和服务都执行一次从询价计划编制到合同收尾的过程。必要时,项目管理班子可能会寻求合同和采购专家的支持,并且让这些专家作为项目队伍的一员,尽早参与某些过程。当项目不从组织以外获得产品和服务时,则不必执行从询价计划到合同收尾的过程。

二、项目采购的方式和程序

世界银行根据对采购的基本要求,逐步发展形成了采购工程、货物和服务的各种方式,并在《采购指南》中作了具体规定。这些采购方式和程序还在不断审查修订、改进,以适应世界银行精选市场的变化。招标程序是为了使项目执行单位能够经济、有效地采购到所需的土建、货物和服务,并保证世界银行成员国的供货商和承包商有一个公平参与投标竞争的机会,使世界银行的采购政策和原则得以贯彻执行。通常的采购方式可分为招标采购方式和非招标采购方式两大类,前者包括国际竞争性招标、有限国际招标和国内竞争性招标,后者包括国际或国内询价采购(通常称之为"货比三家")、直接采购(又称直接签订合同)和自营工程。

1. 国际竞争性招标及程序

世界银行于1951年将国际竞争性招标作为一种极好的采购方式加以推广。自那时以来,绝大部分世界银行贷款项目的采购都采用这种方式。据世界银行统计,国际竞争性招标采购的金额通常占货款总金额的80%左右,在某些行业保持在90%左右。在中国以往的世界银行贷款项目中,国际竞争性招标采购的金额占贷款项目采购总金额的70%以上,其他采购方式不到30%。

国际竞争性招标(ICB),有一套完整的程序,世界银行贷款项目竞争性招标的程序在《采购指南》中均有原则性的规定和要求。

国际竞争性招标的基本程序如下：

(1) 刊登采购总公告(GPN)和具体的项目采购招标通告(SPN)。采购总公告应包括贷款国家、借款者及贷款金额及其用途、采购范围、货物或工程的大体内容，发行资格预审文件或招标文件的时间，负责招标的单位名称、地址等。

(2) 资格预审。凡是大型复杂的土建工程、大型成套复杂设备或专门服务，或交钥匙合同、设计与施工合同、管理承包合同等，在正式组织招标之前要进行资格审查，对投标人是否有资格和足够的能力承担这项工程或制造设备预先进行审查，以便缩小投标人范围，使不合格的厂家避免因准备投标而花费大量的开支，也使项目单位减轻评标负担，同时有助于确定享受国内优惠的合格性。

(3) 编制招标文件。招标文件编制质量的优劣直接影响到采购的效果和进度，尽早准备招标文件是解决采购拖延的一个关键措施，各个项目单位要充分利用已出版的各种招标文件范文，以加快招标文件的编制与审批速度，从而完成整个招标过程。

(4) 刊登具体招标通知。在发行资格预审文件或招标文件之前，要至少在一份国内广泛发行的报纸、官方杂志或招投标专业网站上刊登资格预审或招标通告作为具体采购通告。

(5) 发售招标文件。如果单独进行过资格预审，那么招标文件的发售可按通过资格审查的厂商名单发送。如果没有单独进行过资格预审，招标文件可发售给对招标通告做出反应并有兴趣参加投标的合格的厂商。

(6) 投标。它是由招标人和投标人经过要约、承诺、择优选定，最终形成协议和合同关系的平等主体之间的一种交易方式，是法人之间达成的有偿的、具有约束力的法律行为。

(7) 开标。它是在招标管理机构监督下，由招标单位主持，在规定的时间、规定的地点公开进行，并邀请所有投标单位的法定代表人或其代理人和评标委员会全体成员参加。

(8) 评标。根据招标文件中确定的标准和方法，对每个投标人的标书进行评价比较，以选出具有最低评标价的投标商。

(9) 授标。根据评标的结果，将合同授予中标的投标商并发出中标通知书。授标时不得要求中标单位承担招标文件中没有规定的义务，也不应该把修改投标中的某些内容作为授标的条件，标后压价是绝对不允许的。

(10) 签订合同。签订合同可采用两种方式：一是在发出中标通知书的同时将合同文本寄给中标单位，要求其在规定的时间(一般是 28 天)内签字退回；二是中标单位收到中标通知后，在规定的时间(一般是 28 天)内派人前往招标单位签订合同。

合同签字和提交履约保证金后，合同就正式生效，然后进入合同实施阶段。

2. 有限国际招标及程序

有限国际招标(LIB)实际上是一种不公开刊登广告，而直接邀请有关厂商投标的国际竞争性招标。按照世界银行的规定，有限国际招标方式适用于下述情况：

(1) 采购金额较小；

(2) 承包商数量有限；

(3) 有其他特殊原因，证明不能完全按照国际竞争性招标方式进行采购，比如紧急的援建项目等。

有限国际招标方式不必刊登广告，因此，必须先确定拟邀请参加投标的厂商名单。为了保证价格具有竞争性，邀请投标的厂商应当更广泛一些，至少要有 3 家厂商，授标应在至少对比 3 家的基础上做出决定。

除了不刊登广告、不实行国内优惠外，有限国际招标的程序与国际竞争性招标的程序是相同的，在此不再详述。

3. 国内竞争性招标及程序

国内竞争性招标(NCB)，顾名思义，是通过在国内刊登广告，并根据国内招标程序进行的项目采购招标。

这种方式与国际竞争性招标方式的不同之处表现在：广告只限于刊登在国内报纸或公办的杂志上，广告语言可以用本国语言，不像国际竞争性招标那样要求刊登采购总公告；国内竞争的招标文件可用本国语言编写。

从刊登广告或发售招标文件(以后到者为准)到投标截止期的投标文件编制时间为至少 30 天，土建工程项目至少 45 天。投标文件可以用本国语言编写，投标银行保函可由本国银行出具，投标报价和支付一般使用本国货币，评标的价格基础可为货物使用的现场价格(包括从国内工厂到货物使用现场的运输和保险费)。它不适用国内优惠，履约银行保函可由国内银行出具，仲裁在本国进行。尽管有上述不同，总的原则仍然是要考虑公开竞争、经济和效率这些重要因素，并且如果外国厂商有兴趣，应允许其按照国内投标程序参加投标。

国内竞争性招标方式适用于下列情况：

(1) 合同金额小；

(2) 土建工程地点分散，而且施工时间可能要拖得很长；

(3) 劳力密集型土建工程；

(4) 在国内能够采购到的货物或工程，其价格低于国际市场的价格。

(5) 采用国际竞争性招标的方式所带来的行政或财务上的负担，明显地超过 ICB 所具有的优越性。

4．其他采购方式

在世界银行贷款项目采购中，除招标采购方式外，其他非招标采购方式如下。

1) 国际和国内询价采购

国际询价采购(IS)和国内询价采购(NS)，是在比较几家国内外厂家(通常至少 3 家)报价的基础上进行的采购。这种方式适用于采购现货或价值较小的标准规格设备以及小型、简单的土建工程。询价采购不需正式的招标文件，只需向有关的运货厂家发出询价单，让其报价，然后在各家报价的基础上进行比较，最后确定供货方并签订合同。

在世界银行贷款项目协定中，通常对国际或国内采购的范围、总金额及单项货物或服务的金额等都做了明确的规定，在具体实施国际或国内询价采购过程中，应按照贷款协定中写明的限额和有关规定执行，并将"货比三家"的情况及其合同报世界银行审核批准。

2) 直接采购

不通过竞争的直接采购(直接签订合同)的方式，适用于需要增加已经世界银行核准的采购合同产品而延续合同；考虑与已购设备配套而向原来的供货厂家增购货物；所需设备具有专营性，只能从同一家厂商购买；负责工艺设计的承包人要求从指定的一家厂商购买关键部件，以保证达到设计性能或质量条件及其他特殊情况(为抵御自然灾害或需要早日交货)下的项目采购。此外，在采用了竞争性招标方式而未能确定承包人或供货商的特殊情况下，也可采用直接签订合同方式来洽谈合同，但是要经世界银行同意。

3) 自营工程

自营工程是土建工程的一种采购方式。它是指借款人或项目业主不通过招标或其他采购方式而直接使用自己国内、省(区)内的施工队伍来承建的土建工程。自营工程适用于以下情形：工程量的多少事先无法确定；工程的规模小而分散，或所处地点比较偏远，使承包商要承担过高的动员调遣费用；没有一个承包商感兴趣的工程；工程不可避免地要出现中断，风险较大的工程。

土建项目中，哪些子项目适用于自营工程，在世界银行贷款项目协定中均有明确规定。在执行中要严格按照协定的要求，确定采购方式，不可自行从事；如果项目单位想扩大自营工程的比例，必须在项目谈判之前或谈判之中向世界银行提出，以便达成谅解；不可在项目执行中自行改变采购方式，否则，世界银行会视之为违反贷款协定而取消贷款。

三、有关国际组织对国际项目采购的规定

随着世界经济一体化和国际贸易自由化的进程，国际采购规模越来越大。在国际采购中，最典型、最有影响的是国际贸易法委员会制定的《关于货物、工程和服务采购示范法》、世界贸易组织的《政府采购协议》和世界银行颁布的《国际复兴开发银行贷款和国际开发协会贷款指南》，它们已经成为国际项目采购的标准和规范。

1. 国际贸易法委员会的《关于货物、工程和服务采购示范法》

国际贸易法委员会是联合国大会的一个政府间机构，成立于1967年（我国于1983年加入该委员会），目的是促进协调和统一国际贸易立法，消除因贸易法的差别而产生的不必要的国际贸易障碍。其主要职能是制定法律文件，以促进国际贸易的发展。国际贸易法委员会所制定的法律文件，很多已经过一定的程序成为国际公约，如《联合国国际货物销售合同公约》、《海上货物运输公约》（汉堡规则）等，为参加这些公约的成员国所遵守；还有很多法律文件成为示范法，如《贸易法委员会国际商业仲裁示范法》、《贸易法委员会国际贷记划拨示范法》等。示范法并不是真正意义上的法，不具有任何法律效力，对各国的行为不具有约束力。制定示范法的目的是希望各国在进行国内立法时能够予以参照，以尽可能地减少因各国的立法差异而产生的不必要的贸易障碍，并援助那些试图改革其国内有关贸易立法的国家。《关于货物、工程和服务采购示范法》（以下简称《示范法》），于1994年在国际贸易法委员会第27届年会上通过。

制定《示范法》的目的，一是促使采购尽量节省开销和提高效率和效益；二是促进和鼓励不分任何国籍的供应商和承包商参与采购过程，从而促进国

际贸易;三是给予所有供应商和承包商以公平的待遇,使采购的程序具有透明度,提高公众对采购过程的信任。

《示范法》适用于所有采购,即以任何方式获取工程、货物或服务。《示范法》规定项目工程和货物采购使用招标方法而在服务采购中应当重视对服务提供者的资格和专门知识进行评估。《示范法》规定的招标环节为招标、投标、评标、定标。

2. 世界贸易组织的《政府采购协议》

政府采购制度的国际化或国际政府采购制度的形成是伴随着国际贸易一体化的进程而来的,却落后于这一进程。1946年起草《关税与贸易总协定》时,由于政府采购的市场份额和规模较小,故被排除在该协定的约束范围之外。随着政府采购市场份额和对国际贸易影响的不断增大,世界贸易组织制定了《政府采购协议》,作为多边贸易体系的一个重要协议,它建立了一个从国际到国内政府采购的法律框架,协议的基础是非歧视原则,以及最惠国待遇和国民待遇。各成员国在进行采购时,要平等对待该协议成员国的投诉者。为了落实非歧视原则,协议特别强调采购程序的透明。

第一个规范政府采购的多边框架协议——《政府采购协议》于1979年4月12日在日内瓦签订,于1981年1月1日开始生效。经过几次修改、磋商,到目前为止,共有美国、欧盟、挪威、加拿大、瑞士等14个国家加入了该协议,并于1994年签订了新的《政府采购协议》(以下简称《协议》)。

《协议》主要对采购方法、招标程序、发展中国家的特殊待遇与差别待遇、质疑和争端解决等方面作了详细的规定。其目的是通过建立一个有效的关于政府采购的法律、规则、程序和措施方面的权利与义务的多边框架,实现世界贸易的扩大和更大程度的自由化,改善协调世界贸易运行的环境;通过政府采购中竞争的扩大,加强透明度和客观性,促进政府采购程序的经济性和效率。

《协议》的适用范围广泛。从采购主体来看,《协议》适用于一国政府部门、机构或其代理机构。各国在加入《协议》时应提供一份采购实体清单,只有被列入清单的实体才受《协议》约束。从采购对象来看,《协议》适用于所有采购,但排除了基本建设工程的特许合同的采购,如BOT(建设-经营-转让)基础建设合同。从契约形式上看,《协议》适用于任何契约形式的采购,包括购买、租赁以及产品与服务的采购。

《协议》所采用的采购方法有公开招标、选择性招标、有限招标和谈判招

标四种,其招标程序为发出采购邀请、制定招标文件、供应商资格审查、投标、接标、开标和授予合同。《协议》规定签署国应保证向来自另一国的产品、服务和供应商提供国民待遇和非差别待遇,但对发展中国家,可以提供特殊与差别待遇。

3. 世界银行的《采购指南》

《采购指南》的全称为《国际复兴开发银行贷款和国际开发协会信贷采购指南》,由世界银行制定,于1964年首次出版。此后世界银行又对其进行了修改和补充,使其日臻完善。

世界银行是联合国的一个专门发展机构,其宗旨是为发展中国家提供中长期资金支持和技术援助,项目采购贷款是其重要的贷款形式,主要用于对借款国经济具有战略性影响的农业与农村发展、基础设施建设、教育、卫生、环境保护等领域,其目的是运用采购方面的经济政策,促进发展中国家成员国经济的发展。《采购指南》是世界银行为向其成员国提供项目贷款制定的统一规则,它使项目贷款能够规范化运作,并对贷款的使用进行监督和管理。我国长期得到世界银行的贷款援助,对项目贷款的使用也就必须严格按照《采购指南》的规定去做。

《采购指南》适用于全部或部分由世界银行贷款资助的项目采购,但不包括咨询服务的内容,同时还规定只有会员国才能参加由世界银行提供全部或部分贷款的项目采购的投标,会员国以外的其他国家的投标者无资格参加招标。

《采购指南》规定贷款项目的工程和货物采购应采用国际竞争性招标方式进行,并要求贷款国在缺少必要的机构、资源和经验从事采购时聘请专门从事国际采购的公司进行代理。《采购指南》还规定在征得银行同意后,贷款国可在国际竞争性招标中给予本国制造的货物以优惠。

第二节 工程项目采购

工程项目采购可分为招标准备、招标、决标成交三个阶段,下面将对其进行详细介绍。

一、工程项目采购招标准备阶段

如前所述,工程项目采购一般采用国际/国内竞争性招标方法。根据我国《建设工程招标投标暂行规定》,项目单位在开展工程项目采购,即实施项目土建工程招标之前,必须要具备一定的条件,因此工程项目采购准备阶段的主要内容有二:一是向主管部门申请招标并获得批准;二是准备招标文件,即编制标底并报主管部门审核批准。工程项目采购必须具备以下条件:工程建设项目或计划已经批准,并已列入年度投资计划;工程项目设计文件已经批准;建设资金已经落实;招标文件已经编写完成并经有关部门批准;施工准备工作业已就绪。

按规定"初步设计和概算文件已经批准"是编写招标文件、开展施工招标的起码条件,但我国许多项目实践表明,只要时间允许,招标时应尽可能采用施工图和费用预算,才最有利于项目业主单位编写招标文件和准备标底。施工准备工作要求征地拆迁、移民安置、环保措施、临时道路、公用设施、通信设备等现场条件的准备已经就绪,当地的施工许可证已经取得。

二、工程项目采购招标阶段

工程项目采购招标阶段的主要内容有发布招标通告或招标邀请函,对投标单位进行资格预审,发售招标文件,组织现场勘察,工程交底、答疑,接受投标单位报送的投标书。

在这一阶段,投标单位资格预审是一项重要的工作。投标单位资格预审的目的,一是了解投标人的财务状况、技术力量以及与本工程类似的施工经验,为业主选择优秀的承包商打下良好的基础;二是事先淘汰不合格的投标人,以减少评标阶段的工作时间和评标费用;三是为不合格的投标人节约购买招标文件、现场考察和投标的费用。资格预审的程序如下。

(1)编制资格预审文件。由业主组织有关专业人员或委托招标代理机构编制资格预审文件。资格预审文件的主要内容有工程项目简介、对投标人的要求、各种附表等。

(2)刊登资格预审通告。资格预审通告应当通过国家指定的报刊、信息网络或者其他媒介发布,邀请有意参加工程投标的承包商申请投标资格预审。

(3)出售资格预审文件。在指定的时间、地点出售资格预审文件。资格预审文件售价以收取工本费为宜。

（4）资格预审文件答疑。投标人应将对资格预审文件的疑问以书面形式（如信函、传真、电报等）提交招标人；招标人应以书面形式回答，并同时通知所有购买资格预审文件的投标人。

（5）报送资格预审文件。投标人应在规定的截止日期之前报送资格预审文件，在报送截止时间之后，不接受任何迟到的资格预审文件。已报送的资格预审文件在规定的截止时间之后不得做任何修改。

（6）澄清资格预审文件。招标人在接受投标人报送的资格预审文件以后，可以找投标人澄清报送的资格预审文件中的各种疑点，投标人应按实情回答，但不允许投标人修改报送的资格预审文件的内容。

（7）评审资格预审文件。组成资格预审评审委员会，对资格预审文件进行评审，并就评审结果写出书面报告，上报招标管理部门审查。

（8）向投标人通知评审结果。在资格预审文件规定的期限内，招标人以书面形式向所有参加资格评审者通知评审结果，并在规定的日期、地点向通过资格预审的投标人发出投标邀请书、出售招标文件。

对于一些开工期要求比较早、工程不复杂的工程项目，为了争取早日开工，有时不预先进行资格预审，而进行资格后审。资格后审的内容与资格预审的内容大致相同，主要包括投标人的组织机构、财务状况、人员与设备情况、施工经验等方面。

三、工程项目采购决标成交阶段

工程项目采购决标成交阶段的主要内容有开标、评标、决标、授标。

1. 开标

开标应当在招标文件规定提交投标文件截止时间的同一时间公开进行。开标应由招标单位的法人代表或其指定的代理人主持，在招标文件的规定日期、时间、地点，邀请项目业主、投标人、监理机构、执法监督部门等有关人员参加。标书应当众开箱，经公证人检查并确认标书密封完好、合格后，由工作人员一一开封，宣读其中的要点，并做好登记。

2. 评标

评标应由业主组织的评标委员会在开标后独立进行。评标委员会由招标人的代表和有关技术、经济等方面的专家组成，成员为 5 人以上单数，其中技术、经济等方面的专家不得少于成员总数的 2/3。评标工作应按照严肃认真、公平公正、科学合理、客观全面、竞争优选、严格保密的原则进行,保证所有投标人的合法权益。评标的程序与内容如下。

1) 行政性评审

行政性评审主要对投标人的合格性、投标文件的有效性、投标文件的完整性、报价计算的正确性、投标书的实质性响应等方面进行评审。对投标文件的行政性评审目的是从众多的投标文件中筛选出符合最低要求标准的合格投标文件,淘汰那些基本不合格的投标,以免浪费时间和精力去进行技术评审和商务评审。

2) 技术评审

技术评审主要对投标人技术资料的完备性、施工方案的可行性、施工进度计划的可靠性、施工质量保证、分包商的技术能力和施工经验、对项目技术要求的意见、项目建议方案的技术性等进行评审。技术评审的目的是确认备选的中标人完成本工程的能力,以及他们的施工方案的可靠性。

3) 商务评审

商务评审主要对投标人报价的正确和合理性、财务问题、价格调整问题、投标保证金问题以及建议方案等进行评审。商务评审的目的是从成本、财务和经济分析等方面评审投标报价的正确性、合理性、经济效益和风险等,估量授标给不同投标人产生的不同后果。

4) 澄清投标书文件的问题

对评审工作中遇到的问题,约见投标人予以澄清。

5) 综合评价与比较

综合评价与比较是在以上工作的基础上,对筛选出来的若干个具有实质性响应的投票文件进行综合评价与比较,最后选定中标人。中标人的投票应符合下列条件之一:能最大限度地满足招标文件中规定的综合评价标准;能满足招标文件各项要求,并且评审的投标价格最低,投标价格低于成本者除外。

3. 决标

决标即最后决定中标人。通常由招标机构和业主共同决定中标人。

4. 授标

授标是指向中标人发出中标通知书,接受其投标书,并由项目业主与其签订工程承包合同。投标人中标后即成此项工程的承包商,按照国际惯例,承包商应立即向业主提交履约保证,用履约保证换回投标保证金。

在向中标人授标并签订合同后,对未能中标的其他投标人,也应发出一份未能中标的通知书,不必说明未能中标的原因,但应注明退还投标人保证金的方法。

第三节 货物采购

货物采购是指业主或为获得货物(一般指设备或材料),通过招标的形式选择合格的供货商,它包含了货物的获得及其方式和过程。一般来说,货物采购的业务范围包括:确认所要采购货物的性能和数量;供求商的调查分析,合同谈判与签订,合同执行过程中的监督、控制;合同支付及纠纷处理等。

1. 货物采购计划的编制

货物采购计划的编制需要考虑的事项包括从项目组织外部采购哪些产品和服务能够最好地满足项目需求,即是否采购、怎样采购、采购什么、采购多少及何时采购。为此要做好采购工作的前期准备,进行广泛的市场调查和市场分析,掌握有关采购内容的最新国内、国际行情,了解采购物品的来源、价格、支付方式、国际贸易惯例、货物和设备的性能参数以及可靠性等,并提出切实可行的采购清单和计划。

2. 货物采购方式的选择

选择合适的货物采购方法可以节省投资、加快采购速度。货物采购方式主要以国际竞争性招标方式进行,以体现经济性、有效性和公平竞争的原则。

3. 货物采购招标文件

招标文件在经过规定的审批程序之后就成为招标采购的法律文件和唯一依据,其中明确规定了买卖双方的权利、义务、合同价格等。招标文件是投标和评标的依据,是构成合同的重要组成部分,构成了合同的基本框架。

货物采购招标文件一般包含 7 个方面的内容:投标邀请书、投标者须知、招标资料表、通用合同条件、专用合同条件、货物需求一览表、技术规格和格式样本等。

4. 包装、运输、保险

在货物采购中,对货物的包装有明确规定。首先,卖方应提供货物运至最终目的地所需的包装,以防货物在运输或转运中损坏或变质,而且这类包装还必须能承受恶劣气候、海水及野蛮装卸的影响;其次,在包装的重量和尺寸方面也有相应的要求;再次,包装箱内必须置入装箱单、操作维修说明书等文件;最后,包装箱的外部必须标明收货人、合同号、发货标记、收货人编号、目的港、货物名称、货物重量、货物体积和箱号,以及重心、起吊点等。

关于货物运输费,在到岸价合同中,货物从出厂至目的港的运输及费用都由卖方负责;而在出厂价合同中货物出厂后的运输则是卖方按照买方的要求安排但费用由买方承担,即国内贸易中常用的代办托运。

关于货物的保险,在到岸价合同中,保险合同以卖方的费用订立;出厂价合同中,则是由买方以自身的费用投保或以自身的费用委托卖方投保。保险合同的受益人都是买方;保险的货币应是合同货币或买方接受的其他可自由兑换货币;保额应为发票金额的110%;投保险别至少为一切险。

5. 履约保证金

履约保证金是卖方为顺利执行合同项下的义务而提供的一种资金担保,目的是为避免或减轻由于卖方的违约而给买方造成的经济损失。卖方必须在收到买方的中标通知书后30天内向买方提交履约保证金,否则其投标保证金将被没收,并可能被取消中标资格。

履约保证金是由银行出具的,它可以银行保函或不可撤销的信用证的形式出现,也可以银行本票或保付汇票的形式出现。其金额应相当于合同额的10%。

按照商业惯例,卖方的责任随着合同义务的不断履行而减轻。通常情况下,对于简单商品或无质量保证期的货物,在卖方履行交货义务经验收后即可将履约保证金退还给卖方。对于有保证责任的货物,保证期不足1年的,在交货和验收后将履约保证金的金额减至5%,保证期满后将履约保证金退还给卖方;对于保证期超过1年的,则在交货和验收后将履约保证金的金额减至5%,第1年保证期满后减至2%,保证期满后将履约保证金退还给卖方。

如果卖方在执行合同过程中有违约行为并给买方造成经济损失时,买方有权没收其履约保证金,且无须得到卖方的同意。

第四节 咨询服务采购

咨询服务工作贯穿于项目的整个周期中,如对项目的可行性进行咨询,对项目的总体设计进行评审,就项目中的某一技术方案、技术指标或工艺流程进行咨询,就项目的某一单项工程的设计方案进行咨询或设计,编制招标文件,帮助项目单位培训人员等。

咨询服务采购与工程项目采购一般都采用竞争性采购方法,但从采购程序和合同法律的角度分析,选聘和招标有一系列不同之处。

(1) 业主在邀请之初提出的任务范围不是已确定的合同条件,只是合同谈判的一项内容,咨询公司可以而且往往会对其提出改进建议。而工程项目采购时提出的采购内容则是正式的合同条件,投标者无权更改,只能在必要时按规定予以澄清。

(2) 业主可开列短名单,并且只向短名单上的咨询公司直接发出邀请。而工程项目采购则大多要求通过公开广告直接招标。

(3) 选聘应当以技术方面的评审为主,选择最佳咨询公司不应以价格最低为主要标准。工程项目采购一般是以技术达到标准为前提,必须将合同授予评标价最低的投标者。

(4) 咨询公司可对业主的任务大纲提出修改意见。而工程项目采购的投标书必须以招标书规定的采购内容和技术要求为标准,达不到标准的即为废标。

(5) 咨询公司的选聘一般不进行公开开标,不宣布应聘者的报价。对于晚于规定期限送到的建议书,也不一定宣布无效而退回。工程项目采购则要求公开招标,宣布所有投标者的报价,迟到的投标书被作为废标。

按照世界银行于1997年1月出版、1999年1月修订的《世界银行借款人选择和聘用咨询人指南》的规定,咨询服务合同按照其规定的付款方式,可以分为以下五种。

1. 总价合同

总价合同被广泛应用于简单的规划和可行性研究、环境研究、标准或普通建筑物的详细设计,其特点是合同项下的付款总额一旦确定,就不要求按照人力或成本的投入量计算付款,而按议定的时间表或进度付款。这种合同管理起来比较容易,但是谈判过程比较复杂。

2. 计时制合同

计时制合同又称人/月合同,主要用于复杂的研究、工程监理、顾问性服务,以及大多数的培训任务,这类任务的服务范围和时间长短一般难以确定。

3. 雇用费或意外(成功)费合同

当咨询公司(银行或财务公司)为公司的出售或公司的合并进行咨询时,雇用费或意外费合同的使用较为广泛。

4. 百分比合同

百分比合同通常用于建筑项目的服务,也可用于采购代理和检验代理业务,它将付给咨询公司的费用与估算的或实际的项目建设成本或所采购和检验的货物的成本直接挂钩。这种合同曾一度被广为采用,但因其容易增加项目成本,故只有在合同有一个固定的目标成本且合同项下的服务能够精确界定时才使用。

5. 不定期执行合同(价格协议)

项目管理对某一特定活动需要"随叫随到"的咨询服务,且在咨询的内容和时间事前无法确定的情况下,可使用不定期执行合同。这种合同采用对专家付款的费率单价达成协议,按实际工作时间付款的形式,适用于为复杂项目、争议解决小组、机构改革、采购建议、技术攻关等保持一批"顾问"的情况。

一、咨询服务招标方式

国际上通行的咨询服务招标方式有三种:公开招标、邀请招标和指定招标。

1. 公开招标

公开招标也称国际竞争性招标,是指在世界范围内公开招标选择咨询公司。采用这种方式可以为一切有能力的咨询公司提供一个平等的竞争机会,业主也可以从众多的咨询公司中挑选一个比较理想的公司为其提供高质量和高效益的咨询服务。

2. 邀请招标

邀请招标也称有限竞争性招标,是业主利用通过自己的经验和调查研究获得的资料，根据咨询公司的技术力量、仪器设备、管理水平、有承担类似项目的经历和信誉等选择数目有限（通常为5～7家）的几家咨询公司发出投标邀请函，进行项目竞争。在该招标方式下，参与竞争的公司少、招标工作量小，可以节约时间和费用，适用于工作内容相对不太复杂、金额不大的咨询项目。

3. 指定招标

指定招标也称谈判招标，是由业主直接选定一家公司通过谈判达成协议，为其提供咨询服务。该方式通常在一些特定情况下采用，如业主需要对其项目严格保密；咨询公司拥有独家专利技术；咨询公司曾为业主进行过项目决策研究并建立了良好的信誉，考虑到工作的连续性，为节约时间和费用，便进行指定招标。

二、咨询服务公开招标程序

与货物采购和土建工程采购不同，咨询服务采购不通过竞争性招标，而着重考虑被咨询公司及其人员的能力和资历、咨询意见的质量、客户与咨询人之间的关系、财务条件等，其步骤如下。

1. 确定任务大纲

所谓任务大纲，是指经批准的提交咨询人的有关所需完成工作的说明文件。它包括以下内容：简明扼要地说明确切的任务目标；咨询服务范围；咨询成果汇报和咨询时间进度表；项目单位将投入的人力、物力。

2. 进行成本估算

项目单位就商议中的咨询任务，应做出咨询费用概算，它包括咨询公司工作人员费用、差旅费用、交通、办公、通信、工程设备费用，报告复印，以及生活津贴等。

3. 登广告

世界银行新的《咨询指南》对咨询人选择和聘用过程的透明度提出了更高的要求，强调应让有资格的咨询人了解有关服务的招标信息，以便他们表达参与竞争的意愿。

4. 发出建议书邀请函

由项目单位向初步确定的有能力的咨询公司发出一份建议书邀请函，要求咨询人提出咨询建议书，其中应包括邀请信、咨询人须知、技术建议书格式、财务建议书格式、任务大纲、合同草案等。目前,世界银行已经编制了咨询邀请函样本,对于在20万美元以上的合同,强制使用此邀请函格式;对于20万美元以下的合同,推荐使用此邀请函格式。

5. 建议书评审

在基于质量和费用的选择程序下,建议书的评审应分两个阶段进行:首先是质量,然后才是费用。必须明确,评审应按邀请函中规定的标准进行,不得随意改变。

6. 签订合同

由项目业主或执行组织与建议书评审中筛选出的最佳咨询公司签订咨询服务合同,进入咨询服务执行阶段。

第五节 合同管理

合同是平等主体的自然人、法人、其他经济组织之间建立、变更、终止民事法律关系的协议。合同管理就是对合同的执行进行管理,确保合同双方履行合同条款并协调合同执行与项目执行关系的系统工作。成功执行合同管理的前提是具备有关项目合同的基础知识和管理方法。

一、项目合同概述

项目合同是指项目业主或其代理人与项目承包人或供应人为完成某一确定的项目所指向的目标或规定的内容,明确相互的权利义务关系而达成的协议。项目合同具有以下特点:它是当事人协商一致的协议,是双方或多方的民事法律行为;其主体是自然人、法人和其他组织等民事主体;其内容是有关设立、变更和终止民事权利义务关系的约定,通过合同条款具体体现出来;它依法订立并具有法律约束力。

1. 合同的签订

项目合同的签订过程也就是项目合同的协商、形成过程,它由合格的法人在公平合理、等价交换、诚信原则指导下,经过要约和承诺两个步骤,在充分协商的基础上达成协议。

所谓要约,在经济活动中又称为发盘、出盘、发价、出价、报价等。要约通常由当事人一方向另一方提出订立合同的愿望。提出订立合同建议的当事人被称为"要约人",接受要约的一方被称为"受要约人"。要约的内容必须具体明确,表明只要接受要约人承诺,要约人即接受要约的法律约束。所谓承诺,即接受要约,是受要约人同意要约的意思表示。承诺也是一种法律行为,"要约"一经"承诺",就被认为当事人双方已协商一致,达成协议,合同即告成立。

2. 合同的履行

合同的履行是指合同生效后,当事人双方按照合同约定的标的、数量、质量、价款、履行期限、履行地点和履行方式等完成各自应承担的全部义务的行为。严格履行合同是双方当事人的义务,合同当事人必须共同按计划履行合同,实现合同所要达到的预定目标。项目合同的履行有实际履行和适当履行两种形式。

所谓实际履行,即要求按照合同规定的标的来履行,不得以支付违约金或赔偿损失的方式来免除一方当事人继续履行合同规定的义务。当然,在贯彻以上原则时,还应从实际出发,以免给对方和社会利益造成更大的损失。

所谓适当履行,即当事人按照法律和项目合同规定的标的,按质、按量地履行,不得以次充好、以假乱真,否则,权利人有权拒绝接受。

3. 合同的变更、转让、解除和终止

合同的变更指由于一定的法律事实而改变合同的内容和标的的法律行为。当事人双方协商一致,就可以变更合同,债权人可以将合同的权利全部或部分地转让给第三人,但债权人转让权利应当通知债务人。未经通知,该转让对债务人不发生效力。

合同的解除指消灭既存的合同效力的法律行为,其主要特征为:合同当事人必须协商一致;合同当事人应负责恢复原状之义务;其法律后果是消灭原合同的效力。合同解除有以下两种情况。一是协议解除。协议解除是指当事人双方通过协议解除原合同规定的权利和义务关系。协议解除有时是在订立合同时在合同中约定了解除合同的条件,当解除合同的条件成立时,合同就被解除;有时,在履行过程中,双方经协商一致同意解除合同。二是法定解除。法定解除是合同成立后,没有履行或者没有完全履行以前,当事人一方行使法定解除权而使合同终止。

合同的终止指当事人双方依照合同的规定，履行其全部义务后，合同即告终止。合同签订以后，是不允许随意终止的。根据我国的现行法律和有关司法实践，合同的法律关系可由于以下原因而终止：

(1) 合同因履行完毕而终止；
(2) 当事人双方混同为一人（即合同权利人和义务人合为一人）而终止；
(3) 合同因不可抗力的原因不能履行而终止；
(4) 合同因当事人协商同意而终止；
(5) 仲裁机构裁决或者法院判决终止合同。

4. 合同收尾

合同收尾过程支持项目收尾过程，因为两者都涉及验证所有工作和可交付成果是否可以接受的工作。合同收尾过程也包括诸如对记录进行更新以反映最终结果，将更新后的记录进行归档以供将来项目使用的管理活动。合同收尾过程只对该项目阶段适用范围的合同进行收尾，在合同收尾后，未解决的争议可能需进入诉讼程序。

合同提前终止是合同收尾的一项特例，可因双方的协商一致而产生或因一方违约而产生。双方在提前终止情况下的责任和权利在合同的终止条款中予以规定。

二、合同管理

合同管理是项目采购管理的实现阶段，也是项目采购管理乃至项目管理的核心。合同各方，包括业主、承包商和咨询工程师，都十分重视合同的管理工作，合同管理直接关系到项目实施是否顺利，各方的利益是否能够得到维护。

买卖双方进行合同管理都是为了类似的目的，即确保本身与对方都履行其合同义务，并确保自身的合法权利得到保障。合同管理是确保卖方的绩效符合合同要求和买方按照合同条款履约的过程。对使用多个产品、服务和成果供应商的大型项目来说，合同管理的一个关键方面是管理各供货商之间的接口。

1. 合同管理方法

做好合同管理工作，应在熟悉合同条款的基础上，有明确的责任划分和严密的合同管理手段，从而对一切可能产生的"扯皮"责任漏洞、责任的交叉与重叠等现象，事先加以防范。下面以项目工程为例，从三个方面讨论合同管理的方法。

1) 明确责任划分

合同的主要当事人是业主和承包人,这是合同的主要双方。监理工程师不属于合同的任何一方,但他在项目的执行中起着很重要的作用。责任划分指的是项目业主、承包人和监理工程师三者之间的责任划分,这是合同责任的最重要的划分机制。

业主的责任与义务:选择和任命监理工程师并将其任命和授权书面通知承包人;签订合同;审批承包人转包或分包的请求;在监理工程师认证的基础上按合同支付预付备料款及项目工程进度款;审批合同、工期及其他项目变更;处理合同中止或撤销事务;组织验收。

承包人的责任与义务:在合同规定的时间内,按照图样和技术规范的要求进行施工并完成工程;负责维修在缺陷责任期内出现的任何缺陷。其具体的合同义务,在合同文件中规定得非常详尽。

监理工程师的职责:按照世界银行的聘用咨询专家指南,监理工程师的职责包括一般职责(即在项目工程进行中就工程质量、工期、费用等向承包人发出各种信息、通知和批示),审核、签发工程进度表及工程进度款支付凭证,解释合同条款等。

2) 坚持工地会议制度

在合同管理中,现场会议(也称工地会议)是业主和监理工程师做好项目管理的一种有效措施。按照不同的任务和目的,现场会议可分为第1次现场会议、例行现场会议和每日现场协调三种会议形式。

(1) 第1次现场会议是承包人进入工地后的首次会议,它可以为监理工程师和承包人之间在开始阶段建立相互合作的良好关系,从而为今后的合同管理的顺利进行打下基础。第1次现场会议参加的人员有承包人的代表、项目经理、监理工程师及其代表、业主的代表,由监理工程师主持。会议的议程由监理工程师拟定,并送交承包人和业主及有关方面征求意见,以使与会各方有针对性地准备材料。

(2) 召开例行现场会议的目的,是对施工中发现的工程质量问题、施工进度延误以及承包人提出的工期延长或费用索赔的申请或有关的其他问题进行讨论,做出决定。例行现场会议一般为每月1～2次,有紧急需要时可随时召开。例行现场会议的记录,一经监理工程师和承包人认可,即成为正式记录,对双方均有约束力。

(3)每日现场协调(日常现场协调),指每天(或每隔几天)在指定的时间和地点,由指定的人员参加的,协调承包人和监理工程师之间日常工作的一种碰头会。它只是讨论、论证有关问题、协调工作,一般对问题不做决定。

3)严密的管理手段

合同管理工作既要有明确的责任分工,又要有一系列严密的、行之有效的管理手段,包括严格的审批程序、良好的通信和函电往来系统,以及健全的文档与记录管理制度。

(1)审批程序。合同一经签订,就必须按照各个条款中所规定的报批程序和审查批复的时限办事,否则就会构成不同程度的违约;任何无理拖延都是不允许的,都有损于履行合同的严肃性。向承包人发出一切指令、通知等,必须由监理工程师发出,业主及其部门不能越过监理工程师直接向承包人发出,以免"令出多门",造成管理上的混乱;监理工程师或其代表的口头指示,在承包人执行后应予书面确认;监理工程师应在收到承包人的工程进度报表或工程款支付证书的28天之内核证、签发并报送业主,业主则应在接到该证书的28天内向承包人付款;发生索赔事项时承包人必须在索赔事件发生的28天内提出索赔意向书,然后在28天内提交索赔详单和索赔依据,否则会丧失得到补偿的权利。

(2)通信和函电往来系统。土建工程,尤其是大型的公路、铁路、水电工程,往往是绵延几十公里或上百公里,或方圆几十平方公里,分成若干合同段同时施工,没有便利的通信和交通条件,就不能有效地进行管理。按照国际惯例,业主已经把合同管理的任务委托给监理工程师,所以监理工程师的通信和交通设备是否齐全和便利,就是一件十分重要的事情了。一般情况下,招标文件已明确规定由监理工程师及时提供这些装备。

(3)文档与记录管理制度。在整个项目的全过程中,文档与记录的管理,对于合同的管理起着重要作用。合同管理的基础是合同、双方的工作结果以及各种开销的单据。因此,必须管理好与卖方之间往来的各种书面文件、合同变更和卖方的付款申请书等文档。项目业主、监理工程师和承包商都应重视和做好文档与记录的管理工作。

项目管理人员必须正确认识自己采取和不采取行动的法律后果。当卖主履行了合同义务,完成了规定的工作,就要及时验收并向其支付款项;否则,卖方有权暂停工作,终止合同,甚至诉诸法律。合同管理涉及项目管理的其他方面,例如监视承包商在费用、进度和技术方面的表现;检查并核对其工作成果是否满足要求;保证变更经过有关方面的批准,并将其通知所有的有关方面。合同还应明确支付条款。

2. 合同管理常见问题及处理方法

1) 合同的转让与分包

没有业主的事先同意,承包人不得随意将合同或其任何部分及其收益转让、分包他人。工程分包应经监理工程师事先同意并审查批准。

2) 工程延期

延期是指合同规定的竣工期限的延长。引起延期的原因除了业主的主观因素和客观条件外还包括承包人的违约或者未能履行其义务和责任引起的延期。

发生延期后的28天内,承包人应将情况通知监理工程师,并抄送业主。若延期是由业主引起的,即使承包人未提出延期要求,监理工程师仍有权延期。若延期是不可抗力造成的或承包人的延期要求是合理的,监理工程师应当批准同意延期。

若延期纯属承包人的责任,则其必须向业主支付合同投标书附件中约定的延期违约赔偿金。

3) 工程变更

项目工程由于自身的性质特点、设计不周、不可抗力的影响或合同双方当事人出于对工程进展有利着想等,都会引起工程变更。

只要工程变更在原合同规定的范围内进行,则变更是允许的。根据有关规定,如果监理工程师在不改变承包人既定方针及施工方案的前提下,认为有必要对工程或其任何部分的形式、质量、数量做出变更,他有权指示承包人进行变更,承包人也应执行其变更指示。

当工程变更超过合同总价的50%时,监理工程师应与业主或承包人进行协商并调整合同价款,若合同双方协商不能达成一致意见,此款额由监理工程师在考虑合同中承包人的现场管理费用或总管理费用增减的因素后,予以确定。

4) 违约与违约的处理

承包人在签订合同后或合同执行中违约,监理工程师应提出书面警告并抄送业主,业主应在收到监理工程师的警告材料后,向承包人发出通知并在通知发出14天后进驻现场并终止对承包人的雇佣。

若业主违约,承包人有权终止合同,并向业主或监理工程师发出终止合同的通知,合同终止生效应在通知发出14天后。业主违约导致承包人单方面终止合同后,承包人可不经监理工程师批准将其施工装备或材料撤离施工现场。业主拖延支付工程进度款,承包人在向业主发出通知并抄送监理工程师28天后,有权暂停工程或放慢工程进度。由此造成的损失由监理工程师、业主协商解决,协商后追加合同总价。

5) 索赔

索赔指合同双方根据合同规定正式向对方要求的一种额外的支付,在项目采购中索赔是难以避免的,它直接涉及项目业主和承包人的利益。妥善处理索赔和防止不必要的索赔是监理工程师重要的工作职责。承包人向业主索赔是合同管理中最常见的索赔。索赔的程序如下。

(1) 发生索赔事件后28天以内,承包人应向监理工程师发出索赔意向通知并抄送业主一份,同时承包人应继续施工并保持同期记录。允许监理工程师审查所有与索赔事件有关的同期记录并提供副本。

(2) 承包商应在发出索赔通知后28天内向监理工程师报送详细的索赔材料、索赔依据和款额,若索赔事件具有连续影响,应每隔28天提交详细报告,直至索赔影响终结。

(3) 按国际工程索赔处理惯例,监理工程师收到承包商的索赔通知后,应及时论证索赔原因、依据、款额及应给予的工期延长,并与业主或承包商协商,尽快做出索赔处理决定。若承包商不满意索赔处理决定,可向监理工程师发出保留继续索赔的意向通知,并在竣工报表中进一步索赔或提交仲裁。

(4) 项目合同争端的法律解决途径有仲裁和诉讼。仲裁和诉讼的判决都具有法律权威,对争端双方都有约束力,可强制执行,但一般倾向于仲裁而非诉讼。因为仲裁具有灵活性和保密性强、效率高、费用低、宜于执行的优点。在我国,越来越多的项目将进行公开的国际竞争性招标,并按照国际通用的合同模式进行管理。项目合同争端的仲裁机构、仲裁地点,应尽量在合同文件中明确在中国进行。

诉讼属于采用司法程序处理争端的过程,采用诉讼方式解决争端,应注意,为了防范风险,最好在合同中对诉讼做出一定限制,如将涉及技术性的争端,交由双方指定的专家处理,以避免因不熟悉他国司法规则而使自己处于不利的地位。如合同中未明确对争端做出有效判决的法院,可能会造成合同双方向两个法院提起诉讼,从而导致不同的判决结果,造成判决执行困难。

解决的方法是在合同中就经由司法程序解决争端列入一项专属管辖权条款,责成当事各方将合同争端诉讼交由某一有资格判决的法院审理和判决。当确定采用诉讼解决争端时,应充分了解受理案件法院所在国家法律规定中的强制措施及允许采取的抗辩、反诉、上诉等规定,以防不测和保护自身合法权益。

第十一章

项目的风险管理

主要内容

- 项目风险与风险管理
- 项目风险识别
- 项目风险应对规划
- 专题：大型体育赛事的项目风险管理
- 项目风险管理规划
- 项目风险分析
- 项目风险监控

> 怀着做大事情的心态和方法去做小事情，所有的小事情也会做得井井有条。
>
> ——Alvin Tohler

从经济学的角度来看，"风险与收益成正比，高风险就意味着高收益"。但是，在项目管理中，情况似乎不仅仅是这样。任何活动都不可避免地存在不确定性，因而也就存在着各种各样的风险，项目管理的过程尤其如此。项目管理的理论研究和社会实践者们甚至认为，项目管理其实就是风险管理，项目经理的目标和任务就是与各种各样的风险做斗争。

第一节 项目风险与风险管理

对于风险一词,我们在日常生活中经常谈及,但要从理论角度对风险下一个科学的定义并不容易。风险一词在字典中的解释是"损失或伤害的可能性",通常人们对风险的理解是"可能发生的问题"。但不同的学者有不同的观点。

以研究风险问题著称的美国学者 A. H. 威雷特认为:"风险是关于不愿发生的事件发生的不确定性之客观体现。"

美国经济学家 F. H. 奈特认为:"风险是可测定的不确定性。"

我国台湾地区学者郭明哲认为:"风险是指决策面临的状态不确定而产生的结果。"

比较经典的风险定义是美国人韦氏(Webster)提出的,即"风险是遭受损失的一种可能性"。

还有的观点认为:"风险指损失发生的确定性(或称可能性),它是不利事件发生的概率及其后果的函数。""风险是人们因对未来行为的决策及客观条件不确定而可能引起的后果与预定结果发生多种负偏离的综合。"

综上所述,风险一词包括两方面的内涵:一是风险意味着出现了损失,或者是未实现预期的目标;二是指这种损失出现与否是一种不确定性随机现象,可以用概率表示出现的可能程度,但不能对出现与否做出确定性判断。通过对风险含义的分析可知,风险作为项目中存在的普遍现象,具有以下特征:①风险是损失或损害;②风险是一种不确定性;③风险是针对未来的;④风险是客观存在,不以人的意志为转移的,风险的度量不涉及决策人的主观效用和时间偏好;⑤风险是相对的,尽管风险是客观存在的,但它依赖于决策目标,同一方案、不同的决策目标会带来不同的风险;⑥风险是预期和后果之间的差异,是实际后果偏离预期结果的可能性。

一、项目风险

项目风险就是为实现项目目标进行的活动或事件的不确定性和可能发生的危险。为消除或有效控制项目风险,必须对项目风险进行科学的认识和剖析。项目风险是一种不确定事件或状况,它一旦发生,会对至少一个项目目标产生积极或消极影响。例如,风险的起因之一可能是项目需要申请环境许可证,或者是分配给项目的设计人员有限。而风险事件则是许可证颁发机构颁发许可证需要的时间比原计划长,或者因所分配的设计人员不足而无法完成任务。这两个不确定事件无论哪一个发生,都会对项目的费用、进度或者绩效产生影响。例如,项目管理方式欠佳,缺乏整合的管理系统,并行开展多个项目或者过分依赖无法控制的外单位参与者。

在项目管理中切忌把风险视作烫手的山芋,我们既要认识到风险可能会带来损失,也要认识风险可能会带来机遇及收益,要善于把握风险,把握风险带来的机遇,尽管它包含着一定的威胁。因此,对于风险的管理,并非要消除所有的风险(这也是不可能完成的任务),而是要控制不利的风险所带来的危害和损失。在项目的进程中,一种风险由产生到成熟,最后消亡,新的风险不断出现,整个项目的管理过程可以看成是各种风险交替出现的一个过程。风险管理的过程就可以相应地看作是在项目的整个生命周期内为了控制风险而采取的一系列行动,风险管理贯穿项目管理的始终。

对同一个事物采用不同的标准进行分类,会得到不同的结果。对项目风险种类的认识也是这样,因分类标准不同,风险可被分为不同的种类。

1. 按风险的来源分类

按风险的来源,可分为自然风险、社会风险、经营风险、技术风险。

(1) 自然风险。它指由于自然力的作用而带来的风险。如地震、火灾、暴雨等造成财产损失或人员伤亡的可能性。

(2) 社会风险。它指由于个人的行为反常或团体的不可预见行为所导致的风险,如战争、汇率变动、通货紧缩等因素对项目造成损失的可能性。

(3) 经营风险。它指人们在从事经济活动中,由于经营不善、决策失误、市场竞争、供求变化等导致项目损失的可能性。

(4) 技术风险。它指伴随科学技术的发展而带来的风险,如酸雨、化工排放物污染等。

2. 按风险对项目的影响分类

按风险对项目的影响,可分为积极风险和消极风险。积极风险指对项目起到促进作用而不是阻碍作用的风险。如项目工期紧张的风险存在,可激发项目成员的士气和斗志,促使项目更快完成;再如项目中资源有限风险的存在,会促使资源向重要项目任务调配,虽然某些次要的项目任务被忽略或延误了,却带来了项目重要工作任务的顺利完成。

3. 按风险的可控性分类

按风险的可控性,可分为可控风险和不可控风险。

(1)可控风险。它往往来自项目内部,如项目开发人员的技术水平低下不能胜任工作,会造成项目延误的风险,它可以通过对项目成员的事先评估进行控制。

(2)不可控风险。它往往来自项目外部,比如社会动荡、经济衰退、市场环境变化等,这些风险是项目管理者无法控制的。

4. 按风险对项目目标的作用分类

按风险对项目目标的作用,可分为工期风险、费用风险、质量风险、市场风险、信誉风险。

(1)工期风险。它指导致项目活动或整个项目工期延长的风险。

(2)费用风险。它指导致成本超支、收入减少,投资回收期延长、回报率降低的风险。

(3)质量风险。它指导致项目产出物不能通过验收或项目建成后达不到预定生产能力的风险。

(4)市场风险。它指导致项目建成后达不到预期的市场份额、不具备市场竞争力的风险。

(5)信誉风险。它指造成项目组织信誉受到损失的风险。

风险的划分方式林林总总,似乎风险深不可测,更重要的是对风险的本质进行分析,风险意味着一种不确定性,意味着可能给企业或项目带来某种影响。这种影响可从以下五个方面加以分析,它们便是风险的实质。

(1)风险发生概率。即风险发生的可能性。如成本超支的可能性将会高过50%吗?

(2)风险发生频率。即这样的风险事件在项目中多长时间发生一次。如员工流失多久发生一次?

(3)风险发生后果。即风险对项目产生的影响。如风险将会对项目实施的哪些领域产生影响?

(4)风险重要程度。并非所有的风险都会被一视同仁。如一个估计不足的项目进度计划会对项目产生致命影响吗?

(5)风险综合评价。有些风险影响比较大,而发生概率小和频率低,而有些风险影响不大,但出现的可能性很大。所以,我们需要对风险进行综合评价,需要将两种因素综合考虑,这就是风险综合评价。最简单的风险综合评价方式是计算风险的重要程度与风险发生概率之积。

二、项目风险管理

风险普遍存在,对企业或项目影响很大,加强风险管理格外重要。但在大多数人的眼中,风险是一种偶然性,在风险事件发生以前难以验证,而且风险管理还是一种消极性努力,由此人们对风险管理往往持消极态度。因此,风险管理首先要解决态度问题,充分认识风险管理的重要作用。

1. 项目风险管理的概述

风险管理起源于第一次世界大战中战败的德国,德国较早建立了风险管理的系统理论。20世纪50年代初,一些公司发生的重大损失使高层决策者认识到风险管理的重要性。从60年代起,美国的风险管理研究逐步趋向系统化、专业化,发展成为管理领域中一门独立的学科专业。项目风险管理是一种综合性的管理活动,其理论和实践涉及自然科学、社会科学、工程技术、系统科学等多种学科。

随着经济的全球化和社会活动的大型化,世界市场趋向一体化,各行业正面对着高不确定性的环境条件,面临着不同层面的风险,风险管理已成为当今社会的热门话题。

随着风险管理和项目管理的日益普及,迫切需要更为规范的项目管理科学体系作为理论基础,于是世界各国的项目管理专业组织纷纷建立各自国家的项目管理知识体系,在各国的项目管理知识体系中都把风险管理作为重要的管理内容之一。中国的项目管理知识体系文件——《中国项目管理知识体系》,对风险管理也进行了详细规范,以此作为项目管理规范化运作的理论基础和技术指南。

所谓风险管理,就是要在风险成为影响项目成功的威胁之前,识别、着手处理并消除风险的源头。项目风险管理就是项目管理班子通过风险识别、风险估计和风险评价,并以此为基础合理地使用多种管理方法、技术和手段对项目活动涉及的风险实行有效的控制,主动采取行动,创造条件,尽量扩大风险事件的有利结果,妥善处理风险事故造成的不利后果,以最少的成本保证安全、可靠地实现项目的总目标。简单地说,项目风险管理就是指对项目风险从识别到分析、评价乃至采取应对措施等一系列过程,它包括使积极因素所产生的影响最大化和使消极因素产生的影响最小化两方面的内容。

随着科学技术和社会生产力的迅猛发展,项目的规模化以及技术和组织管理的复杂化突出了项目管理的复杂性和艰巨性。作为项目管理的重要一环,项目风险管理对保证项目实施的成功具有重要的作用和意义。

(1) 项目风险管理能促进项目实施决策的科学化、合理化,降低决策的风险水平。

(2) 项目风险管理能为项目组织提供安全的经营环境。

(3) 项目风险管理能够保障项目组织经营目标的顺利实现。

(4) 项目风险管理能促进项目组织经营效益的提高。

(5) 项目风险管理有利于资源分配达到最佳组合,有利于提高全社会的资金使用效益。

(6) 项目风险管理有利于社会的稳定发展。

项目的风险来源、风险的形成过程、风险潜在的破坏机制、风险的影响范围及风险的破坏力错综复杂,单一的管理技术或单一的工程、技术、财务、组织、教育和程序措施都有局限性,都不能完全奏效。必须综合运用多种方法、手段和措施,才能以最少的成本将各种不利后果减少到最低程度。因此,项目风险管理是一种综合性的管理活动,其理论和实践涉及自然科学、社会科学、工程技术、系统科学、管理科学等多种学科。项目风险管理在风险估计和风险评价中使用概率论、数理统计甚至随机过程的理论和方法。

由于风险的不可预知性,风险管理的难度很大,对具体的操作很难简明地阐述。怎样进行风险管理呢?可以根据风险处理的时点,从事前、事中、事后去进行风险分析、定位及管理。

(1) 事前。着力预防风险和扼杀风险源头。将风险识别、分析和防范等作为一套系统的措施加以规划和执行,"防患于未然"。扼杀源头指注重监控风险,分析、识别进而消除风险可能产生的源头,从而把风险"扼杀在摇篮里"。

(2) 事中。在项目进展中,一旦察觉到了风险发生的可能,要迅速做出反应,将项目风险发生的可能或影响控制在可以承受的范围之内,"先下手为强"。

(3) 事后。强调危机管理,即在风险已经对项目产生了不利影响的时候着手处理它们,把风险的不利影响降至最小,处于项目可以承受的范围内,"亡羊补牢,为时未晚"。

项目风险管理过程一般由若干主要阶段组成,这些阶段不仅其间相互作用,而且与项目管理的其他区域也相互影响,每个风险管理阶段的完成都可能需要项目风险管理人员的努力。

美国系统工程研究所(SEI)把风险管理的过程主要分成若干个环节,即风险识别、风险分析、风险计划、风险跟踪、风险控制和风险沟通。

我国毕星、翟丽主编的《项目管理》一书把项目风险管理的阶段划分为风险识别、风险分析与评估、风险处理、风险监视四个阶段。

项目风险管理就是对项目寿命周期中可能遇到的风险进行预测、识别、评估、分析,并在此基础上有效地处置风险,以最低成本实现最大的安全保障。按照《项目管理知识体系指南(第3版)》,项目风险管理包括风险管理规划、风险识别、风险定性分析、风险定量分析、风险应对规划、风险监控等六个过程。

第二节 项目风险管理规划

一、概念

风险在人类的大多数活动中存在,并随时间的变化而变化,但风险是可以通过人类的活动来改变其形式和程度的,因而风险是可以管理的。风险管理规划就是为了实现对风险的管理而制定一份结构完备、内容全面且互相协调的风险管理策略文件,以尽可能消除风险或尽量降低风险的危害。风险管理规划对于能否成功进行项目风险管理、完成项目目标至关重要。

风险管理规划是规划、设计如何进行项目风险管理的过程,是项目风险管理的一整套计划,如定义项目风险管理的行动方案、选择合适的风险管理方法,确定风险判断的依据等,具体包括以下内容。

1. 方法论

确定风险管理使用的方法、工具和数据来源,这些内容可随项目阶段及风险评估情况做适当的调整。

2. 人员

明确风险管理活动中领导者、支持者及参与者的角色定位、任务分工及其各自的责任。

3. 时间周期

界定项目生命周期中风险管理过程的各运行阶段及过程评价、控制和变更的周期或频率。

4. 类型级别及说明

定义并说明风险评估和风险量化的类型级别。明确的定义和说明对于防止决策滞后和保证过程连续是很重要的。

5. 基准

明确定义由谁以何种方式采取风险应对行动。合理的定义可作为基准来衡量项目团队风险应对计划的有效性,并避免发生项目业主方与项目承担方对该内容理解的差异性。

6. 汇报形式

规定风险管理各过程中应汇报或沟通的内容、范围、渠道及方式。汇报与沟通应涵盖项目团队内部之间、项目外部与投资方及其他项目利益相关者之间。

7. 跟踪

规定如何以文档的方式记录项目过程中风险及风险管理的过程,风险管理文档可有效应用于对当前项目的管理与监控、经验教训的总结及日后项目的指导。

二、风险管理规划的程序

1. 为严重风险确定风险设想

风险设想是对可能导致风险发生的事件和情况的设想。应针对所有对项目成功有关键作用的风险来进行风险设想。确定风险设想一般有三个步骤:

(1) 假设风险已经发生,考虑如何应对;

(2) 假设风险将要发生,说明风险设想;

(3) 列出风险发生之前的事件和情况。

2. 制定风险应对备用方案

风险应对备用方案是指应对风险的一套备用方案。风险应对策略用接受、避免、保护、减少、研究、储备和转移来制定风险应对备用方案。每种策略应包括目标、约束和备用方案。

3. 选择风险应对途径

风险应对途径缩小了选择范围,并将选择集中在应对风险的最佳备用方案上。可将几种风险应对策略结合为一条综合途径。例如,通过市场调查来获得统计数据,根据调查结果,可能会将风险转移到第三方,也可能使用风险储备,开发新的内部技术。选择风险应对途径有助于确定应对风险的最佳备用方案。

4. 制订风险管理计划

风险管理计划详细说明了所选择的风险应对途径,它将途径、所需的资源和批准权力编写为文档,一般应包含下列因素:批准权力、负责人、所需资源、开始日期、活动、预计结束日期、采取的行动和取得的结果。

5. 建立风险管理模板

风险管理计划并不需要立即实施。在项目实施初期,风险评估倾向于识别至关紧要的重要风险,由于它们并不会立即发生,在风险计划中比较容易被忽视,这些重要的问题在跟踪中也容易被遗忘,除非设置某种机制,否则这些问题会被遗忘,直到出现无法补救的后果。要做到尽早警告,可使用以定量目标和阈值为基础的触发器。

风险管理模板规定了风险管理的基本程序、风险的量化目标、风险的警告级别、风险的控制标准等,从而使风险管理标准化、程序化和科学化。

6. 确定风险数据库模式

项目风险数据库应包含若干数据字段以全面描述项目风险。数据库设计一般包括数据库结构和数据文件两部分,项目风险数据库应包括项目生命周期过程中所有相关活动。项目风险数据库模式,是从项目风险数据库结构设计的角度来介绍项目风险数据库。一个项目风险数据库至少应包括下列数据字段:

(1) 存入号码;
(2) 日期;
(3) 状态;
(4) 识别者;
(5) 风险类型;
(6) 风险标题;

(7) 可能性；

(8) 后果；

(9) 时间框架；

(10) 项目；

(11) 阶段；

(12) 功能；

(13) WBS；

(14) 风险陈述；

(15) 风险场景；

(16) 风险分析；

(17) 现在的优先级；

(18) 以前的优先级；

(19) 风险应对；

(20) 决策；

(21) 风险行动计划；

(22) 定量目标；

(23) 指标；

(24) 阈值；

(25) 触发器；

(26) 成本；

(27) 节省的成本。

三、风险管理规划的依据和方法

风险管理规划的依据如下。

(1) 项目规划中所包含或涉及的有关内容,如项目目标、项目规模、项目利益相关者情况、项目复杂程度、所需资源、项目时间段、约束条件及假设前提等,可作为规划的依据。

(2) 项目组织及个人所经历和积累的风险管理经验与实践。

(3) 决策者、责任方及授权情况。

(4) 项目利益相关者对项目风险的敏感程度及可承受能力。

(5) 可获取的数据及管理系统情况。丰富的数据和严密的系统基础,将有助于风险识别、评估、量化及对应策略的制定。

（6）风险管理模板。项目经理及项目组将利用风险管理模板对项目进行管理，从而使风险管理标准化、程序化。模板应在管理的应用中得到不断改进。

风险管理规划一般通过举行项目团队规划会议的方法制定。会议参加人员应包括项目经理、项目团队成员及任何与风险管理规划有关的利害关系者，负责管理风险规划和实施活动的人员及其他应参与人员。

风险管理规划会议将具体地把风险管理标准模板应用于当前的项目，充分运用项目工作分解结构、风险核对表技术和风险管理表格、风险数据库等工具，结合当前项目实际，制订针对整个项目生命周期的风险识别、风险分析、风险应对及风险监控的计划。

项目风险规划需要利用一些专门的技术和工具，如项目工作分解结构和风险核对表技术、风险管理表格、风险数据库模式等。下面就风险管理表格和风险数据库模式作简单介绍。

1. 风险管理表格

风险管理表格记录着风险管理的基本信息。风险管理表格是一种系统地记录风险管理信息并跟踪到底的方式。

2. 风险数据库模式

风险数据库表明了识别风险及相关的信息组织方式，它将风险信息组织起来供人们查询、跟踪、排序和产生报告。一个简单的电子表格可作为风险数据库的一种实现，因为它能自动完成排序、报告等。风险数据库的实际内容不是计划的一部分，因为风险是动态的，并随着时间的变化而改变。

四、风险管理规划的成果

风险管理规划的成果是形成一套风险管理计划文件，其中最重要的是风险形势估计、风险管理计划和风险规避计划。

在风险管理规划阶段，应该根据风险分析的结果对项目风险形势估计进行修改。修改时应该对已经选定的风险规避策略的有效性进行评价，重点放在这些策略会取得哪些成果上。项目风险形势估计将最后敲定风险规避策略的目标，找出必要的策略、措施和手段，并对任何必要的应急和后备措施进行评价。项目风险形势估计还应当确定为实施风险规避策略而使用的资金的效果和效率。

风险管理计划要说明如何把风险分析和管理步骤应用于项目之中。该文件详细地说明风险识别、风险估计、风险评价和风险控制过程的所有方面。风险管理计划还要说明项目整体风险评价基准是什么，应当使用什么样的方式以及如何参照这些风险评价基准对项目整体风险进行评价。

风险规避计划是在风险分析工作完成之后制订的详细计划。不同的项目，风险规避计划内容不同，但是，至少应当包含如下内容：风险来源的识别；已识别出的关键风险因素的评估；建议的风险规避策略；项目风险形势估计、风险管理计划和风险规避计划三者综合之后的总策略；实施规避策略所需资源的分配；风险规避成功的标准，即何时可以认为风险已被规避；跟踪、决策以及反馈的时间和应急计划。

第三节　项目风险识别

风险识别就是确定风险的来源、风险产生的条件、描述其风险特征和确定哪些风险事件有可能影响本项目，并将其特性记载成文的管理活动。

风险识别是项目风险管理的基础和重要组成部分，通过风险识别，可以将那些可能给项目带来危害和机遇的风险因素识别出来，把风险管理的注意力集中到具体的项目上来。

项目风险识别具有如下特点。

1. 全员性

项目风险的识别不只是项目经理或项目组个别人的工作，而是项目组全体成员参与并共同完成的任务。因为每个项目组成员的工作都会有风险，每个项目组成员都有各自的项目参与经历和项目风险管理经验。

2. 系统性

项目风险无处不在，无时不有，决定了风险识别的系统性，即项目寿命期过程中的风险都属于风险识别的范围。

3. 动态性

风险识别并不是一次性的，在项目计划、实施甚至收尾阶段都要进行风险识别。根据项目内部条件、外部环境以及项目范围的变化情况，适时、定期进行项目风险识别是非常必要和重要的。因此风险识别在项目开始、每个项目阶段中间、主要范围变更批准之前进行。它必须贯穿项目全过程。

4. 信息性

风险识别需要做许多基础性工作,其中重要的一项工作是收集相关的项目信息。信息的全面性、及时性、准确性和动态性决定了项目风险识别工作的质量和结果的可靠性与精确性,项目风险识别具有信息依赖性。

5. 综合性

风险识别是一项综合性较强的工作,除了在人员参与、信息收集和范围等方面具有综合性特点外,在风险识别过程中还要综合应用各种风险识别的技术和工具。

风险识别是一项反复进行的过程。随着项目生命周期的进展,新风险可能会不断出现。风险识别反复的频率以及谁参与识别过程都会因项目而异。风险识别不是一次就可以完成的事,应当在项目的整个生命周期自始至终定期进行。参加风险识别的人员通常包括项目经理、项目团队成员、风险管理团队、项目团队之外的相关领域专家、顾客、最终用户、项目利害关系者和风险管理专家。虽然上述人员是风险识别过程的关键参与者,但应鼓励所有项目人员参与风险识别。值得特别强调的是:项目团队应自始至终全过程参与风险识别过程,以便针对风险及其应对措施的形成保持一种责任感。

一、风险识别的依据

项目风险识别的主要依据包括项目规划、风险管理计划、风险种类、历史资料、制约因素与假设条件。

1. 项目规划

项目规划中的项目目标、任务、范围、进度计划、费用计划、资源计划、采购计划及项目承包商、业主方和其他利益相关方对项目的期望值等都是项目风险识别的依据。

2. 风险管理计划

风险管理计划对整个项目生命周期确定了如何组织和进行风险识别、风险评估、风险量化、风险应对及风险监控,定义了项目组织及成员风险管理的行动方案及方式,指导项目组织选择风险管理方法,是项目风险识别的重要依据。

3. 风险种类

风险种类指那些可能对项目产生正面或负面影响的风险源。一般的风险种类有技术风险、质量风险、过程风险、管理风险、组织风险、市场风险及法律法规变更等。项目的风险种类应能反映出项目所在行业及应用领域的特征，掌握了各风险种类的特征规律，也就掌握了风险识别的钥匙。

4. 历史资料

项目风险识别的重要依据之一就是历史资料。类似项目的历史资料及其经验教训对于识别本项目的风险非常有用。项目管理人员可以翻阅过去项目的档案或向曾参与类似项目的有关各方征集历史资料，这些资料档案中常常有详细的记录，记载着一些事故的来龙去脉，这对本项目的风险识别极有帮助。

5. 制约因素与假设条件

项目建议书、可行性研究报告、设计等项目计划和规划性文件一般都是在若干假设、前提条件下估计或预测出来的。这些前提和假设在项目实施期间可能成立，也可能不成立，故项目的前提和假设之中隐藏着风险。项目环境必然受到国家的法律、法规和规章等项目主体无法控制的因素的制约，这也隐藏着风险。因此项目计划和规划的前提、假设和制约因素，应当作为风险识别的依据。

二、风险识别程序

风险识别一般可分三步进行：

第一步，收集资料。资料和数据能否到手、是否完整必然会影响项目风险的大小。能帮助我们识别风险的资料有：项目产品或服务的说明书；项目的前提、假设和制约因素；与本项目类似的案例。

第二步，风险形势估计。风险形势估计是要明确项目的目标、战略、战术、实现项目目标的手段和资源以及项目的前提和假设，以确定项目及其环境的变数。

第三步，根据直接或间接的症状将潜在的风险识别出来。

风险识别首先需要对项目计划、项目假设条件和制约因素、与本项目具有可比性的已有项目的文档及其他信息进行综合审核。风险的识别可以从原因查结果，也可以从结果反过来找原因。

三、风险识别方法

原则上,风险识别可以从原因查结果,也可以从结果反过来找原因。从原因查结果,就是先找出本项目会有哪些事件发生,发生后会引起什么样的结果。例如,项目进行过程中,关税税率会不会变化?关税税率提高和降低两种情况各会引起什么样的后果?从结果找原因,例如,建筑材料涨价将引起项目超支,哪些因素会引起建筑材料涨价?项目进度拖延会造成诸多不利后果,造成进度拖延的常见因素有哪些?是项目执行组织最高管理层犹豫不决,还是政府有关部门审批程序烦琐复杂?是设计单位没有经验,还是手头的工作太多?施工阶段进入雨季?等等。

在具体识别风险时,还可以利用一些具体的工具和技术。

(一) 德尔菲法

德尔菲是古希腊地名。相传太阳神阿波罗在德尔菲杀死了一条巨蟒,成了德尔菲主人。阿波罗不仅年轻英俊,而且对未来有很高的预见能力。在德尔菲有座阿波罗神殿,是一个预卜未来的神谕之地,于是人们就借用此名,作为这种方法的名字。

德尔菲法最早出现于 20 世纪 50 年代末,是当时美国为了预测在其"遭受原子弹轰炸后,可能出现的结果"而发明的一种方法。1964 年,美国兰德公司的赫尔默(Helmer)和戈登(Gordon)发表了《长远预测研究报告》,首次将德尔菲法用于技术预测中,以后便迅速被应用于美国和其他国家。德尔菲法除了用于科技领域的预测外,还几乎可以用于任何领域的预测,如军事预测、人口预测、医疗保健预测、经营和需求预测、教育预测等。此外,它还用于评价、决策和规划工作,并且在长远规划者和决策者心目中享有很高的威望。《未来》杂志的数据显示,从 20 世纪 60 年代末到 70 年代中期,专家会议法和德尔菲法(以德尔菲法为主)在各类预测方法中所占比重由 20.8% 增加到 24.2%。80 年代以来,我国不少单位也采用德尔菲法进行预测、决策分析和编制规划工作。

1. 德尔菲法的基本特征

德尔菲法本质上是一种反馈匿名函询法。其做法是,在对所要预测的问题征得专家的意见之后,进行整理、归纳、统计,再匿名反馈给各专家,再次征求意见,再集中,再反馈,直至得到稳定的意见。其过程可简单表示如下:匿名征求专家意见—归纳、统计—匿名反馈—归纳、统计,若干轮后,停止。

总之,它是一种利用函询形式的集体匿名思想交流过程。它有区别于其他专家预测方法的三个明显的特点:匿名性、多次有控制的反馈、小组的统计回答。

(1) 匿名性。匿名性是德尔菲法的极其重要的特点,从事预测的专家彼此互不知道其他有哪些人参加预测,他们是在完全匿名的情况下交流思想的。

(2) 多次有控制的反馈。小组成员的交流是通过回答组织者的问题来实现的,它一般要经过若干轮反馈才能完成预测。

(3) 小组的统计回答。最典型的小组预测结果是反映多数人的观点,少数派的观点至多概括地提及一下。但是这并没有表示出小组的不同意见的状况。而统计回答却不是这样,它报告一个中位数和两个四分点,其中一半落在两个四分点内,另一半落在两个四分点之外。这样,每种观点都包括在这样的统计中,避免了专家会议法只反映多数人的观点的缺点。

2. 德尔菲法的程序

在德尔菲法的实施中,始终有两方面的人在活动:一是预测的组织者;二是被选出来的专家。首先应注意的是德尔菲法中的调查表与通常的调查表有所不同,它除了有调查表向被调查者提出问题,要求回答的内容外,还兼有向被调查者提供信息的责任。它是专家们交流思想的工具。

德尔菲法的程序是以轮来说明的。在每一轮中,组织者与专家都有各自不同的任务。

(1) 第一轮。①由组织者发给专家不带任何框框,只提出预测问题的开放式的调查表,请专家围绕预测主题提出预测事件。②组织者汇总整理专家调查表,归并同类事件,排除次要事件,用准确术语提出一个预测事件一览表,并将其作为第二轮调查表发给专家。

(2) 第二轮。①专家对第二轮调查表所列的每个事件做出评价。例如,说明事件发生的时间、争论问题和事件或迟或早发生的理由。②组织者统计处理第二轮专家意见,整理出第三张调查表。第三张调查表包括事件、事件发生的中位数和上下四分点,以及事件发生时间在四分点外侧的理由。

(3) 第三轮。①发放第三张调查表,请专家重审争论;对上下四分点外的对立意见做一个评价;给出自己新的评价(尤其是在上下四分点外的专家,应重述自己的理由);如果修正自己的观点,也请叙述改变理由。②组织者回收专家们的新评论和新争论,与第二轮类似地统计中位数和上下四分点;总结专家观点,重点在争论双方的意见,形成第四张调查表。

(4) 第四轮。①发放第四张调查表,专家再次评价和权衡,做出新的预测。是否要求做出新的论证与评价,取决于组织者的要求。②回收第四张调查表,计算每个事件的中位数和上下四分点,归纳、总结各种意见的理由及争论点。

应注意以下几点。①并不是所有被预测的事件都要经过四轮。可能有的事件在第二轮就达到统一,而不必在第三轮中出现。②在第四轮结束后,专家对各事件的预测也不一定都达到统一,若不统一,也可以用中位数和上下四分点来作结论。事实上,总会有许多事件的预测结果都不统一的。

3. 预测结果的表示

德尔菲法的预测结果可用表格、直观图或文字叙述等形式表示。

(1) 表格形式。表中只需列出事件的名称、相应的中位数和四分点。

(2) 直观图或文字叙述形式。

(二) 头脑风暴法

头脑风暴法是在解决问题时常用的一种方法,具体来说就是团队的全体成员自发地提出主张和想法。产生热情的、富有创造性的、更好的方案。

头脑风暴法更注重想出主意的数量,而不是质量。这样做的目的是要团队想出尽可能多的主意,鼓励成员有新奇或突破常规的主意。

头脑风暴法的做法如下。当讨论某个问题时,由一个协助的记录人员在翻动记录卡或黑板前做记录。首先,由某个成员说出一个主意,接着下一个出主意,这个过程不断进行,每人每次想出一个主意。这一循环过程一直进行,直到想尽了一切主意或限定时间已到。

应用头脑风暴法时,要遵循两个主要的规则:不进行讨论,没有判断性评论。一个成员说出他的主意后,紧接着下一个成员说。人们只需要说出一个主意,不要讨论、评判,更不要试图宣扬。

(三) 核对表法

核对表是基于以前类比项目信息及其他相关信息编制的风险识别核对图表。核对表一般按照风险来源排列。利用核对表进行风险识别的主要优点是快而简单,缺点是受到项目可比性的限制。

人们考虑问题有联想习惯。在过去经验的启示下,思想常常变得很活跃,浮想联翩。风险识别实际上是关于将来风险事件的设想,是一种预测。如果把人们经历过的风险事件及其来源罗列出来,写成一张核对表,那么,项目管理人员看了就容易开阔思路,容易想到本项目会有哪些潜在的风险。核对表可以包含多种内容,例如以前项目成功或失败的原因、项目其他方面规划的结果(范围、成本、质量、进度、采购与合同、人力资源与沟通等计划成果)、项目产品或服务的说明书、项目班子成员的技能、项目可用资源等等。还可以到保险公司去索取资料,认真研究其中的保险例外,这些东西能够提醒还有哪些风险尚未考虑到。

(四) SWOT 分析法

SWOT 分析法是一种环境分析方法,所谓的 SWOT 是英文 Strength(优势)、Weakness(劣势)、Opportunity(机遇)和 Threat(挑战)的简写。

SWOT 分析法一般分为五步。

(1)列出项目的优势和劣势,可能的机会与威胁,填入道斯矩阵的Ⅰ、Ⅱ、Ⅲ、Ⅳ区,如图 11-1 所示。

	Ⅲ 优势 列出自身优势	Ⅳ 劣势 具体列出弱点
Ⅰ 机会 列出现有的机会	Ⅴ SO战略 抓住机遇、发挥优势的战略	Ⅵ WO战略 利用机会、克服劣势的战略
Ⅱ 挑战 列出正面临的威胁	Ⅶ ST战略 利用优势、减少威胁的战略	Ⅷ WT战略 弥补缺点、规避威胁的战略

图 11-1 道斯矩阵

(2)将内部优势与外部机会相组合,形成 SO 策略,制定抓住机遇、发挥优势的战略,填入道斯矩阵的Ⅴ区。

(3)将内部劣势与外部机会相组合,形成 WO 策略,制定利用机会、克服劣势的战略,填入道斯矩阵的Ⅵ区。

(4)将内部优势与外部威胁相组合,形成 ST 策略,制定利用优势、减少威胁战略,填入道斯矩阵的Ⅶ区。

(5)将内部劣势与外部挑战相组合,形成 WT 策略,制定弥补缺点、规避威胁的战略,填入道斯矩阵的Ⅷ区。

(五) 检查表法

检查表是管理中用来记录和整理数据的常用工具。用检查表进行风险识别时,将项目可能发生的许多潜在风险列于一个表(见表 11-1)上,供识别人员进行检查核对,用来判别某项目是否存在表中所列或类似的风险。检查表中所列的是历史上类似项目曾发生过的风险,是项目风险管理经验的结晶,对项目管理人员具有开阔思路、启发联想、抛砖引玉的作用。一个成熟的项目公司或项目组织要掌握丰富的风险识别检查表工具。

表 11-1　项目演变过程中可能出现的风险因素检查表

生命周期	可能的风险因素
全过程	(1) 对一个或更多阶段的投入时间不够; (2) 没有记录下重要信息; (3) 尚未结束一个或更多前期阶段就进入下一阶段
概念	(1) 没有书面记录下所有的背景信息与计划; (2) 没有进行正式的成本-收益分析; (3) 没有进行正式的可行性研究; (4) 不知道是谁首先提出了项目创意
计划	(1) 准备计划的人过去没有承担过类似项目; (2) 没有写下项目计划; (3) 遗漏了项目计划的某些部分; (4) 项目计划的部分或全部没有得到所有关键成员的批准; (5) 指定完成项目的人不是准备计划的人; (6) 未参与制订项目计划的人没有审查项目计划,也未提出任何疑问
执行	(1) 主要客户的需要发生了变化; (2) 搜集到的有关进度情况和资源消耗的信息不够完整或不够准确; (3) 项目进展报告不一致; (4) 一个或更多重要的项目支持者有了新的分配任务; (5) 在实施期间替换了项目团队成员; (6) 市场特征或需求发生了变化; (7) 做了非正式变更,并且没有对它们带给整个项目的影响进行一致分析
结束	(1) 一个或更多项目驱动者没有正式批准项目成果; (2) 在尚未完成项目所有工作的情况下,项目成员就被分配到了新的项目组织中

四、风险识别的成果

风险识别之后要把结果整理出来,写成书面文件,为风险分析的其余步骤和风险管理做准备。风险识别主要形成以下四个方面的内容。

1. 风险来源表

该表不管风险事件发生的频率和可能性、收益、损失、损害或伤害如何,应尽可能全面地一一罗列所有的风险,并以文字说明其来源、风险的可能后果、预计的可能发生时间及次数。

2. 风险分类或分担

对识别出的风险应进行分类或分组,分类或分组的结果应便于进行风险分析的其余步骤和风险管理。

3. 描述风险症状

将风险事件的各种外在表现(如风险苗头和前兆等)描述出来,以便项目管理者发现和控制风险。

4. 对项目管理其他方面的要求

在风险识别的过程中可能会发现项目管理其他方面的问题需要完善和改进,应在风险识别结果中表现出来并向有关人员提出要求,让其进一步完善或改进工作。

第四节　项目风险分析

项目风险分析包括风险定性、定量分析。风险定性分析指通过考虑风险发生的概率,风险发生后对项目目标的影响和其他因素(费用、进度、范围和质量风险承受度水平),对已识别风险的优先级进行评估。风险定量分析指对定性风险分析过程中识别出的对项目需求存在潜在重大影响而排列在前的风险进行的量化分析,并就风险分配一个数值。

一、风险定性分析

风险是指损失发生的不确定性(或可能性),所以风险是不利事件发生的概率及其后果的函数,而风险定性分析就是分析风险的性质、估算风险事件发生的概率及其后果的严重程度,以降低其不确定性。

风险与概率密切相关,概率是度量某一事件发生的可能性大小的量,它是随机事件的函数。必然发生的事件,其概率为1,记为$P(U)=1$,其中U代表必然事件;不可能事件,其概率为零,记为$P(V)=0$,其中V代表不可能事件;一般的随机事件,其概率在0与1之间,记为$0 \leqslant P(A) \leqslant 1$,其中A代表任一随机事件。

项目风险后果是多种多样的,为了对风险及其影响进行排序,我们需要采取一些特殊的计量方式,常用的有风险标识和序数。

标识标度可以用来区分不同的风险,但不涉及数量。不同的颜色和符号都可以作为标识标度。例如,项目管理者如果感到项目进度拖延的后果非常严重,可用紫色表示进度拖延;如果感到很严重,可用红色表示;如果感到严重,则用橘红色表示。序数标度是事先确定一个基准,然后按照与这个基准的差距大小将风险排出先后顺序,可以区别出各风险之间的相对大小和重要程度。但序数标度无法判断各风险之间的具体差别大小,只能给出一个相对的先后排列顺序,例如将风险分为已知风险、可预测风险和不可预测风险就是一种序数标度。

1. 风险定性分析的程序

(1) 系统研究项目风险的背景信息;
(2) 详细研究已辨识项目中的关键风险;
(3) 确定风险的发生概率及后果;
(4) 做出主观判断;
(5) 排列风险优先顺序。

2. 风险定性分析的方法

风险定性分析的技术方法有风险概率分析与影响评估、概率和影响矩阵、风险紧迫性评估等。

1) 风险概率分析与影响评估

风险概率分析指调查每项具体风险发生的可能性。风险影响评估旨在分析风险对项目目标(如时间、费用、范围或质量)的潜在影响,既包括消极影响或威胁,也包括积极影响或机会。可通过挑选对风险类别熟悉的人员,采用召开会议或进行访谈等方式对风险进行评估。

2）概率和影响矩阵

根据评定的风险概率和影响级别，对风险进行等级评定。通常采用参照表的形式或概率和影响矩阵（见表11-2）的形式，评估每项风险的重要性及其紧迫程度。概率和影响矩阵规定了各种风险概率和影响组合，并规定哪些组合被评定为高重要性、中重要性或低重要性。

组织应确定哪种风险概率和影响的组合可被评定为高风险（红灯状态）、中等风险（黄灯状态）或低风险（绿灯状态）。在黑白两种色彩组成的矩阵中，这些不同的状态可分别用不同深度的灰色代表，如表11-2所示，深灰色区域（数值最大的区域）代表高风险；中度灰色区域（数值最小的区域）代表低风险，而浅灰色区域（数值介于最大和最小值之间的区域）代表中等风险。通常，由组织在项目开展之前界定风险等级评定程序。

风险分值可为风险应对措施提供指导。例如，如果风险发生会对项目目标产生不利影响（即威胁），并且处于矩阵高风险（深灰色）区域，可能就需要采取重点措施，并采取积极的应对策略。而对于处于低风险（中度灰色）区域的威胁，只需将之放入待观察风险清单或分配应急储备额外，不需采取任何其他积极管理措施。

同样，处于高风险（深灰色）区域的机会最容易实现而且能够带来最大的利益，所以，应先以此为工作重点。对于低风险（中度灰色）区域的机会，应进行监测。

表 11-2　概率和影响矩阵

概率	威胁					机会				
0.90	0.05	0.09	0.18	0.36	0.72	0.72	0.36	0.18	0.09	0.05
0.70	0.04	0.07	0.14	0.28	0.56	0.56	0.28	0.14	0.07	0.04
0.50	0.03	0.05	0.10	0.20	0.40	0.40	0.20	0.10	0.05	0.03
0.30	0.02	0.03	0.06	0.12	0.24	0.24	0.12	0.06	0.03	0.02
0.10	0.01	0.01	0.02	0.04	0.08	0.08	0.04	0.02	0.01	0.01
	0.05	0.10	0.20	0.40	0.80	0.80	0.40	0.20	0.10	0.05

每一风险按其发生概率及一旦发生所造成的影响评定级别。矩阵中所示组织规定的低风险、中等风险与高风险的临界值确定了风险的得分。

3）风险紧迫性评估

进行风险紧迫性评估，需要近期采取应对措施的风险可被视为急需解决的风险。实施风险应对措施所需的时间、风险征兆、警告和风险等级都可作为确定风险优先级或紧迫性的指标。

定性风险分析的结果是形成风险登记册。风险登记册是在风险识别过程中形成的,并根据定性风险分析的信息进行更新,将更新后的风险登记册纳入项目管理计划。依据定性风险分析对风险登记册进行更新的内容包括:项目风险的相对排序或优先级清单、按照类别分类的风险、需要在近期采取应对措施的风险清单、需要进一步分析与应对的风险清单、低优先级风险观察清单和定性风险分析结果的趋势。

3. 风险定性的成果

(1) 项目整体风险等级。通过比较项目间的风险等级,对该项目的整体风险程度做出评价。项目的整体风险等级将用于支持各项目资源的投入策略及项目继续进行或取消的决策。

(2) 风险表。风险表将按照高、中、低类别的方式对风险状况做出详细的表示,风险表可以表达到工作分解结构的最底层。风险表还可以按照项目风险的紧迫程度、项目的费用风险、进度风险、功能风险和质量风险等类别单独做出风险排序和评估。对重要风险的风险概率和影响程度,要有单独的评估结果并做出详细说明。

(3) 附加分析计划表。对高或中等程度的风险应列为重点并做出更详尽的分析和评价,其中应包括进行下一步的风险定量评价和制订风险应对计划。

二、风险定量分析

1. 风险定量分析的程序

风险定量分析是在不确定情况下进行决策的一种量化方法。

(1) 系统研究项目风险背景信息。

(2) 确定风险评价基准。风险评价基准是针对项目主体每种风险后果确定的可接受水平。风险的可接受水平是绝对的,也是相对的。

(3) 使用风险评价方法确定项目整体风险水平。项目整体风险水平是综合了所有单个风险之后确定的。

(4) 使用风险评价工具挖掘项目各风险因素之间的因果联系,确定关键因素。

(5) 做出项目风险的综合评价,确定项目风险状态及风险管理策略。

2. 风险定量分析的方法

1) 确定性风险的定量分析法

假定项目各种状态出现的概率为1,只计算和比较各种方案在不同状态下的后果,进而选择出风险不利后果最小、有利后果最大的方案的过程,称作确定性风险分析。它包括以下几种方法。

(1) 敏感性分析。敏感性分析有助于确定哪些风险对项目具有最大的潜在影响。它把所有其他不确定因素保持在基准值的条件下,考察项目的每项要素的不确定性会对目标产生多大程度的影响。

(2) 盈亏平衡分析。各种不确定因素的变化会引起评价指标的改变。当这些因素的变化达到某一临界值时,就会引起质的变化,从而影响到方案的取舍。盈亏平衡点正是这样的临界点,盈亏平衡分析的目的也正是要找出这种临界值,为决策提供依据。

2) 不确定性风险的定量分析法

(1) 概率分析法。所谓概率分析,是指用概率来分析、研究不确定因素对指标效果影响的一种不确定性分析。具体而言,它是指通过分析各种不确定因素在一定范围内随机变动的概率分布及其对指标的影响,从而对风险情况做出比较准确的判断,为决策提供更准确的依据。

(2) 期望值法。最大期望收益准则,即从期望收益值中选取最大者,它对应的策略为决策策略。最小机会损失准则,即从机会损失期望值矩阵中选取最小者作为决策策略。

(3) 预期货币价值分析。预期货币价值分析用于计算在将来某种情况发生或不发生的条件下的平均结果(即不确定状态下的分析)。机会的预期货币价值一般表示为正数,而风险的预期货币价值一般表示为负数。每个可能结果的数值与其发生概率相乘之后加总,即得出预期货币价值。

3) 其他风险定量分析法

(1) 决策树分析。决策树是对所考虑的决策以及采用这种或者那种现有方案可能产生的后果进行描述的一种图解方法。它综合了每种可用选项的费用和概率,以及每条事件逻辑路径的收益。当所有收益和后续决策全部量化之后,决策树的求解过程可得出每项方案的预期货币价值(或组织关心的其他衡量指标)。

(2) 模型和模拟。项目模拟用一个模型,将详细规定的各项不确定性换算为它们对整个项目层次的目标所产生的潜在影响。项目模拟一般采用蒙特卡洛技术。在模拟中,项目模型经过多次计算(叠加),其随机依据值来自根据每项变量的概率分布为每个叠加过程选择的概率分布函数(例如,项目元素的费用或进度活动的持续时间),据此计算概率分布(例如,总费用或完成日期)。

定量风险分析的结果是形成风险登记册,风险登记册在风险识别过程中形成,在定性风险分析过程中更新,并在定量风险分析过程中进一步更新。风险登记册是项目管理计划的组成部分,其他更新内容主要包括项目的概率分析、实现费用和时间目标的概率、量化风险优先级清单、定量风险分析结果的趋势等。

3. 风险定量分析的成果

(1)量化的风险序列表。对要抓住的机会和要采取措施的威胁列表按影响程度进行排序。这份风险序列表将作为应对措施研究的基本依据。

(2)项目确认研究。应用风险评估和风险量化结果对项目进度和费用计划进行分析,提出确认的项目周期、完工日期和项目费用,并提出当前项目计划实现项目目标的可能性。

(3)所需的应急资源。风险量化可以确定所需资源的量及所需资源的应急程度,以帮助项目经理在实现目标的过程中将资源消费控制在组织可接受的程度内。

第五节　项目风险应对规划

一、项目风险应对

通过对项目风险识别、估计和评价,把项目风险发生的概率、损失的严重程度以及其他因素综合起来考虑,可得出项目发生各种风险的可能性及其危害程序,再与公认的安全指标相比较,即可确定项目的危险等级,从而决定应采取什么样的控制措施以及控制措施应采取到什么程度。项目风险应对就是对项目风险提出处置意见和办法。

项目风险应对的依据如下。

（1）风险管理计划。

（2）风险排序。将风险按其可能性、对项目目标的影响程度、缓急程序分级排序，说明要抓住的机会和要应对的威胁。

（3）风险认知。它指对可放弃的机会和可接受的风险的认知。组织的认知度会影响风险应对计划。

（4）风险主体。它指项目利益相关者中可以作为风险应对主体的名单。风险主体应参与制订风险应对计划。

二、项目风险应对的程序

项目风险应对程序如下：
（1）进一步确认风险影响；
（2）制定风险应对策略与措施；
（3）研究风险应对技巧与工具；
（4）执行风险行动计划；
（5）提出风险防范与监控建议。

三、项目风险应对规划

项目风险应对规划是指为项目目标增加实现机会、减少失败威胁而制定方案，决定应采取对策的过程。风险应对规划在定性风险分析和定量风险分析之后进行，包括确认与指派相关个人或多人（风险应对负责人），对已得到认可并有资金支持的风险应对措施担负起职责。风险应对规划过程根据风险的优先级水平处理风险，在需要时，将在预算、进度计划和项目管理计划中加入资源和活动。

项目风险的应对包括对风险有利机会的跟踪和对风险不利影响的控制。因此，风险应对规划策略可分为以下三种。

1. 消极风险的应对策略

通常，使用以下三种策略应对可能对项目目标存在消极影响的风险或威胁。

1）回避风险

回避风险指改变项目计划，以排除风险，或者保护项目目标，使其不受影响，或对受到威胁的一些目标放松要求，如延长进度或减少范围等。但是，它也是相对保守的风险对策，在回避风险的同时，也就彻底放弃了项目带给我们的各种收益和发展机会。

回避风险的另一个重要的策略是排除风险的起源,将风险源隔离于项目进行的路径之外。事先评估或筛选适合于本身能力的风险环境,包括细分市场的选择、供货商的筛选等,或选择放弃某项环境领域,以准确预见并有效防范完全消除风险的威胁。

项目风险管理"20-80"规律告诉我们,项目所有风险中对项目产生80%威胁的只是其中的20%的风险,因此我们要集中力量去规避这20%的最危险的风险。

2) 转嫁风险

转嫁风险是指设法将风险的后果连同应对的责任转移到第三方身上。转嫁风险实际上只是把风险管理责任推给另一方,并非将其拔除。对于金融风险而言,风险转嫁策略最有效。风险转嫁策略几乎总需要向风险承担者支付风险费用。转嫁工具丰富多样,包括但不限于利用保险、履约保证书、担保书和保证书。出售或外包,将自己不擅长的或自己经营风险较大的一部分业务委托他人开展,集中力量在自己的核心业务上,从而有效地转移风险。同时,可以利用合同将具体风险的责任转嫁给另一方。如果项目的设计是稳定的,可以用固定总价合同把风险转嫁给卖方。有条件的企业可运用一些定量化的风险决策分析方法和工具,来优化保险方案。

3) 减轻风险

减轻风险是指设法把风险事件的概率或后果降低到一个可接受的临界值。提前采取行动减少风险发生的概率或者减少其对项目所造成的影响,比在风险发生后进行的补救要有效得多。例如,采用不太复杂的工艺,实施更多的测试,或者选用比较稳定可靠的卖方,都可减轻风险。它可能需要制作原型或者样机,以减少从实验室工作台模型放大到实际产品中所包含的风险。如果不可能降低风险的概率,则减轻风险的应对措施应设法减轻风险的影响,其着眼于决定影响的严重程度的连接点上。例如,设计时在子系统中设置冗余组件有可能减轻原有组件故障所造成的影响。

2. 积极风险的应对策略

通常,使用以下三种策略应对可能对项目目标存在积极影响的风险。

1) 开拓

如果组织希望确保机会得以实现,可就具有积极影响的风险采取该策略。该项策略的目的在于通过确保机会肯定实现而消除与特定积极风险相关的不确定性。直接开拓措施包括为项目分配更多的有能力的资源，以便缩短完成时间或实现超过最初预期的高质量。

2）分享

分享积极风险指将风险的责任分配给最能为项目利益获取机会的第三方，包括建立风险分享合作关系，或专门形成团队、特殊目的项目公司或合资企业等。

3）提高

该策略旨在通过提高积极风险的概率或其积极影响，识别并最大限度地发挥这些积极风险的驱动因素，致力于改变机会的大小。通过促进或增强机会的成因，积极强化其触发条件，提高机会发生的概率，也可着重针对影响驱动因素以提高项目机会。

4）接受

项目风险是客观存在的，为了实现项目目标，有必要制定一些项目风险应急措施即建立风险储备。所谓储备风险，是指根据项目风险规律事先制定应急措施和制订科学高效的项目风险计划，一旦项目实际进展情况与计划不同，就动用应急措施。项目风险应急措施主要有预算应急费、进度后备措施和技术后备措施三种。

预算应急费是一笔事先准备好的资金，用于补偿差错、疏漏及其他不确定性对项目费用估计精确性的影响。

项目管理班子要设法制订一个较紧凑的进度计划，争取在各有关方要求完成的日期前完成。进度后备措施就是在关键路线上设置一段时差或浮动时间。

技术后备措施专门用于应付项目的技术风险，它是一段预先准备好了的时间或一笔资金。当预想的情况未出现，并需要采取补救行动时才动用这段时间或这笔资金。在建立了风险储备的基础上，项目团队便可采取另一种风险应对策略—接受。

采取接受策略的原因在于很难消除项目的所有风险。采取此项策略表明，已经决定不打算为处置某项风险而改变项目计划，或者表明无法找到任何其他应对良策。针对机会或威胁，均可采取该策略。该策略可分为主动或被动方式。最常见的主动接受风险的方式就是建立应急储备，应对已知或潜在的未知威胁或机会。被动接受风险的方式不要求采取任何行动，将其留给项目团队，待风险发生时相机处理。

体育赛事项目风险应对策略(见图 11-2)

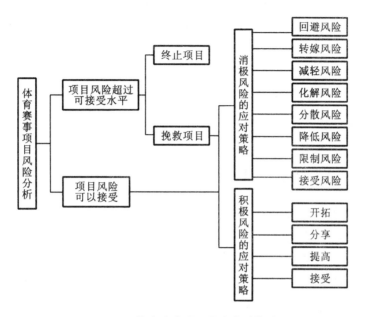

图 11-2　体育赛事项目风险应对策略

第六节　项目风险监控

当人们认识事物的存在、发生和发展的原因与规律时,事物就基本上是可控的。项目风险也是如此。通过对项目风险的识别与度量,人们已识别出项目的绝大多数风险,只要能够在此基础上得到足够的有关项目风险的信息,就可以采取正确的项目风险应对措施,实现对项目风险的有效控制。风险控制就是为了改变项目管理组织所承受的风险程度,采取一定的风险处置措施,以最大限度地降低风险事故发生的概率和减小损失幅度的项目管理活动。

风险监控就是要跟踪风险,识别剩余风险和新出现的风险,修改风险管理计划,保证风险计划的实施,并评估减少风险的效果,从而保证风险管理能达到预期的目标,它是项目实施过程中的一项重要工作。

监控风险实际上是监视项目的进展和项目环境,其目的为:核对风险管理策略和措施的实际效果是否与预见的相同;寻找机会发送和细化风险规避计划,获取反馈信息,以便将来的决策更符合实际。在风险监控过程中,及时发现那些新出现的以及预先制定的策略或措施不见效,或性质随着时间的推延而发生变化的风险,然后及时反馈,并根据其对项目的影响程度,重新进行风险规划、识别、估计、评价和应对,同时还应对每一风险事件制定成败标准和判断依据。

一、风险监控的依据

1. 风险监控的依据

风险监控的依据包括风险管理计划、实际发生的风险事件和随时进行的风险识别结果。其主要内容如下。

(1) 风险管理计划。

(2) 风险应对计划。

(3) 项目沟通。工作成果和多种项目报告可以表述项目进展和项目风险。用于监督和控制项目风险的文档有事件记录、行动规程、风险预报等。

(4) 附加的风险识别和分析。随着项目的进展,在对项目进行评估和报告时,可能会发现以前未曾识别的潜在风险事件。应对这些风险继续执行风险识别、估计、量化和制订应对计划。

(5) 项目评审。风险评审者检测和记录风险应对计划的有效性,以及风险主体的有效性,以防止和缓解风险的发生。

二、风险监控的程序

作为项目风险管理的一个有机组成部分,项目风险监控也是一种系统过程活动,其程序如下:

(1) 监控风险设想;

(2) 跟踪风险管理计划的实施;

(3) 跟踪风险应对计划的实施;

(4) 制定风险监控标准;

(5) 采用有效的风险监视和控制方法、工具;

(6) 报告风险状态；
(7) 发出风险预警信号；
(8) 提出风险处置新建议。

三、风险监控的方法

风险监控还没有一套公认的、单独的技术可供使用，其基本目的是以某种方式驾驭风险，保证项目可靠、高效地完成目标。由于项目风险具有复杂性、变动性、突发性、超前性等特点，风险监控应该围绕项目风险的基本问题，制定科学的风险监控标准，采用系统的管理方法，建立有效的风险预警系统，做好应急计划，实施高效的项目风险监控。

风险监控技术方法可分为两大类：一类用于监控与项目、产品有关的风险；另一类用于监控与过程有关的风险。风险监控技术有很多，前面介绍的一些方法、技术也可用于风险监控，如核对表法、挣值分析法。挣值分析法将计划中的工作与实际完成的工作相比较，确定是否符合计划的费用和进度要求。如果偏差较大，则需要进一步进行项目的风险识别、评估和量化。

下面再介绍一些有关风险监控的方法与技术。

1. 系统的项目监控方法

风险监控，从过程的角度来看，处于项目风险管理流程的末端，但这并不意味着项目风险控制的领域仅此而已，风险控制应该面向项目风险管理的全过程。项目预定目标的实现，是整个项目管理流程有机作用的结果，风险监控是其中的一个重要环节。

风险监控应是一个连续的过程，它的任务是根据整个项目风险管理过程规定的衡量标准，全面跟踪并评价风险处理活动的执行情况。有效的风险监控工作可以指出风险处理活动有无不正常之处，哪些风险正在成为实际问题，掌握了这些情况后，项目管理组就有充裕的时间采取纠正措施。建立一套项目监控指标系统，使之能以明确、易懂的形式提供准确、及时的项目风险信息，是进行风险监控的关键所在。

2. 风险预警系统

由于项目的创新性、一次性、独特性及复杂性，决定了项目风险的不可避免性；风险发生后的损失难以弥补性和工作的被动性决定了风险管理的重要性。传统的风险管理是一种回溯性管理，属于亡羊补牢，对于一些重大项目，往往于事无补。风险监控的意义就在于实现对项目风险的有效管理，消除或控制项目风险的发生或避免造成不利后果。因此,建立有效的风险预警系统,对于风险的有效监控具有重要作用和意义。

风险预警管理,是指对于项目管理过程中有可能出现的风险,采取超前或预先防范的管理方式,一旦在监控过程中发现有发生风险的征兆,就及时采取校正行动并发出预警信号,以最大限度地控制不利后果的发生。因此,项目风险管理的良好开端是建立一个有效的监控或预警系统,及时觉察计划的偏离,以高效地实施项目风险管理。

综上所述,风险监控的关键在于培养敏锐的风险意识,建立科学的风险预警系统,从"救火式"风险监控向"消防式"风险监控发展,从注重风险防范向风险事前控制发展。

四、风险监控的成果

1. 随机应变措施

随机应变措施就是消除风险事件时所采取的未事先计划到的应对措施。对这些措施应有效地进行记录,并融入项目的风险应对计划中。

2. 纠正行动

纠正行动就是实施已计划了的风险应对措施(包括实施应急计划和附加应对计划)。

3. 变更请求

实施应急计划经常导致对风险做出反应的项目计划变更请求。

4. 修改风险应对计划

当预期的风险发生或未发生时,当风险控制的实施减少或未减少风险的影响或概率时,必须重新对风险进行评估,对风险事件的概率和价值以及风险管理计划的其他方面做出修改,以保证重要风险得到恰当控制。

第七节 专题:大型体育赛事的项目风险管理

一、风险概述

风险是指不确定事件发生的可能性及可能的后果。风险管理是项目管理的重要组成部分,它贯穿项目生命周期的始终,了解和掌握项目风险的来源、性质和发生规律,强化风险意识,进行有效的风险管理,对项目的成功具有重要意义。任何体育赛事都存在风险,每一个体育赛事运作管理者都能理解风险是时刻伴随着体育赛事的,大型体育赛事也不例外。体育赛事的风险管理就是针对体育赛事风险进行确认、评测、控制,以辨认机会和避免或减轻损失为目的,组织、协调并选择对建构风险与回避风险所采用的各种监控过程与方法,消除那些可能影响体育赛事的潜在威胁。项目风险管理过程如图11-3 所示。

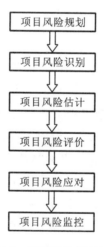

图 11-3 项目风险管理过程

体育赛事风险可以划分为自然风险、政治风险、市场风险、环保风险、人力风险、资金风险、技术风险和其他风险等。

从系统的角度来看,进行大型体育赛事项目的风险管理一般需经过以下四个环节。

(1) 分析风险因素。导致赛事风险的因素简单来说就是导致举办赛事产生风险的潜在或面临的外部环境和内部条件。根据以往比赛中发生的实际情况,比赛运作方分析认为一些志愿者工作人员会向球星索要签名,这遭到参赛球员的投诉,造成了不良的影响。这就是对其中的人力风险因素的分析。对风险因素的分析就是对各类造成赛事风险的因素加以判断、识别、归类并对其性质进行定性的过程。

(2) 评估风险效应。风险效应是风险本身具有的一种内在联系,由风险的性质和风险的特征决定,反映风险管理主体由风险所引发的某种形式的行为模式与行为趋向。对赛事风险效应的预测、评估是在分析赛事致险因素的基础上,对所收集的风险资料进行分析和评估的过程。

(3) 选择风险对策。比赛的组织运作者应该对可能导致风险的因素进行分析,并针对致险因素进行对策研究。选择风险对策是根据一定的指标然后综合运用各种评价方法对风险因素及风险进行管理的最优方案。

(4) 实施风险方案。这是风险管理的最后一个阶段,是在对比评价并选择各种风险之后,经过赛事组织者的决策和要求,制订具体的风险管理计划,实行目标管理,降低或规避赛事运作过程中所呈现出来的各种不确定性风险。

大型体育赛事主要存在的风险如下。

1. 人员风险

体育赛事的参与人员主要包括运动员、裁判、官员、观众、志愿者、赛事管理人员等。在大型国际性赛事中,参与人员可达万人之多。由于比赛期间方方面面的人员高度密集,因而在大型体育赛事中涉及的人员之多、身份之复杂是一般社会活动所不能比拟的。如何组织好这些身份各异且人数众多的参与者,避免风险的发生,是体育赛事承办者面临的一个巨大考验。

(1) 内部管理者的风险。赛事的常职人员可分为两个层次:一个层次是赛事高管人员,负责赛事的重大决策;另一个层次是一般的工作人员,负责执行各项决策任务。在决策过程中,虽然赛事整体目标和大体方向是一致的,但人因为各种因素存在着一定的差异性,不同的价值观使人有不同的抉择,会带来不同的决策效果。主客体以及其他不确定因素的存在,导致决策活动不能达到预期目的的可能性及后果。在赛事实际运营中,决策者因受到一些利益群体的影响,有时会失去心理天平的平衡,造成赛事运营的不确定性风险因素增加,导致他们赛事运营决策的科学性、专业性不高,甚至会做出错误的决策,导致失误,给整个赛事运营带来难以估量的损失。而一般的执行人员在执行决策的过程中也存在着一定的风险。例如,对志愿者的培训也具有一定风险,如果没有完整的培训计划,在培训的过程中没有将赛事的方方面面交代清楚,导致志愿者在实际工作中遇到没有预计到的困难,将会增加赛事的不确定性风险因素。

(2) 外部合作者的风险。大型体育赛事的工作千头万绪,仅凭赛事组委会自身的力量往往难以圆满完成全部任务,并且风险过于集中。因此,为了转移工作任务,同时转移组织风险,赛事组委会会把一部分工作任务交由组委会以外的合作机构或人员完成,这些机构和人员就构成了赛事的外部合作者。赛事组委会对外转移工作任务,其选择的外部合作者能否胜任所承担的任务,能否如约完成所承担的工作,具有一定的不可预见性。因此,赛事组织者在转移风险的同时,也可能会产生对外包工作控制不力和受承包者负面行为连带影响的新风险。比如负责接送运动员的大众出租车服务公司,在接送运动员的过程中发生交通事故这样的风险是巨大和不可挽回的。

(3) 运动员风险。比赛的主体是运动员,运动员的风险包括场内和场外。在体育赛事中,主办方为了保证运动员的安全,需要联系出租车公司,由出租车的专业车队负责运动员的交通出行,在交通安全这一角度上最大限度地降低风险。在比赛中,主办方还需要和当地医院合作,一旦发生伤害事故,第一时间对运动员进行紧急处理,并立即送往相关医院。

(4) 赛事产品消费者风险。现场观众是赛事产品最直接的消费者。大型体育赛事往往相当于一次大型群众集会,具有人员高度密集的特点。受赛场内激烈竞争的气氛的影响,观众往往处于兴奋、狂躁、非理性、自控能力相对低下的状态,极易发生安全事故。而对观众在消费赛事产品的过程中发生的安全事故,赛事组委会负有谨慎义务。即赛事承办者应当采取任何可能的行动,预防任何可能对观众造成的可预见性伤害。否则,赛事承办者就存在过失,必须承担相应的法律及赔偿责任。也就是说,即使赛事组委会在安全事故中没有过失,也要对事故中观众所受的伤害承担一定的赔偿责任。因此,观众的安全问题也是其所要面临的一个重大风险。

2. 财务风险

赛事的财务活动包括筹资活动和资金回收活动。由此,赛事的财务风险相应地表现为筹资、资金回收等财务活动的未来实际结果偏离预期结果的可能性,从而产生筹资风险、资金回收风险。

(1) 筹资风险。筹资风险是筹资活动未来实际出现的结果偏离原先预期结果的可能性,最终使赛事组委会未按其与资金供应者所签订的合同等契约中约定的条款来保证资金供应者预期结果的实现。特别是这几年受金融危机的影响,很多大型的跨国企业会面临破产等,从而突然退出对赛事的赞助。如果退出的时间离比赛举办的时间过近,则赛事组委会将十分被动。并且由于筹集资金的来源和资金结构的不同,赛事组委会将面临不同的筹资风险。

(2) 资金回收风险。大赛事面对的客户包括终端个体消费者(现场观众)、商家(包括购买赞助权、广告权和特许标志使用权的企业以及各层级门票分销商)和媒体。终端个体消费者大多采用现金进行即时交易,成品资金直接转变为货币资金,因而基本不涉及资金回收问题。商家和媒体由于存在赊销和分期付款,就有可能存在一个结算资金向货币资金转化的问题。如果结算资金无法转换成货币资金,那么赛事承办者拿到手的很可能只是空头支票,或者会计账簿上留下的一笔笔坏账;如果结算资金转换成货币资金不及时,那么赛事承办者不得不承担额外的资金成本,并且有可能影响赛事的其他资金的使用情况。

3. 时间风险

赛事的时间管理通常包括两个方面:一是赛事的时机选择;二是赛事的时间安排。这两项内容若出现问题,则可能导致赛事面临以下风险。

(1) 时机选择风险。赛事时机选择不当,忽视天气等自然因素,有可能会影响比赛的正常举行,降低比赛的精彩程度和观众的热情程度。若在体育赛事密集时段举办比赛,或者同其他体育赛事同时举办,则可能面临观众、赞助商、媒体等消费资源的激烈竞争,从而可能导致资源获得难度增大和资源成本提高的风险。例如,2009上海ATP1000网球大师系列赛就面临着时机选择的风险,比赛时间为10月10日至10月18日,由于国庆长假刚刚结束,很多球迷在长假的极度放松后投入到紧张的工作中去。并且在国庆长假期间在北京刚刚举行了中国网球公开赛,也极大地稀释了观众的热情,并且降低了运动员参赛的热情。

(2) 时间安排风险。时间安排如果不精确,没有明确规定赛事中各项任务或活动的明确起、止时间,则无法统一各关系方的行为时间,导致整个体育赛事活动的混乱。而时间安排如果过于紧凑、精确,缺乏弹性,则一旦发生意外事故,不但发生意外的工作无法按时完成,与之相关联的一系列工作也可能受到影响,从而产生多米诺骨牌效应,导致恶性循环。而且时间安排过于紧张,缺乏弹性,还可能对工作人员造成极强的心理压力,影响正常工作水平的发挥。

4. 信息风险

赛事中的信息风险主要是由于信息的不对称引起的。所谓信息不对称,是指行为参与者对特定信息的拥有是不相等的。大型体育赛事涉及许多不同的行业和部门,信息对它们来说十分重要。个别赛事的相关部门和单位可能因为某些比较特殊的原因会比其部门或单位拥有更多的信息,这样会给赛事信息拥有少的一方带来一定的赛事风险,使该部门在做某些决策时由于信息较少而使决策环境充满了不确定性和复杂性。可能使决策者做出错误的决策,并且可能因为各部门有工作上的交叉和环节上的相扣导致多米诺骨牌效应,使整个赛事出现重大风险和失败的可能性。同时,在赛事运营中,委托和代理关系也会发生。有些代理人可能为了得到更大的效益,采取一些不合法的手段,比委托人掌握更多赛事方面的信息。委托人和代理人都想得到效益的最大化,但由于利益紧紧相扣,双方效益函数在客观上存在不同,当相关信息在双方之间存在不对称的时候,代理人可能会在追求自身利益最大化的过程中做出有损全局的不合理决策,使整个赛事的组织运营走向被动。

二、风险防范

有效的风险防范可帮助大型体育赛事的运作者抓住赛事管理的重点,将更多的精力集中在风险管理上,便于把赛事的风险防范从被动承受转变为主动应对。风险防范可以简单分为三个步骤,即风险识别、风险分析和风险控制。

1. 风险识别

风险识别是指识别并记录可能会对大型体育赛事运营造成不利影响的因素。风险识别不是一次性的工作,而是需要多系统、多维的思维。在赛事风险识别阶段,常见的错误是过分看重结果而不够关注造成这个结果的事件。例如,赛事运作机构的市场营销部门工作人员可能会提出赞助商不按时支付赞助款项是一项风险,但这其实是结果,需要考虑的是造成这个结果的各种原因:是赞助合同的制约条件不足?是赞助商经营不善?是赞助商信誉不好?还是因为回报可能无法使赞助商满意?又比如,向赛事提供比赛器材的供货商可能无法按期交货,这也常被视为一项风险,同样需要从源头去考虑,导致这种现象发生的因素:是生产能力不足?运输延误?还是供货商信誉不好？赛事运作管理机构的各个部门的工作内容、性质不同，所面临的风险也不同，每个部门都应对本部门的工作进行详尽的风险识别，并向机构管理高层提交风险报告。在大型体育赛事中，识别赛事风险有一些现实可行的方法。

（1）工作分解结构。风险识别要减少赛事结构的不确定性，就必须明确赛事的组成及各个组成部分的性质、它们之间的关系、赛事同环境之间的关系等，并且将其制作成不同类型的工作分解结构图来辅助风险识别。工作分解结构是完成任务的有力工具，也是风险识别的有效措施。

（2）演习或测试结果。利用实验结果进行风险识别也是一种非常有效的方法。实验的方法包括计算机模拟、市场调查或文献调查等。例如，在赛前准备时期，赛事管理人员就要通过市场调查来分析市场消费结构和赛事在整个消费市场的前景。体育赛事部分岗位的志愿者在比赛前都会前往相关工作岗位进行工作演习和测试。比赛场馆也会在比赛前对各类电子设备进行反复测试，确保万无一失。

（3）头脑风暴法。头脑风暴法就是以共同目标为中心，参会人员在他人的看法上提出自己的意见。它可以充分发挥集体的智慧，提高风险识别的正确性和效率。在采用头脑风暴法时，要鼓励所有参加会议的人员提出尽可能多的潜在风险。例如，在筹建赛事广播电视中心时，应在计划阶段就邀请媒体机构专业人员，尤其是具有赛事广播电视报道经验的人员参加风险管理会议，听取他们对广播电视中心设计方案的意见，识别方案中存在的可能风险。在机场接待的讨论中应该请相关机场工作人员，了解机场内部和附近的环境，保证顺利接待运动员。除了专业技术人员外，还应多征求政府机构、赞助商、媒体、观众以及其他相关各方的意见，使得识别赛事风险的视野更为广阔，触角更为敏锐。

（4）历史经验。除了以上方法外，借助历史经验来识别赛事风险也是一种常用的方法。通过对过往类似赛事历史档案资料的查询与了解，来识别赛事运作管理中可能存在的风险。对历史经验的借助并不局限于有文字及影像记录的资料数据，也包括访问那些有丰富经验的赛事运作管理者及专业顾问。

2. 风险分析

风险分析主要有三大任务：风险确认、风险预测、风险评估。其中，风险确认工作主要是及时发现赛事运营中可能出现的风险，并且对其进行分类。

风险确认常用的方法是回答两个问题:可能会出现什么样的问题?问题为什么会发生?而风险预测的主要工作是预测风险发生时的直接损失和连带损失。在确定风险因素后,应对每个风险因素发生的可能性进行预测。

表 11-3 为风险分析结果汇总示例,表 11-4 为矩阵式确认法。

表 11-3 风险分析结果汇总示例

风险编号	确认的潜在风险	可能性	影响程度	负责人
A1	赛事运营的重点放在按时完成赛事目标上,忽略了如何保证实施成果的质量	很可能发生	高	经理办公室
B1	赛场防火设施设备没有完善	可能发生	中	公共事务部
C1	球员可能退赛	很可能发生	低	公关媒体部
D1	现场卫星电视设备出现问题	不太可能发生	高	公关媒体部

表 11-4 矩阵式确认法

风险类型	不太可能	可能	很可能
极度	第二优先	第一优先	第一优先
高	第二优先 D1	第一优先	第一优先 A1
中	第二优先	第二优先 B1	第二优先
低	第三优先	第三优先	第三优先 C1
无	第三优先	第三优先	第三优先

赛事的风险因素一旦确认并分类,紧接着需要对所有的风险因素根据类别进行区分并进行计划管理,制定有针对性的措施防范风险,制定风险一旦发生时的解决方案。风险防范的前提是通过分析、论证,对风险的存在做到心中有把握,制定方案进行防备。风险分析是指制订能够跟踪和监控风险的风险管理计划。风险分析活动是通过对赛事组织管理中的各环节可能存在的风险进行识别和分析,确定减轻甚至避免风险的措施及策略以保证赛事能够正常进行。

3. 风险控制

对赛事组织管理中的风险进行识别和分析后,必须根据实际情况,制定出相对应的风险应对计划及措施,及时控制风险。对风险的控制方法可分为降低风险、转移风险、回避风险和保留风险。

1) 降低风险

降低风险是赛事运作管理最理想的目标,因此也是赛事风险管理中优先采取的控制方法。在大型赛事运作实务中,有两种降低风险的常用方法。一是降低风险事件发生的可能性。例如,2009上海ATP1000网球大师系列赛的开幕式举行彩排和预演,就是试图通过预先的测试来发现开幕式中可能存在或发生的一系列风险和问题,并及时找到解决方法,这样即使在正式举行时仍存在风险事件,风险的种类、数量和程度都会大大降低。在2009上海ATP1000网球大师系列赛开赛前,也会有工作人员走上赛场进行场地的勘测,并且实际使用场地进行一些网球的对打练习,测试球场的设备情况,发现各种潜在的问题以及时消除。二是减少风险事件发生后对赛事运作的负面影响。为了减少体育赛事举办过程中的交通方案不成功的负面影响,通常会准备1~2个备用方案,一旦交通问题产生,就实施备用方案;广播电视中心、新闻中心的通信、供电也会提供后备系统和应急方案,以减少通信、供电故障所带来的负面影响。在体育赛事中,观众携带的易燃、易爆物品有可能导致比赛场馆发生骚乱或火灾,需要通过制订观众入场安全计划,在观众入口处安装金属探测器或指定专门的人员进行安检,以消除或减少风险隐患。

2) 转移风险

转移风险是设法将体育赛事的风险结果连同相对应的权利转移给第三方。风险转移这一方法本身不能降低赛事风险发生的概率,也不能减轻赛事风险带来的损失的大小,只是将赛事风险带来的损失的一部分转移给另一方。风险转移的手段主要有合同转移和购买赛事体育保险两种。

(1) 合同转移。它是指通过赛事组委会与其他赛事参与方(赞助商、合作方、供应商等)分别签订合同,明确规定双方的风险责任,从而将活动的权利和责任同时转移给对方,减少组委会对对方损失的责任和对第三方损失的责任。例如,向2009上海ATP1000网球大师系列赛提供交通服务的汽车公司,与赛事运作管理机构就赛事用车服务签订了固定价格合同,那么汽车服务公司将承担燃油价格上涨引起的成本上升的风险。2009上海ATP1000网球大师系列赛的赛事运作管理机构还与一些外包合作组织签订了收入保值合约,在签订合同时明确规定由承包方完全负责,承担因汇率变动所造成的赞助收入、电视转播收入减少的风险。

(2) 购买赛事体育保险。在经过风险控制和合同转移赛事风险之后,一部分风险还是有可能需要赛事的主办方去解决，而且这部分风险可能对赛事带来巨大的损失，比如各种原因引起的赛事取消风险、人员意外伤害风险等。购买赛事体育保险就是赛事组委会向保险公司交纳一定数额的保险费，当风险发生给赛事带来损失时，从保险公司获得赔偿，从而将风险转移给保险公司，尽最大限度减轻风险给自己带来的损失的一种方法。购买赛事体育保险是大型体育赛事必不可少的支出。赛事运作管理机构可为所有观看赛事的现场观众购买人身意外险，通过支付一定费用，将风险一定程度地转移给保险公司。在采用转移风险的方法应对风险时，应该明确风险承担方的责任以及赛事运作机构相应支付的费用或其他对价条件。但购买赛事体育保险只是赛事风险管理技术的一部分，不能完全代替赛事风险管理。只有通过风险控制、合同转移等手段，减少整个赛事风险发生的可能性，才能使购买赛事体育保险的费用控制在合理的范围内。

3）回避风险

在组织体育赛事赛前应分析该赛事是否存在有重大事故的隐患和发生的可能性。风险的发生时因为风险因素的存在，回避风险就是通过回避赛事风险因素，从而回避可能产生的潜在损失或不确定性。比如：因为赛事转播机器的故障导致无法正常转播；因为技术的不成熟导致赛场上的电子记分牌出现故障，直接影响运动员和比赛的进行；因为布线的故障导致赛场上的网络无法使用，使赛场信息难以第一时间传到世界各地。这些风险都可以因为避免使用这些不成熟的技术或加强这方面技术的培训和把关而消除。但是这样的风险回避措施可能因为该技术与某项活动或某个赞助商有着密切的联系，意味着回避这样的不成熟技术的同时也放弃了该活动所带来的经济利益。所以风险回避的方法本身受到了一定的限制，这种方法适用于发生频率较高和后果严重的风险。

4）保留风险

保留风险实质上是一种意识并且已经识别到风险的存在，但对风险不采取主动措施的应对方法。这会在两种情况下存在：一是风险影响小，应对风险的成本从经济角度上来说不值得；二是风险相当大，以至于不可能通过降低、转移或者回避风险来应对。例如，大雪、地震、洪灾或者大规模瘟疫的爆发等，这样的风险事件概率极小，因此通常选择保留这种风险。

案例 2008年奥运会和残奥会的项目风险分析

关于体育赛事的风险事故举不胜举,实在太多。体育赛事风险有其自身的特点和规律,它有别于其他行业的风险。从这些众多的体育赛事风险中我们可以看出,这些风险都是应该能避免的,但由于组织者往往没有风险管理的意识,或存在侥幸心理,或由于组织管理中出现漏洞而造成这些风险。

体育赛事风险管理大多是成功的。雅典奥运会开幕之前,启动了12亿欧元的雅典奥运安全计划,是"安全保卫计划最昂贵、最完善的一届奥运会"。希腊在安全上的投资达近12亿欧元,这是悉尼奥运会安全资金的5倍,是亚特兰大奥运会安全资金的50倍。

2008年奥运会为了安全保卫工作,着重做好以下工作。

(1) 奥运安保系统年内调试。2007年是北京奥运安保筹备工作至关重要的一年,各项安保措施将全部到位,并通过国际奥委会的26项测试赛,全面检验实施成效。各项奥运测试赛模拟奥运赛时安保实战,从组织指挥、力量部署、交通组织、通信保障、协调配合、社会面控制等方面,测试安保质量。从5月份,相关各单位将分批进入指挥部,进入实战演练阶段,奥运安保指挥中心指挥系统开始全面运行。此外,所有竞赛场馆安保科技系统将在本年内完工,场馆安保科技系统与奥运安保指挥中心前沿指挥系统,将逐一联调,以确保奥运安保指挥系统互联互通。

(2) 定点医院安保分级。奥运安保将与中超等比赛相同,以场馆为核心,根据场馆规模、比赛关注度划分安全等级,每个等级对应不同的动态勤务模式,警察、保安、志愿者"配比"将有区别。同时,这一"安全等级"模式,拟推广至所有签约饭店、定点医院、非竞赛场馆。以上三类地区,将通过安全风险评估,根据其规模、接待人群、周边环境,确定不同的安全等级,配备不同的安保人员。

(3) 各场馆逐一绘制交通图。交管部门细化奥运交通组织管理体系,确定各场馆周边道路交通管制措施、停车场分配、交通流线、场馆与奥林匹克专用道连接方式,每个场馆都将形成独立的交通组织运行图表。测试赛前,奥运交通勤务指挥中心、各奥运场馆交通指挥室、场馆内部及周边道路交通信号控制、交通流信息检测等奥运交通科技手段,也将投入使用、检测。

(4) 建立国际协调联络机制。第29届奥运会安保指挥中心国际警务联络部,将就北京奥运安保与各国(地区)警务部门开展国际交流与合作,与各国驻华使馆警务联络官、安全官及奥运安保联络官、国际刑警组织等方面,建立协调联络机制,加强奥运安保情报信息的国际合作。

(5)设立奥运安保网站。奥运安保网站负责奥运安保工作机构的官方网站,供市民提建议、咨询问题,报道奥运安保进展,普及奥运安保知识,解答奥运安保问题。

一系列安全保卫措施的实施确保2008年奥运会和残奥会安全计划的成功实施。

认识风险和研究风险,其本质是为了更好预防和有效控制风险的发生。在体育赛事的运作过程中,各行为主体在风险识别、风险衡量和风险评价的基础上优化各种风险管理技术,实施有效的风险控制并妥善处理风险所致的后果。期望达到以最小的管理成本获取最大的安全保障的目标,这也是符合"经济人"的假设的。风险管理通常可分为四个阶段:风险识别,风险分析,风险应对措施的确定,以及风险监控。为有效控制风险,建立风险管理框架,如图11-4所示。

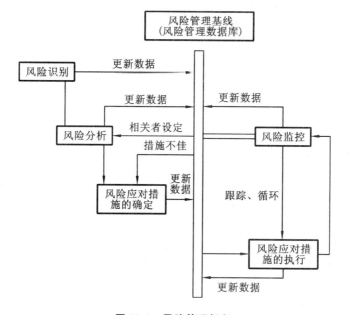

图11-4 风险管理框架

2008年奥运会和残奥会是我国有史以来的体育盛事,参赛队员与观众人数众多,影响面大,牵涉面广,组织管理过程复杂。因此,比赛组织过程中风险发生的概率要远远大于一般体育活动,风险危害的等级也远远高于一般体育活动。重大体育赛事的组织管理是一个十分复杂而庞大的系统工程,具体涉及比赛场馆安排、赛程安排、时间安排等,而这些安排又与交通运输、信息通信设备、安全设施、天气状况和文化设施等组成了一个复杂的动态系统,任何一个环节出现问题,都将严重影响体育比赛项目的顺利举行。另外,比赛过程中可能会遇到诸如设备故障、运动员受伤、裁判不公等一系列意外问题。如此众多的事务需要组织者做出合理的安排和正确的决策,才能使比赛顺利进行,其重要意义不言而喻。所以组织者必须对体育赛事风险有全面的认识,并在认识和评估这些风险的基础上,优化、组合各种技术和手段,实现对风险的妥善处理和有效控制,设法以最小的成本获得最大的安全保障。在项目管理中建立风险管理策略和规划,并在项目的生存周期内不断控制风险是非常重要的。

1. SWOT 分析

根据国际上历届奥运会的成功举办经验和咨询国际和国内体育赛事专家的意见,项目组应用 SWOT 技术分析了项目的内部优势与弱势和项目的外部机会与威胁,从多角度对项目的可能风险进行了分析识别,如表 11-5 所示。

表 11-5 SWOT 分析核检表

潜在的内部优势	潜在的内部劣势
·辉煌的奥林匹克精神和梦想 ·具备经济实力 ·出色的体育成绩 ·政治稳定,社会安定 ·灿烂的文化 ·中央政府和民众的支持	·缺乏举办大型赛事的经验 ·少数民众的不理解 ·基础设施欠缺
潜在的外部机会	潜在的外部威胁
·国际化趋势的加强 ·国际奥委会的支持 ·位于世界体育强国之列 ·经济在近年有显著增长	·自然环境条件(春季沙尘天气等) ·一些不稳定因素 ·体育文化市场的开拓 ·体育场馆的企业化管理经验 ·国际不安定因素

从表 11-5 可以看出,由全民共同举办的奥运会是有优势的,但由于某些原因,还是存在一些威胁。例如,我国在举办大型体育赛事方面经验尚有欠缺,在交通等基础设施方面需要加大投入,社会存在部分不稳定因素,体育场馆缺乏企业化的管理经验等。

2. 风险管理计划

为了更好地控制风险,制订风险管理计划和风险应对计划。在完成风险分析工作之后,相应地要建立起风险规避计划。为了找出最好的方案来降低已确定可能出现的风险,项目管理层以及客户等项目利益相关者,在确定执行战略计划时,就应该开始制订风险规避计划,并将这项工作贯穿在整个项目实施和收尾过程中。

建立风险规避计划的步骤如下:

(1) 制定风险规避的目标和策略;

(2) 制定风险规避方案;

(3) 进行方案比选;

(4) 按照确定的规避方案对项目详细计划进行修改;

(5) 讨论如果当前任务失败,需用的应急资金量。

北京市就 2008 奥运会和残奥会确定了本届奥运会预算安排将秉承"量入为出、收支平衡、确保略有结余"的原则。因此,奥运会经济风险分析控制如下。2007 年 10 月,北京奥组委执行副主席刘敬民向外界透露,北京奥运会第二版预算将在 16.25 亿美元的基础上有所增加,预计会达到 20 多亿美元。第三版预算将在第二版基础上小幅增加,预计会达到 24 亿~25 亿美元。新增预算主要用于安保、高清电视转播技术以及注册人员的交通、食宿等。

由北京奥组委负责的支出包括体育比赛的支出,比如计时计分系统,体育器材,裁判员、技术员到北京的费用;为赛事注册人员(包括运动员、记者、志愿者)提供的交通、餐饮、安保支出;宣传文化活动,比如开闭幕式;还有国际奥委会的规定动作,比如说每一届奥运会都有青年营活动;另外还有一些临时设施,以及奥组委的人头费,等等。

北京奥运会收入来源主要有以下几个方面。

(1) 国际奥委会的拨款,由于奥运会电视版权和 TOP 计划(奥林匹克全球合作伙伴计划)由国际奥委会市场开发部门运作,这部分收入将会按照一定比例划拨给奥运会举办城市的奥组委。

(2) 北京奥组委的市场运作收入,主要包括市场开发、特许经营、门票收入等。

这两项是奥运会和残奥会的主要收入来源,为防范经费不足,中央财政做好直接补贴的打算。除此之外,北京奥运会的赞助计划采取了三级赞助的架构,即合作伙伴、赞助商、供应商。成为北京奥运会合作伙伴的是中国银行、中国网通、中国石化、中国石化、中国移动、大众汽车、阿迪达斯、强生、中国国航、人保财险、国家电网等企业,二级赞助商有UPS、海尔、百威啤酒、搜狐、伊利、青岛啤酒、燕京啤酒、统一方便面等10家,另外还有15家独家供应商和17家一般供应商。而且对不同类型的赞助商设立准入门槛。以供应商为例,准入金额为200万、500万、1000万美元不等。而成为合作伙伴的中国银行出资近10亿元。

在筹办奥运会的7年时间里,北京市修建了"鸟巢"、首都机场三号航站楼,发展了城市轨道交通,改善了城市环境等。据悉,北京市政府"奥运预算"投入将近3000亿元,其中城市基础设施投资占一半左右。虽然有些奥运会主办城市组委会本身并没有赢利,但主办城市的市民却得到了实惠。谈及奥运会是否赢利,首先要分清赢利的主体是谁。北京市城市景观和人均收入水平都有了极大提升。北京市大力发展城市基础设施建设,使得北京建设步伐往前推进了5年,人均GDP由2001年的3000美元发展到现在的7400多美元。"亚奥新区将是奥运会留给北京的一个遗产。"陈剑认为,以奥林匹克中心区为核心的亚奥功能区,将主要发展旅游、体育休闲、会展经济、文化创意等产业,它将改变北京市的城市布局。

其他收入来源包括:①电视转播权;②国际奥委会的合作伙伴计划;③政府补贴;④组委会赞助商;⑤特许经销商;⑥奥林匹克纪念币和邮票;⑦捐赠资产处置。国际奥委会与各大公司的签约已经到了2008年,TPO计划4年的合同金额为5亿～6亿美元,北京将得到10亿美元左右的分成。按照1997—2000年奥林匹克运动各项收入比例计算北京举办奥运的收入,约为30亿美元。

事实上,北京举办奥运会和残奥会的间接收入参考汉城(现称首尔)1988年奥运会收入比例。按照北京电视转播权13.5亿美元,占25%推算,总收入为54亿美元,450亿人民币。举办城市及全国的派生收入大概包括以下几个方面。

(1)食宿。奥运会期间有大批运动员、体育官员、记者、观众等各类人员云集举办城市,提供充裕的住宿条件并保证优质的客户服务成为主要挑战之一。北京 70 家饭店承诺提供 22322 间客房,承诺了各个星级饭店的最高价。2008 年奥运会的住宿条件是有充分保证的,饭店价格将得到有效控制。

(2) 特种服务。如饭店的总统包间,特种参观游览等,只要是稀缺资源,都可以收取超标准的高价格。

(3) 旅游观光。根据经验,奥运会举办城市被确定后会立即成为全世界关注的热点。世界各地不同文化、不同信仰的人会蜂拥而至,使城市生活用品和生活服务的需求急剧增加,以旅游业为例,1984 年洛杉矶奥运会时,吸引的境外旅游者为 23 万人,1988 年汉城奥运会时为 22 万人,到巴塞罗那奥运会时达 30 万人,旅游收入达 30 多亿美元。

北京在 2001 年"五一"期间,接待了国内旅游者 100 万人,估计在奥运会准备期的 7 年当中,每年旅游者增加 20%,旅游收入每年增加 20 亿美元,7 年增加 140 亿美元左右,接近 1300 亿元人民币。奥运会期间再增加 100 万人,增加 50 亿美元,相当于 400 亿元人民币,则奥运会增加的旅游需求为 1700 亿元人民币。

(4) 消费乘数。旅游对于国民经济的拉动,包括飞机和汽车运输,食宿和购物,乘数较高,假设为 3,7 年增加 1700 亿元人民币的旅游需求,可增加国内需求 5000 亿元人民币,平均每年 700 亿元人民币。按照 2000 年国民生产总值为 83000 亿元人民币计算,占国民生产总值的 0.84%。

同其他国家办奥运不同,中国是举国办奥运,这届奥运会盈亏多少似乎并不重要,展示首都北京、提升中国在世界舞台的形象才是最大的收益。从经济方面来看,不存在经济盈亏的风险。

3. 风险应对计划

对于量化的项目风险,制定应对策略和技术手段。主要采用回避、转移、缓和、接受等方法和措施来减少和规避风险。本项目针对风险所采取的应对措施主要有:

(1) 跟踪识别的风险;

(2) 识别剩余的风险;

(3) 修改风险管理计划;

(4) 保证风险计划的实施;

(5) 评估消减风险的效果。

在项目定期检查大会上,项目组对项目每个阶段的风险识别表上检查的内容进行讨论,制定出具体的风险应对措施。同时,为了便于管理,项目组订立了风险计划应对表格,采用统一的表单,如表 11-6 所示,方便后期的总结工作。

表 11-6　风险应对计划表

文档编号		填表人		日期	
项目名称				项目负责人	
风险编号		风险名称		项目提出人	
提出日期		风险负责人		风险概率	
风险影响值		风险期望值		风险等级	
风险影响描述					
为预防风险发生而采取的措施					
风险发生时的应对措施					
应对风险的成本分析					

(资料来源:田刚.大型体育赛事项目管理研究[D].南京:南京理工大学,2008.)

第十二章

项目后评价

主要内容

- 项目后评价概述
- 世界银行项目后评价模式简介
- 项目后评价的成果——后评价报告
- 项目后评价的程序和方法

> 我们用我们自认为的能力来评价自己,别人用我们已经做的事情来评价我们。
>
> ——Henry Wadsworth Longfellow(美国诗人)

第一节 项目后评价概述

一、什么是项目后评价

项目后评价是指在项目已经完成并运行一段时间后,对项目的目的、执行过程、效益、作用和影响进行系统、客观的分析和总结的一种技术经济活动。项目后评价的意义在于：确定项目预期目标是否达到，主要效益指标是否实现；查找项目成败的原因，总结经验教训，及时有效反馈信息，提高未来新项目的管理水平；为项目投入运营中出现的问题提出改进意见和建议，达到提高投资效益的目的。项目后评价具有透明性和公开性，能客观、公正地评价项目活动成绩和失误的主客观原因，比较公正、客观地确定项目决策者、管理者和建设者的工作业绩和存在的问题，从而进一步提高他们的责任心和工作水平。

项目评价贯穿整个项目生命周期的始终，项目正式的后评价，应该是在项目完工以后进行。但在实际的项目管理工作中，有一种观点认为项目开工之后由监督部门所进行的各种评价，都属于后评价的范畴，根据评价时间不同，后评价又可以分为跟踪评价、实施效果评价和影响评价。

（1）项目跟踪评价是指项目开工以后到项目竣工验收之前任何一个时点所进行的评价，它又称为项目中间评价。

（2）项目实施效果评价是指项目竣工一段时间之后所进行的评价，就是通常所称的项目后评价。

（3）项目影响评价是指项目后评价报告完成一定时间之后所进行的评价，它又称为项目效益评价。

项目后评价和项目可行性研究（即项目前期准备阶段的评估，又称前评价）是既相互联系又相互区别的两种项目管理活动。它们的相同之处在于二者都是对项目生命周期全过程所进行的技术经济论证，评估的原则和方法没有太大的区别，都采用定量与定性相结合的方法。但是，由于两者的评价时点不同，目的也不完全相同，因此也存在一些区别：可行性论证在项目开始之前运用预测技术来分析评价项目未来的效益，其目的是确定项目投资是否值得并可行；而项目后评价在项目运营之后，总结项目的准备、实施、完工和运营，并通过预测对项目的未来进行新的分析评价，其目的是为了总结经验教训，为改进项目决策和提高项目管理水平服务，即同时进行项目的回顾总结和前景预测。

由项目后评价的定义及项目后评价所涉及的内容可以看出，项目后评价与前期评价、中期评价相比具有如下特点。

1. 现实性

项目后评价是以项目建设和运营的实际情况为基础，对项目建设、运营中存在的现实情况、产生的实际数据进行评价,所以具有现实性的特点。这一点和项目前期评价不同,前期评价中的项目可行性研究是预测性的评价,它所使用的数据为预测数据。

2. 公正性

公正性表示在实施项目后评价时,应持有实事求是的态度,在发现问题、分析原因和做出结论中始终保持客观、负责的态度。公正性标志着后评价及评价者的信誉,应贯穿于整个后评价的全过程,即从后评价项目的选定、计划的编制、任务的委托、评价者的组成、具体评价过程直到形成报告。项目后评价必须保证公正性,这也是一条很重要的原则。

3. 全面性

项目后评价是对项目实践的全面评价,它不仅对项目立项决策、项目实施、项目运营等全过程进行系统评价,还对项目的经济效益、社会影响、环境影响及项目综合管理等全方位进行系统评价。这种评价不仅涉及项目生命周期的各阶段,而且涉及项目的方方面面,因此是比较系统、全面的技术经济活动。

4. 反馈性

项目后评价的结果需要反馈到决策部门,作为新项目立项和评估的基础以及调整投资计划和政策的依据,这是后评价的最终目标。因此,后评价结论的扩散和反馈机制、手段和方法便成为后评价成败的关键环节之一。国外一些国家建立了项目管理信息系统,通过项目周期各个阶段的信息交流和反馈,系统地为后评价提供资料和向决策机构提供后评价的反馈信息。

二、项目后评价的沿革和发展

项目后评价于20世纪30年代在美国产生,直到20世纪70年代,才广泛地被许多国家和世界银行(简称世行)、亚洲银行(简称亚行)等双边或多边援助组织用于世界范围的资助活动结果评价中。目前,各国的后评价机构各不相同,而且随着各国社会、经济的发展而变化着。

1. 发达国家的后评价

在发达国家,后评价主要是对国家的预算、计划和项目进行评价。一般来说,这些国家有评价的法律和系统的规则、明确的管理机构、系统的方法和程序。目前后评价的发展趋势是将资金预算、监测、审计和评价结合在一起,形成一个有效、完整的管理循环和评价体系。

1) 美国国内投资活动的评价体系

美国是后评价做得比较好的国家之一，20世纪30年代经济大萧条期间，美国实施了"新分配"计划，开始了仅对少数人的行为的后评价。20世纪60年代，在"向饥饿宣战"计划中，联邦政府对新建的一大批大型公益项目投入数以亿计的美元，国会和公众对资金的使用、效益和影响表现出极大的关注，于是在计划实施的同时进行了以投资效益评价为核心的后评价。这种效益评价的原则延续至今，并为各国所接受和采纳。20世纪70年代和80年代，由于某些公益性项目的决策由美国联邦政府下放到州政府或地方政府，后评价的过程也相应扩展到地方，后评价方法也有了许多创新，评价更注重对项目的过程的研究，而不是等到项目结束时才进行。目前，美国社会公众十分关注项目的社会效益，要求增加对国家各级政府管理的透明度，对政府是否"尽职"提出质疑，其范围涉及社会的各个方面，诸如从环境保护到教育及创造就业机会等。

在经济衰退和预算紧缩时期，美国更增加了对后评价的要求。近年来，执行部门中的管理和预算办公室越来越强调对计划执行情况的评价，并把评价结果作为决定国家预算分配的一个重要因素。在立法部门中，美国国会将后评价研究作为一种监督功能。总会计办公室作为国会的监督代理机构，除其原有的国家决算和审计功能外，极大地加强了它的评价能力。中央政府机构中总监督的作用原先仅限于一般的审计和检查活动，而今已经扩大到计划的评价领域，政府形成了对公共部门投资计划和项目的效益和结果进行不断监测和评价的能力。在私有公司和企业中，也有不断增强后评价的趋势。1980年以来，许多美国公司已经掌握了全面质量管理（TQM）技术。一些私有公司开始使用被称为"战略计划"的方式，通过所确立的发展目标，公司可以不断地检查其计划调动雇员的积极性的效果，根据实际结果监测和评价各部门的执行情况，不断地调整和修订其目标和策略。

2) 发达国家援外机构的后评价

大部分发达国家在其国家预算中都有一部分资金用于向第三世界投资，这些资金的使用由一个单独的机构管理，如美国国际开发署（USAID）、英国海外开发署（ODA）、加拿大国际开发署（CIDA）、日本国际协力会（JICA）和日本海外经济协力基金（OECF）等。为了保证资金使用的合理性和效益性，各国在这些部门中一般设立一个相对独立的办公室专门从事海外援助项目的后评价。例如,ODA 是设在英联邦外交办公室的一个政府部门,它每年有约 100 个国外投资项目,投资金额达数亿英镑。ODA 从 1975 年开展项目的影响评价,并于 1982 年正式在署内设立专门的后评价局。该局有 9 名从事项目评价管理和组织实施的工作人员,负责项目后评价的政策制定、计划、执行、报告及反馈,现在他们已从项目评价发展到部门或地区的评价,并且还做一些综合性的分析和研究。

2. 发展中国家的后评价

近年来,发展中国家的后评价已经有了很大的发展。联合国开发计划署(UNDP)1992 年的资料显示,85 个较不发达的国家已经成立了中央评价机构。这些机构约 50% 设在计划部门或社会发展部门,16% 设在财政和国家预算部门,12% 设在经济部门,10% 设在外交部门,4% 设在国家审计部门,8% 设在其他部门。但是,上述评价机构大多是政府的下属机构,相对独立的后评价机构和体系尚未真正形成。这些政府机构大都只是根据世行、亚行等的外部要求组织相关项目的后评价,很少有国家建立了可以统一进行整个国家系统后评价工作的机构。从总体上看,后评价成果的反馈情况并不令人满意,主要问题是没有完善的反馈机制系统地为后评价提供资料和向决策机构提供后评价的反馈信息。

3. 国际金融组织的后评价

20 世纪 70 年代以来,越来越多的国际金融组织依靠后评价来检验其投资活动的结果。80 年代末,英国海外开发署对全世界 24 个多边金融机构的评价系统进行了专门研究,研究表明后评价是一种全新的并正在迅速发展的活动。当时,所调查的 24 个组织每年花费 3600 万美元用于后评价,而同期的资金总投入约为 210 亿美元,即评价费用约占同期总投资的 0.17%。

几乎所有的国际金融组织都有综合性的项目前评估系统和有组织的监测系统,绝大部分组织都有后评价管理机构。调查发现,这些国际金融组织的后评价机构的评价有四种形式:由本组织内行业管理所做的自我评价;由行业管理就其自身目的所做的深层次研究;专家组所做的复查(通常是向政府部门报告);独立进行的深层次研究。调查表明,集中管理的评价组织形式更有利于开展正规的评价工作。

在各国际性金融组织中,亚洲开发银行投资贷款额大,后评价任务重,在项目执行评价方面积累了大量的经验。

4. 我国的项目后评价

我国的项目后评价始于 20 世纪 80 年代中后期,1988 年国家计委(现国家发展和改革委员会)正式委托中国国际工程咨询公司进行第一批国家重点建设项目的后评价。10 多年来,中国的后评价事业有了长足的进步,初步形成了自己的后评价体系。

我国投资项目后评价的目的是:全面总结投资项目的决策、实施和运营情况,分析项目的技术、经济、社会和环境效益及影响,为投资决策和项目管理提供经验教训,改进并完善建成项目,提高其可持续性。

按项目投资渠道和管理体制划分,我国的项目后评价可分为以下几类。

(1) 国家重点建设项目后评价。由国家计委制定评价规定,编制评价计划,委托独立的咨询机构来完成。目前国家计委主要委托中国国际工程咨询公司实施国家重点建设项目后评价。

(2) 国际金融组织贷款项目后评价。世行和亚行在华的贷款项目,分别按其国际金融组织的规定开展项目后评价。

(3) 国家银行贷款项目后评价。国家政府性投资项目 1987 年起由建设银行、1994 年起转由国家开发银行实施后评价工作。

(4) 国家审计项目后评价。20 世纪 80 年代末,国家审计署开始对国家投资和利用外资的大中型项目的完工、实施和竣工开展财务审计,目前正在积极开拓绩效审计等与项目后评价相关的业务。

(5) 行业部门和地方项目后评价。由行业部门和地方政府安排投资的建设项目一般由行业部门和地方政府安排项目后评价。行业部门和地方政府也参与了在本地区或本部门的国家一级和世行、亚行项目的后评价工作。

由于我国后评价起步较晚,国家一级的统一管理机构尚未成立,但已在酝酿之中。1995 年,国家开发银行、中国国际工程咨询公司和中国建设银行等相继成立了后评价机构。这些机构大多类似世行的模式,具有相对的独立性。目前我国国家重点项目和政策性贷款项目的后评价已经走向正规。国家计委和国家开发银行选择后评价项目的原则为:①国家特大型项目,尤其是跨地区、跨行业的项目;②与国家产业政策密切相关的项目,特别是引导发展方向的项目;③有特点的项目,如采用新技术、新融资渠道、新政策的项目;④国家急需了解情况的项目等。

我国项目后评价一般分为四个阶段。

(1) 项目自评阶段。由项目的业主会同其执行管理机构按照国家计委或国家开发银行的要求编写项目的自我评价报告,上报行业主管部门和国家计委或国家开发银行。

(2) 行业或地方初审阶段。由行业或省级主管部门对项目自评报告进行初步审查,提出意见,一并上报。

(3) 正式后评价阶段。由相对独立的后评价机构组织专家对项目进行后评价,通过资料收集、现场调查和分析讨论,提出项目的后评价报告。

(4) 成果反馈阶段。在项目后评价报告的编写过程中要广泛征求各方面意见,在报告完成之后要以召开座谈会等形式进行发布,同时散发成果报告。

三、项目后评价的主要内容

项目后评价是以项目前期所确定的目标和各方面指标与项目实际实施的结果之间的对比为基础的。因此,项目后评价的范围和分类大体上与项目前评估相同。

在20世纪60年代以前,国际通行的项目评价的重点是财务分析,以财务分析的好坏作为评价项目成败的主要指标。60年代,西方国家能源、交通、通信等基础设施及社会福利事业将经济评价(国内称国民经济评价)的概念引入了项目效益评价的范围。70年代前后,世界经济发展带来的严重污染问题引起人们的广泛重视,项目评价因此而增加了"环境评价"的内容。此后,随着经济的发展,项目的社会作用和影响日益受到投资者的关注。到80年代,世行等组织十分关心其援助项目对受援地区的贫困、妇女、社会文化和持续发展等方面所产生的影响。因此,社会影响评价成为投资活动评估和评价的重要内容之一。近几年国外援助组织多年实践的经验证明了机构设置和管理机制对项目成败的重要作用,于是又将其纳入项目评价的范围。

综上所述,项目后评价的内容范围包括经济、环境、社会和机构发展等几个方面,一般情况下,国外项目后评价是按项目的效益评价方法和项目资金来源分类的,通常可分为以下几类。

(1) 生产类:有直接的物质产品产出,通过投入产生并增加产出,其产出可提供更多的税收和财务收入,为社会提供直接的积累。

(2) 服务类:为生产类行业提供生产所必需的服务和条件,一般没有直接的产品产出。这类项目主要依靠社会生产者积累来投入,项目后评价的要点是项目的经济分析和社会影响的效果分析。

(3) 社会基础设施和人力资源开发类项目:如公共教育、公共卫生、公共社会服务和福利事业、环境保护、人员培训和技能开发等。这类项目由社会的公共积累来开支,其后评价的重点是项目的社会效益。

项目后评价的基本内容包括以下五个方面。

1. 项目目标后评价

项目目标后评价的目的是评定项目立项时原定目的和目标的实现程度。项目目标后评价要对照原定目标主要指标,检查项目实际完成指标的情况和变化,分析实际指标发生改变的原因,以判断目标的实现程度。项目目标后评价的另一项任务是对项目原定决策目标的正确性、合理性和实践性进行分析评价,对项目实施过程中可能会发生的重大变化(如政策性变化或市场变化等)重新进行分析和评价。

2. 项目实施过程后评价

项目实施过程后评价应对照、比较和分析项目、立项评估或可行性研究时所预计的情况和实际执行的过程,找出差别,分析原因。项目实施过程后评价一般要分析以下几个方面:项目的立项、准备和评估;项目内容和建设规模;项目进度和实施情况;项目配套设施和服务条件;项目干系人范围及其反映;项目的管理和运行机制;项目财务执行情况。

3. 项目效益后评价

项目效益后评价以项目投产后实际取得的效益为基础,重新测算项目的各项经济数据,并与项目前期评估时预测的相关指标进行对比,以评价和分析其偏差及原因。项目效益后评价的主要内容与项目前评估无大的差别,主要分析指标还是内部收益率、净现值和贷款偿还期等项目盈利能力和清偿能力的指标,只不过项目效益后评价对已发生的财务现金流量和经济流量采用实际值,并按统计学原理加以处理,而且对后评价时点以后的现金流量需要做出新的预测。

4. 项目影响后评价

项目影响后评价包括经济影响后评价、环境影响后评价和社会影响后评价。

经济影响后评价主要分析、评价项目对所在国家、地区和所属行业所产生的经济方面的影响,它区别于项目效益评价中的经济分析,评价的内容主要包括分配、就业、国内资源成本、技术进步等。环境影响后评价包括项目的污染控制、地区环境质量、自然资源利用和保护、区域生态平衡和环境管理等几个方面。社会影响后评价是对项目在经济、社会和环境方面产生的有形和无形的效益和结果所进行的一种分析,通过评价持续性、机构发展、参与、妇女、平等和贫困等六个要素,分析项目对国家(或地方)社会发展目标的贡献和影响,包括对项目本身和对项目周围地区社会的影响。

5. **项目持续性后评价**

项目持续性是指在项目的建设资金投入完成之后,项目的既定目标是否还能继续,项目是否还可以持续地发展下去,接受投资的项目业主是否愿意并可能依靠自己的力量继续去实现既定目标,项目是否具有可重复性,即是否可在未来以同样的方式建设同类项目。持续性后评价一般可作为项目影响评价的一部分,但是亚洲开发银行等组织把项目的可持续性视为其援助项目成败的关键之一,因此要求援助项目在评估和评价中进行单独的持续性分析和评价。

四、后评价项目的自我评价与独立后评价

虽然项目竣工验收报告可以为项目后评价提供大量的数据和信息,但是从后评价角度考虑,其内容和深度还不能满足评价要求。特别是在项目财务分析、效益评价和可持续发展方面还需要补充资料和深入分析。为此,国家计委和国家开发银行在项目后评价实施规定中明确了由项目业主先提交自我评价报告的要求。

后评价项目的自我评价是从项目业主或项目主管部门的角度对项目的实施进行全面的总结,为开展项目独立后评价做准备的工作。项目的自我评价与竣工验收虽然有许多共同点,但也存在着一些根本的区别。一是评价的重点不同。竣工验收侧重于项目工程的质量、进度和造价方面,而自我评价侧重于项目效益和影响方面。虽然自我评价需要了解工程方面的情况,但重点是分析原因,解决项目的效益和影响问题,为今后项目决策和管理提供借鉴。二是评价的目的不同。竣工验收的目的是把项目形成的固定资产或服务正式移交给业主或客户,使之进入运营阶段,同时总结出项目建设中的经验教训;而自我评价的目的是为项目后评价服务,需要全面总结项目的执行、效益、作用和影响,为其他项目提供可以借鉴的经验教训。

项目的自我评价与世行、亚行的完工报告也有所不同。一是评价角度不同。项目完工报告是由银行的项目负责官员编制的,代表了银行方面的意见;而自我评价报告则是由项目业主或执行机构编制的,代表了项目单位的

意见,两者的评价角度有所不同。二是评价层次不同。项目完工报告可以提出项目业主管理权限以外的问题和意见,而项目自我评价则往往难以超脱项目范围去分析原因、提出建议,两者所处的管理层次是不同的。

综上所述,项目的自我评价是业主处在项目层次上对项目的实施进行的总结,是按项目后评价要求,收集资料、自我检查、对比分析、找出原因、提出建议,以总结项目经验教训为目的的一种技术经济活动。

项目后评价应由独立或相对独立的机构去完成,因此也称为项目的独立后评价。项目的独立后评价要保证评价的客观、公正性,同时要及时将评价结果报告委托单位。

项目独立后评价的任务是,在分析项目完工报告或项目自我评价报告,或项目竣工验收报告的基础上,通过实地考察和调研,评价项目执行情况及其成果。

项目独立后评价的报告包括项目背景、实施评价、效果评价和结论建议等几部分。

第二节 项目后评价的程序和方法

一、项目后评价的程序

项目后评价主要是为决策服务的,决策需求有时是宏观的,涉及国家、地区、行业发展的战略;有时是微观的,仅为某个项目组织、管理机构积累经验。因此,项目后评价分为宏观决策型后评价和微观决策型后评价。

1. 面向宏观决策的后评价程序

1) 制订后评价计划

国家的后评价和银行、金融组织的后评价,更注重投资活动的整体效果、作用和影响,应从较长远的角度和更高的层次上来考虑后评价计划的制订工作。后评价计划制订得越早越好,应把它作为项目生命周期的一个必不可少的阶段,以法律或规章的形式确定下来。项目后评价计划内容包括项目的选定、后评价人员的配备、组织机构、时间进度、内容、范围、评价方法、预算安排等。

2) 后评价项目的选定

为在更高层次上总结出带有方向性的经验教训,不少国家和国际组织采用了"打捆"的方式,即将一个行业或一个地区的几个相关项目一起列入后评价计划,同时进行评价。一般来讲,选择后评价项目有以下几条标准:项目实施出现重大问题的;非常规的项目;发生重大变化的项目;急需了解其作用和影响的项目;可为即将实施的国家预算、宏观战略和规划原则提供信息的项目;为投资规划确定未来发展方向有代表性的项目;对开展行业部门或地区后评价研究有重要意义的项目。

3) 后评价范围的确定

对项目后评价的范围及深度根据需要应有所侧重和选择。通常是在委托合同中确定评价任务的目的、内容、深度、时间和费用,一般包括以下内容:①项目后评价的目的和范围,包括对合同执行者的明确调查范围;②提出评价过程中所采用的方法;③提出所评项目的主要对比指标;④确定完成评价的经费和进度。

4) 项目后评价咨询专家的选择

项目后评价通常分自我评价阶段和独立评价阶段。在独立评价阶段,需委托一个独立的评价咨询机构或由银行内部相对独立的后评价专门机构来实施,由此机构任命后评价负责人,该负责人聘请和组织项目评价专家组去实施后评价。评价专家可以是评价咨询机构内部的人员,他们较熟悉评价方法和程序,费用较低;也可以是熟悉项目后评价的行家,他们客观公正,同时弥补了评价机构内部的人手不足。

5) 项目后评价的执行

项目后评价的执行包括以下几方面的工作。

(1) 资料信息的收集。包括项目资料(如项目自我评价、完工、竣工验收、决算审计、概算调整、开工、初步设计、评估和可行性研究等报告及批复文件等),项目所在地区的资料(如国家和地区的统计资料、物价信息等),评价方法的有关规定和准则(如联合国开发计划署、亚洲开发银行、我国国家发改委、中国国家开发银行等机构已颁布的手册和规范等)。

(2) 后评价现场调查。现场调查可了解项目的基本情况,目标实现程度,产生的直接和间接影响等。现场调查应事先做好充分准备,明确调查任务,制定调查提纲。

(3) 分析和结论。在收集资料和现场调查后进行全面认真的分析,就可

得出一些结论性答案,如项目成功度、投入产出比、成败原因、经验教训、项目可持续性等等。

6) 项目后评价报告

项目后评价报告是评价结果的汇总,应真实反映情况,客观分析问题,认真总结经验。后评价报告应包括摘要、项目概况、评价内容、主要变化和问题、原因分析、经验教训、结论和建议、评价方法说明等。这些内容既可以形成一份报告,又可以单独成文上报。报告的发现和结论要与问题和分析相对应,经验教训和建议要把评价的结果与将来规划和政策的制定及修改联系起来。后评价报告要有相对固定的内容格式,便于分解,便于计算机录入。

7) 后评价的反馈

反馈机制是后评价体系中的一个决定性环节。它是一个表达和扩散评价成果信息的动态过程,同时该机制还应保证这些成果在新建或已有项目及其他开发活动中得到采纳和应用。

反馈过程有两个要素。一是评价信息的报告和扩散,其中包含评价者的工作责任。后评价的成果和问题应该反馈到决策、规划、立项管理、评估、监督和项目实施等机构和部门。二是应用后评价成果及经验教训,以改进和调整政策的分析和制定,这是反馈最主要的管理功能。在反馈程序里,必须在评价者及其评价成果与应用者之间建立明确的机制,以保持紧密的联系。

2. 面向微观决策的后评价程序

此类后评价往往注重某个项目和项目团队,涉及的环节较少,评价的程序比较简化,内容简单,形式多样。一般而言,可以包含如下几个步骤。

1) 自我评价

自我评价由项目组织内部进行,通常以项目总结会的形式开展,通过对项目的整体总结、归纳、统计、分析,找出项目实施过程、结果等方面与计划的偏差,并给予分析。自我评价的结果是形成项目总结报告。自我评价注重项目和项目成果本身,侧重找出项目在实施过程中的变化,以及变化对项目各方面的影响,分析变化原因,以总结项目团队在工作中的经验教训。

2) 成立项目后评价小组

这种专门的评价小组一般由项目组之外的人员组成,他们可以来自项目所属的业务部门、上级管理部门、独立的评价咨询机构或是外聘专家。评价小组要站在管理的角度来进一步评价项目的管理业绩和产生的效益。

3) 信息的收集

项目后评价小组依据项目总结报告审查项目管理部、财务部、业务部等部门记载和递交的项目记录与报告,查阅有关项目各时段的文档资料,访问项目干系人,尤其是向客户或用户了解项目产品的质量、问题和影响,对这些信息进行综合分析。

4）实施评价

为微观决策服务的后评价内容可能会比较具体,如涉及项目的各方面管理行为的评价、项目进度管理评价、项目成本管理评价、项目人力资源管理评价、客户管理评价、项目的质量管理评价、项目责任人业绩评价、项目的效益和前景评价等。每一方面的评价可以细分为一些问题和条件,定制成几种便于操作的评分表,以便进行量化评价。

5）形成评价报告

后评价小组根据评分标准及评价模型对项目进行整体评价,给出结论,形成报告。该报告通过规定的渠道汇报给各个方面,以起到应有的评价现实项目、支持后续项目的评价目的。

二、项目后评价的方法

我国项目后评价的方法主要参考项目评估的评价方法和国际上通用的后评价方法,国家发改委和国家开发银行已经颁布了有关规定,并在不断完善。

项目后评价的方法与项目前评价方法基本相同,国际通用的后评价方法有统计预测法、对比分析法、逻辑框架法、利益群体分析法、综合评价法等。

1. 统计预测法

如前所述,项目后评价包括对项目已经发生事实的总结和对项目未来发展的预测,这种总结和预测是以统计学原理和预测学原理为基础的。

统计是一种从数量方面认识事物的科学方法,包括统计资料的收集、整理、分析三个阶段。统计资料的收集（又称统计调查）是根据研究目的和要求,采用科学的调查方法,有策划、有组织地收集被研究对象的原始资料的工作过程,它是统计工作的基础。统计资料整理是根据研究任务,对统计调查阶段获得的大量原始资料进行加工汇总,使其系统化、条理化、科学化,以得出反映事物总体综合特征资料的工作过程。统计分析是根据研究目的和要求,采用各种分析方法,对研究对象进行解剖、对比、分析和综合研究,以揭示事物的内在联系、发展变化规律和矛盾,找出原因,提出解决问题的办法的过程。

项目后评价大量的基础资料是以统计数据为依据的,后评价的调查、数据处理和分析方法也与统计工作十分类似。因此,统计原理和方法完全可以应用在后评价实践中,也是后评价方法论的基本原则之一。

预测是对尚未发生或目前还不明确的事物进行预先的估计和推测,是现在对事物将要发生的结果进行探讨和研究。预测时,一般借助惯性原则、类推原则、相关原则、概率推断原则,从现在和已经发生的情况出发,利用一定的方法和技术去探索和模拟不可知的、未出现的或复杂的中间过程,以推断出未来的结果。

预测技术已广泛应用于项目的可行性研究评估及项目后评价的实践中,特别在项目效益评价方面普遍采用了预测学常用的模式,如趋势外推法、参照对比法、专家调查预测法等。

项目后评价中有两种主要的预测:一是有无对比预测,另一种是对项目今后效益的预测。前者是对无项目条件下可能产生的效果进行假定的估测,后者以后评价时点为基准,参考时点前的发展趋势对项目今后的效益进行测算。

2. 对比分析法

项目的对比分析法包括前后对比法和有无对比法。前后对比法是指将项目前期的可行性研究和评估的预测结论与项目的实际运行结果相比较,以发现变化和分析原因,用于揭示项目计划、决策和实施中存在的问题。有无对比法是指将项目实际发生的情况与无项目时可能发生的情况进行对比,以度量项目的真实效益、影响和作用。该方法是通过对项目实施所付出的资源代价与项目实施后产生的效果进行对比,以评价项目好坏的重要方法。

项目后评价对比法的关键是要求投入的代价与产出的效果口径一致,即所度量的效果要真正归因于项目。但很多大型项目,特别是大型社会经济项目,实施后的效果不仅仅是项目单一的效果和作用,还有项目以外多种因素的影响。因此,项目后评价要剔除那些非项目因素,对归因于项目的效果加以正确的定义和度量。由于无项目时可能发生的情况往往无法确定地描述,故项目后评价中只能用一些方法近似地度量项目的作用。理想的做法是在项目受益范围之外找一个类似的"对照区",进行比较和评价。如某农业项目后评价对小麦产量进行"有无对比"分析,该项目在实施期间正值国家农业改革的时期,国家多次调整农产品价格,实行家庭联产承包责任制,极大地推动了农村经济的发展,农产品产量大幅提高。因此,即使在没有安排项目的条件下,项目区的生产也会有很大的发展。在进行"有无对比"分析时,就必须选定一个非项目对照区来与项目区进行比较,非项目对照区应选择在项目启动之前气候、水文、地貌、管理和生产技术与项目区基本相同的地区。把该对照区作为项目区在无项目条件下发展的假设情况,用来与项目区进行比较。

3. 逻辑框架法

逻辑框架法是由美国国际开发署在1970年开发并使用的一种设计、计划和评价的方法,目前三分之二的国际组织将该方法作为援助项目的计划管理和项目后评价的主要方法。

逻辑框架法是将一个复杂项目的多个具有因果关系的动态因素组合起来,用一张简单的框图分析其内涵和关系,以确定项目范围和任务,分清项目目标和达到目标所需手段间的逻辑关系,以评价项目活动及其成果的方法。在国际上,该方法已广泛应用到项目策划设计、风险分析、评估、实施检查、监测评价和可持续性分析的实践中,成为通用的一种方法。在项目后评价中,通过应用逻辑框架法分析项目原定的预期目标、各种目标的层次、目标实现的程度和项目成败的原因,用以评价项目的效果、作用和影响。

项目后评价通过应用逻辑框架法来确立项目目标层次间的逻辑关系,用以分析项目的效率、效果、影响和持续性。项目的效率评价主要反映项目投入与产出的关系,既反映项目把投入转换为产出的程度,也反映项目管理的水平。项目的效果评价主要反映项目的产出对项□目的和□标的贡献程度。项目的影响分析主要反映项目目的与最终目标间的关系,评价项目对当地社区的影响和非项目因素对当地社区的影响。一般情况下项目的影响分析应在项目的效率、效果评价的基础上进行,有时可推迟几年单独进行。持续性分析主要通过项目产出、效果、影响的关联性,找出影响项目持续发展的主要因素,并区别内在因素和外部条件,提出相应的措施和建议。

4. 利益群体分析法

利益群体是指与项目有直接或间接的利害关系,并对项目的成功与否有直接或间接影响的所有有关各方,如项目的收益人、受害人与项目有关的政府组织和非政府组织等。利益群体分析法首先要确定项目利益群体一览表,然后评估利益群体对项目成功所起的重要作用并根据项目目标对其重要性做出评价,最后提出在实施过程中对各利益群体应采取的步骤。

5. 综合评价法

项目后评价的综合评价方法很多,通常采用成功度评价的方法。综合评价法要做出项目的逻辑框架图,评定项目的合理性、项目目标实现程度及其外部条件,列出项目主要效益指标,评定项目的投入产出结果,汇总报告的所有内容,采取分析打分的办法(即项目成功度评价法),为项目的实施和成果做出定性结论,划定成功、部分成功、不成功三个等级。成功度评价是依靠评价专家或专家组的经验,综合后评价各项指标的评价结果,对项目的成功程度做出定性的结论,也就是通常所称的打分的方法。成功度评价是以用逻辑框架法分析的项目目标的实现程度和经济效益分析的评价结论为基础,以项目的目标和效益为核心所进行的全面、系统的评价。

1) 项目成功度的评价标准

项目的成功度可分为以下五个等级。

(1) 完全成功的:项目的各项目标都已全面实现或超过;相对成本而言,项目取得巨大的效益和影响。

(2) 成功的(A):项目的大部分目标已经实现;相对成本而言,项目达到了预期的效益和影响。

(3) 部分成功的(B):项目实现了原定的部分目标;相对成本而言,项目只取得了一定的效益和影响。

(4) 不成功的(C):项目实现的目标非常有限;相对成本而言,项目几乎没有产生什么正效益和影响。

(5) 失败的(D):项目的目标是不现实的,无法实现;相对成本而言,项目不得不终止。

2) 项目成功度的测定步骤和方法

进行项目综合评价时,评价人员首先要根据具体项目的类型和特点,确定综合评价指标及其与项目相关的程度,把它们分为"重要"、"次重要"和"不重要"三类。对"不重要"的指标就不用测定,只需测定重要和次重要的项目内容,一般的项目实际需测定的指标在10项左右。

在测定各项指标时,采用权重制和打分制相结合的方法,先给每项指标确定权重,再根据实际执行情况逐项打分,即按上述评定标准的第二至第五级别分别用 A、B、C、D 表示或打上具体分数,通过指标重要性权重分析和单项成功度结论的综合,可得到整个项目的成功度指标,用 A、B、C、D 表示,填在表的最后一行(总成功度)的成功度栏内。

在具体操作时,项目评价组成员每人填好一张表后,对各项指标的取舍和等级进行内部讨论,或经必要的数据处理,形成评价组的成功度表,再把结论写入评价报告。

3) 成功度评价表

项目成功度评价表是根据后评价任务的目的和性质决定的,包括评价项目及其权重和评价结论。国际上各个组织和机构的表格设计各不相同,表12-1为英国海外开发署1995年的统一表格,在评定具体项目的成功度时,并不一定要测定表中所有的指标。

表 12-1　成功度评价表

项目实施评价指标	相关重要性	成　功　度
经济适应性		
扩大生产能力		
管理水平		
对贫困的影响		
人力资源:教育		
人力资源:健康		
人力资源:儿童		
环境影响		
对妇女的影响		
社会影响		
机构制度影响		
技术成功度		
进度		
预算成本控制		
项目辅助条件		
成本-效益分析		
财务回报率		
经济回报率		
财务持续性		
机构持续性		
项目的总持续性		
总成功度		

第三节　世界银行项目后评价模式简介

根据项目后评价任务的特点,其管理机构必须保证后评价的独立性和具有反馈功能,因此,项目后评价的机构设置是至关重要的。从全世界范围来看,项目后评价的管理和实施均带有各自国家社会、经济发展程度及社会运行机制的烙印。其中,亚洲开发银行和联合国开发计划署等国际多边组织在全球大量的援助贷款项目的后评价实践方面起步较早,经验丰富,其后评价管理方式和实施程序已为多数发展中国家所接受,形成了项目后评价的国际模式,现以其为例进行介绍。

世界银行的后评价机构成立于1970年,到1975年,世行又设立了负责后评价的总督察,并正式成立了业务评价局(OED),从此,后评价被纳入世行重要的正规管理和实施轨道。世行开展后评价的主要目的是:对世行所执行的政策、规划、项目和程序进行客观评价;通过总结经验教训来改进和完善这些政策、规划和项目。

一、机构设置及其工作任务

领导世行业务评价工作的官员为总督察,总督察由世行执行董事会任命,总督察的主要职责为:对执行董事会专门负责业务评价的联合审核委员会负责;代表行长管理业务评价工作;领导世行的业务评价局和国际金融公司的业务评价办公室两个后评价机构。总督察的主要任务包括:评估世行业务评价系统的作用和功能,并向银行和成员国报告;对业务评价计划和工作提出独立的指导意见,提高评价机构对业务评价目的的认识;提出工作变化对策,使之更富有成效,同时满足各成员国在业务评价方面的需要;鼓励和支持各成员国发展各自的后评价体系。

世行执行董事会负责业务评价指导工作的联合审核委员会是一个常设机构,由8名执行董事组成,两年一届。这个委员会的职责包括:监督世行和国际金融公司业务评价的规范、程序和工作;检查并确定世行集团业务评价的充分性和有效性;每年向全体执行董事报告一次业务评价的执行情况、成果和建议；审核业务评价机构的年度报告和预算。

世行业务评价系统强调它的独立性、实用性、可靠性和透明性。具体的业务评价工作由下属的两个机构去执行。根据业务评价的发展，1993年以来，世行董事会给予业务评价局更多的权力和任务，进一步加强了评价力量。业务评价局的主要任务包括：衡量取得它所预期结果的程度、效应及效率；总结、传播经验教训，反馈、应用于政策业务及程序之中；帮助世行及其成员国提高业务评价能力，发挥世行内部监督的作用。

世行业务评价局的主要工作如下。

（1）审查项目完成报告。审查所有的世行投资项目编写的项目完成报告或自我评价报告，编制项目信息单和评价备忘录，上报银行当局并输入数据库。

（2）实施项目后评价。独立进行项目后评价，在评价过程中不断地与项目主管局和所在国交换意见，及时反馈信息，使评价更加客观公正，结论更利于反馈和被采纳。

（3）实施影响评价。项目完成5年以后，根据世行投资政策的变化或重点，在项目后评价报告的基础上，选定社会环境影响较大、情况较复杂、行业或地区成捆项目开展影响评价。

（4）开展评价专题研究。评价专题研究是在上述三种报告的基础上开展的，形式多样，一般可分为行业总结、地区研究、程序评价等。

（5）编制评价成果年度总结。业务评价局每年要编制一份评价成果年度总结，全面总结一年来上述几类评价的成果，但重点是在统计资料的基础上对风险的分析和对趋势的预测，以供银行决策者参考。

二、后评价的实施步骤

在项目完工的前一个银行财政年度末，由地区规划局提出下一年度拟派出的项目完工代表团计划，并通知后评价局准备进行项目完工报告的项目清单。

在项目完工代表团派出前6个月，银行项目官员向借款国、项目执行单位和联合融资者说明项目完工报告的步骤和需要的数据资料。

在项目完工代表团派出前3个月，借款国准备或调整项目执行计划，提出监测项目运营和影响的实施指标，并向银行提出完工报告计划。

在项目完工代表团派出前1～2个月，项目负责人提出项目完工报告的计划任务书。

在项目账户关闭前1个月,派出项目完工代表团,进行现场调查,提交一份备忘录,内容包括:记录项目各方对项目执行的观点,确认是否为借款国的项目完工报告提供了建议和帮助,并将实施计划附在备忘录后面。

在代表团回到银行总部后2周内,项目主管处长向借款国发出备忘录确认函。

在代表团调查工作结束后2~3个月内,项目负责人完成并向借款国和联合融资者寄出项目完工报告草稿,征求意见。

在代表团结束工作后3个月内,借款国完成自我评价报告,并向银行寄出报告摘要,报告或摘要不得超过10页并附在银行的项目完工报告后。

在代表团结束工作后3~4个月内,项目负责人完成项目自我后评价报告,并根据反馈意见修改报告。

在项目账户关闭后6个月内,项目负责人完成最终报告,按规定格式打印,并送发借款国、项目执行单位和联合融资者。

第四节 项目后评价的成果——后评价报告

一、项目后评价报告的主要内容

项目后评价报告的重点是对项目执行情况的判别和分析,项目后评价的主要内容及其评价结果均应在报告中得到反映,包括项目目标的实现程度、项目实施过程、项目效益、项目影响、项目可持续性的后评价及项目经验教训。

项目目标的实现程度一般分三个等级(成功、部分成功和不成功)进行评价,评价内容涉及宏观产业政策目标、财务目标、机构发展目标、实物目标、扶贫和其他社会目标、环境目标,以及公共行业管理和私营行业发展等目标。项目的可持续性后评价可采用可持续、不可持续和尚不明确三个等级来评定。项目主要经验教训主要讨论项目有何成功的经验和失败的教训,以及在项目未来发展中如何吸取这些经验教训,这些经验教训对类似国家或同类在建项目和未来待建项目有哪些借鉴作用。

二、项目后评价报告的格式

项目后评价报告主要由四部分组成,即报告概述、主报告、附件和附表。

1. 报告概述

报告概述包括封面及其内页、目录、前言、项目基础数据、报告摘要。

报告封面要注明编号、密级、项目后评价者名称、日期等。世界银行、亚洲开发银行要求在报告内页中说明汇率、英文缩写、权重指标与其他。

报告摘要一般包括以下内容:

(1) 项目目标和范围;
(2) 项目投资和融资;
(3) 项目的实施;
(4) 项目的运营和财务状况;
(5) 项目机构和管理;
(6) 项目环境和社会影响;
(7) 项目的财务和经济评价;
(8) 项目的可持续性;
(9) 项目后评价结论;
(10) 反馈信息。

2. 主报告

主报告包括项目背景、实施评价、效果评价、结论和建议。

项目背景说明项目的目标和目的、项目建设内容、工期、资金来源与安排、项目后评价的有关情况(包括项目后评价的任务来源和要求、项目自我评价报告完成时间、后评价时间安排、执行者、后评价的依据、方法、时点等)。

实施评价说明项目的设计、合同、组织管理、投资和融资、项目进度及其他情况,对照可行性研究评估找出重要变化,分析变化对项目效益影响的原因,讨论和评价这些因素及影响。

效果评价对项目运营和管理、项目财务状况、经济效益、环境和社会效益、可持续发展等几方面进行分析,评价项目的成果和作用。

结论和建议是项目独立后评价的最后一个部分,它包括项目的综合评价、评价结论、经验教训及对策建议等。

3. 附件

附件包括项目自我评价报告、借款国的评价报告摘要、联合融资者的评价意见,项目后评价专家组意见,以及其他相关文件和资料、地图等。

4. 附表

附表包括:

(1) 项目综合评价汇总表(即项目成功度综合评价表);

(2) 项目后评价逻辑框架图;

(3) 银行贷款/信贷相关表;

(4) 项目进度表;

(5) 项目实施的主要指标表;

(6) 项目运营的主要指标表;

(7) 项目主要效益指标对比表;

(8) 项目财务现金流量表;

(9) 项目经济效益费用流量表;

(10) 协议执行情况表;

(11) 对照银行业务手册的违约情况表。

案例 2008年残奥会赛事的评价

1. 2008年残奥会赛事的目标评价

2008年残奥会于9月16日结束。从项目管理的角度看残奥会,首先,目标评价是对项目目标实现程度的评价,对原有计划主要指标的评价,检查项目的实施情况,找出变化,分析发生的原因,并对项目决策的正确性、合理性和实践性进行分析、评价。即通过对体育赛事项目实际产生的一些经济、技术指标与审批时确定的目标进行比较,检查项目是否达到预期目标或达到预期目标的程度,从而判断项目是否成功。

北京奥组委主席刘淇在第29届奥运会组委会第五次全体会议(扩大)上,对2007年奥运筹办工作进行了总结,申明这次全会的主要任务是,贯彻中央关于北京奥运会筹办工作的指示精神,按照党的"十七大"提出的要求,进一步坚定信心,凝聚力量,明确任务,奋力拼搏,全面实现举办"有特色、高水平"奥运会和残奥会的目标。2008年筹办工作的总目标为:圆满完成全部筹备任务,举办一届"有特色、高水平"的奥运会和残奥会;建成奥运城市运行、管理、服务、保障和应急体系,扩大"迎奥运,讲文明,树新风"成果,展现"新北京、新奥运"风貌;加强奥运宣传,形成正面舆论优势,展示开放、民主、文明、和谐的国家形象;加强奥运安保,严防安全风险,确保平安奥运;加强奥运外事工作,赢得国际社会广泛支持,促进与各国人民的友好合作。

为保证2008年残奥会的顺利召开,实现既定的目标,2008年筹办工作的重点任务有9个方面:全面做好奥运会赛事运行组织工作;精心组织开、闭幕式等重大仪式及文化活动;加强对外联络,做好各类客户群服务工作;加强奥运宣传,完善媒体服务,营造良好的国内外舆论环境;全面落实各项奥运安保措施,确保实现"平安奥运"目标;全面完善城市运行工作,深入开展"迎奥运、讲文明、树新风"活动;同步推进残奥会各项工作,成功举办残奥会;大力加强筹办队伍建设,强化奥运培训,为成功举办奥运会提供过硬的组织保障;贯彻节俭、廉洁办奥运方针,确保各项工作阳光、透明。2008年筹办工作分为全面就绪、整合预热、赛时运行和赛后总结四个阶段进行安排。这9项任务的主要工作进展集中表现在以下3个方面。一是重点工作进展迅速,如期实现年度目标。奥运场馆和设施建设快速推进,总体完成建设任务;开闭幕式排练工作全面展开;火炬接力的筹备工作基本就绪;成功举办各项重大活动,进一步密切国际交流和合作;志愿者招募、培训工作深入推进;奥运会竞赛组织工作进展顺利,残奥会筹办工作同步进行。二是顺利完成年度"好运北京"全部赛事组织工作,达到检验工作、提高水平的目的。三是大力推进城市运行工作,为成功举办奥运会创造更加良好的条件。

为支持残奥会的召开,北京市出台了《北京市"十一五"时期残疾人事业发展规划》(以下简称《规划》)。《规划》中提出北京城市大型公共设施和奥运场馆无障碍设施建设改造率要达到100%,并且将对3000名窗口行业服务人员进行手语培训。此外,要确保今后新建的城市道路公共建筑、居住区和公共交通设施满足无障碍要求,完成北京重点景区、城市公共交通枢纽站、公共服务设施和服务窗口的无障碍改造工程。今后北京将鼓励、支持各类公共文化体育设施对残疾人开放,并提供特别服务和优惠。到2010年,经常参加全民健身活动的残疾人要达到30%。这项活动使残疾人今后的生活质量得到较大的提高。

2008年奥运会、残奥会取得了巨大成功,实现了有特色、高水平和两个奥运同样精彩的目标,达到了让国际社会满意、让各国运动员满意、让人民群众满意的要求,全面兑现了向国际社会做出的郑重承诺。北京奥运会、残奥会向全世界展示了我国改革开放和现代化建设的成就,展示了我国人民蓬勃向上的精神风貌,增强了中华民族的凝聚力,激发了全国人民的爱国热情,树立了我国的良好国际形象,弘扬了奥林匹克精神,增进了我国人民同世界各国人民的了解和友谊。北京奥运会、残奥会的成功举办,留下了一笔丰富的物质遗产和精神遗产,同时也积累了宝贵的经验。

2. 2008年残奥会赛事的项目管理评价

项目管理评价一方面总结成功的经验,另一方面吸取失败的教训,分析项目管理中存在的问题,并提出对策建议,从而有利于提高体育赛事的项目管理水平。将可行性研究报告中所预计的情况和实际执行的过程进行比较和分析,找出差别,分析原因,即通过成本效益分析对体育赛事项目的管理效果进行评价。

在筹办奥运的过程中,北京市积极推进经济发展方式转变,大力调整产业结构,形成了以现代服务业为主的产业结构。奥运筹办7年来,北京市经济年均增长率达到12.4%,地方财政收入增长2.3倍,城乡居民收入水平显著提高,实现了以发展保奥运、以奥运带发展。大力提高城市建设与管理水平,加大基础设施建设力度,轨道交通运营总里程由42公里增加到200公里。大力发展公共交通,使人民群众普遍受惠。加大保护古都风貌的力度,加强城乡环境整治工作,城市面貌焕然一新。下大气力解决民生问题,建立了"零就业家庭"就业保障机制、"一老一小"医疗保险制度以及城乡无社会保障老人的养老保障制度。着力落实无零就业家庭、无城镇危房户、无重大重复上访户、无社会救助盲点、无拖欠工资问题的"五无"目标,解决了一批涉及群众切身利益的问题,促进了社会和谐。

奥运会后的场馆利用是历届奥运会后的"大难题",我国在筹办奥运会时,主要采取科学的项目管理手段对其进行论证,在一定程度上规避了风险。

科学论证选址,充分考虑预期的实用功能。北京奥运经济研究会副会长杜巍说:"北京筹办奥运会之初,就对防范赛后利用风险有明确的认识。在规划、设计北京奥运场馆时,根据人口的分布情况,把体育场馆建到人口密集区域或大学校园,方便赛后向市民开放或综合使用。"比如,针对北京西部地区没有大型综合体育设施的状况,奥运会篮球场馆五棵松体育中心填补了这个空白。这个国内第一个达到NBA比赛要求的篮球场馆,将成为NBA在中国的第一个固定比赛场地,承担NBA表演赛、季前赛及各种娱乐文化活动,并会作为全民健身场所向普通市民开放。北京奥运会将乒乓球、柔道、跆拳道等项目放在大学校园里,在北京科技大学、中国农业大学等处新建了体育馆,改建了北京航空航天大学体育馆等原有的体育馆。这些建在大学校园里的体育馆，将主要由学校维护，用于学生的教学、训练及比赛，大大提高了使用效率。

合理规划，采用多元投资的方式。大型运动会体育场馆一般由政府投资兴建。由于回收周期长，容易使当地政府背上沉重的财政负担。雅典奥运会兴建的30个场馆，仅每年一亿欧元的维护费用，就令当地政府十分"头疼"。中国从全国十运会开始，就开始尝试吸引多元化的投资渠道。2005年的十运会，作为分赛区的江苏南通市，通过将体育会展中心与中央商务区规划"捆绑"上市，吸引民营资本以19亿元介入公益项目，开创了民营资本大规模投资大型体育设施的先河。北京奥运场馆同样引入了多元投资、分散风险、专业经营等方式。国家体育场"鸟巢"，30亿元的建设资金，来源于2003年中国中信集团联合体。中信集团联合体中标成为"鸟巢"项目法人合作方，与北京市国有资产经营公司共同组建国家体育场有限公司，负责国家体育场的融资、建设、管理、运营、维护和移交等工作，并享有政府授予的30年特许经营权。

由于产权制度明晰，责、权、利清楚，"鸟巢"、"水立方"等场馆的经营方案得以与建设规划同步。国家体育场运营有限公司总经理李建一对记者说："奥运会和残奥会期间，众多世界一流选手在'鸟巢'超越自己，创造了奇迹。这些都是'鸟巢'的无形资产。我们将原汁原味保存举行奥运赛事时的场景和设施，今后'鸟巢'最主要的用途是体育比赛和文艺演出。""鸟巢"赛后将充分利用自身的场地优势，拉动场馆商业发展，将商业面积扩展到35%左右。运营规划以承接大型体育赛事和文艺演出、开发无形资产、出租配套商业地产为三大主要经营模式。"水立方"改造工程将于2009年春节后开始，改造期为一年左右，届时将变身成一个"酷"感十足、完全体验式的多功能水上娱乐中心。国家游泳中心有限责任公司董事长康伟说："比赛结束后，'水立方'内1.1万个临时席位将被移除，休闲场地将5倍于目前赛场的规模。"因为姚明和美国"梦八"队的出现，五棵松篮球馆成为奥运会极为引人注目的比赛场地之一。五棵松文化体育中心董事长赵燕表示，奥运会之后，这里将打造成NBA在中国第一个固定的比赛场馆，每年将为中国观众带来NBA表演赛、季前赛、常规赛及多场次的篮球比赛。除了经营体育及休闲活动外，奥运旅游也成为奥运场馆新的经营方向。由于奥运会的成功举办，奥运场馆游已成为旅行社经营的一大热点。记者了解到，许多无缘到北京现场感受奥运会的外地游客对奥运举办城市充满兴趣。广东广之旅国内游总部副总经理文爽说:"目前北京旅游线路增加了很多新景点,而其中最重要的就是游览'鸟巢'、'水立方'等奥运场馆。"

多元投资方式不仅化解了政府财政投入的风险,同时将未来的场馆经营与最初的场馆规划和功能定位同步进行,同样降低了投资主体的经营风险。

借鉴历届体育赛事赛后场地的经营模式,预期未来规划、投资、建设,都只是大型体育场馆群利用的前期准备,在此之后,一个极为重要的问题便是"经营"。这就需要经营者具有长远的眼光,有跟随城市发展的进程、居民消费的升级而分享成果的耐心。

广州、上海等地多次举办全国运动会,大型综合运动会的场馆赛后利用也可为北京提供借鉴。投资12.9亿元、能容纳8万人的上海体育场是为1997年八运会而建的主会场。伴随着城市建设的发展,经过十多年的开发经营,这个体育场已成为上海新的商业中心和交通枢纽,除了体育赛事外,会议设施、零售、博物馆、康体中心、电影院等一应俱全。南京通过举办十运会,同样带动了河西地区基础设施的发展。广州2007年筹办全国大学生运动会时,就将新建场馆落户在大学城,既满足了大赛需要,又解决了赛后利用的难题,消化了大型综合赛事可能面临的食宿配套、志愿服务、门票出路等问题。在短期风险得以降低之后,未来随着城市圈的扩大,经营潜力还是值得期待的。大型综合体育中心的收益一般都要经过相当长的周期。比如,广州天河体育中心是为1987年第六届全运会而建的,由于当时的市场环境,六运会后天河体育中心一度陷入极大的经营困境。现任中心主任林彬表示,当时,每年要靠政府拨款300万元才能维持基本运营。如今随着城市的发展,通过会展、文体活动、健身俱乐部等多种模式,2007年天河体育中心全年创收超过8000万元。从过去的成功经验来看,作为一个国际化的大都市,北京奥运会场馆群,在城市发展、中国经济稳步前行、百姓健康消费观念提升的大背景下,未来的预期至少是不悲观的。

奥运会带给中国的不仅仅是物质财富,更重要的是精神财富。

北京奥运会给中国带来的,绝不仅仅是一次高水平的体育赛事,这是人们已经形成的共识。对于奥运场馆的赛后利用问题,在经济分析之外,同样需要人们以社会发展的眼光来看待。

得益于奥运会的场馆建设,中国农业大学第一次有了正规的体育馆,这里在北京奥运会和残奥会期间,分别承担了摔跤和坐式排球比赛。该校党委副书记秦世成说,奥运会和残奥会给学校留下了许多遗产,除了场馆设施,学校更看重无形的奥运人文遗产。奥运会的"更快、更高、更强"和残奥会的"超越、融合、共享"理念将成为大学生永远的精神财富。

国家体育场有限责任公司副总经理杨蔚鹰说:"作为国家体育场,除了商业开发外,'鸟巢'将大力开展群众喜闻乐见的文体活动。"据了解,"水立方"的商业改造,也以服务普通市民为原则。

3. 2008残奥会体育赛事项目影响评价

项目影响评价包括经济影响评价、环境影响评价和社会影响评价。经济影响评价主要分析项目所在地区、所属行业、所产生的经济方面的影响,主要包括投资后的就业状况、国内资源成本、技术进步等情况。环境影响评价主要包括环境项目的污染控制、地区环境质量、自然资源利用和保护、区域生态平衡和环境管理等方面。社会影响评价是对社会经济发展的有形和无形的效益与影响进行评价,即对体育旅游项目举办、建成或投资后对所在地的体育旅游业发展,以及对社会、经济、环境产生的实际影响进行综合评价,据此判断体育旅游项目的决策宗旨是否实现。北京市副市长陈刚表示,北京奥运场馆的赛后利用,社会效益、经济效益和环境效益同等重要。赛后利用将遵循四项原则:场馆的公益性、公众性原则;场馆运行的市场化、法制化原则;在场馆运行中体现"绿色、科技、人文"三大理念的原则;将场馆利用与城市功能定位、产业发展方向相结合的原则。

奥运会和残奥会对北京产生了巨大的影响,无论是对经济、环境,还是对社会风貌等。自2001年以来,北京的城市基础设施建设投资巨大,北京市的空气质量、交通、绿化、城市面貌等都发生了很大的变化,这座城市毫无疑问将由此长期受益。

结合历届奥运会的经验,奥运会对于全民健身将起到极大的促进作用。仅北京市新增的12处场馆,新增建筑面积达到71.7万平方米,这些都将为开展全民健身活动提供便利条件。而北京残奥会的举办,不仅使北京的无障碍设施一举达到世界先进水平,残疾人运动员在场上的拼搏精神,也让所有中国人收获了感动,这些都是奥运会留给我们的遗产。成功举办一届奥运会,留下的绝不仅仅是物质财富,其精神遗产同样宝贵。中国奥委会名誉主席何振梁说:"奥运会给北京和中国带来的影响,是全面和多方位的,可能会持续10到20年的时间。"

第十三章

项目管理职业资格认证

一、项目管理资格证书的作用与意义

1. 对个人

项目管理专业人员已成为企事业单位争夺人才资源的热点,项目经理已成为"黄金职业"。美国《财富》杂志曾断言:项目经理将成为21世纪最佳职业。项目管理是对项目管理人员知识、能力及经验的认可与证明,参加项目管理资格认证的过程是掌握项目管理的思想方法、提高工作能力的一项非常有效的途径。通过项目管理系统培训,证明你已经具备了一种全新的能力,懂得并掌握如何把各种系统、方法和人员有效地结合在一起,在规定的时间、预算和质量目标范围内完成项目和各项工作。项目管理是通向成功之路的"金牌证书",是项目管理人员的国际通行证。

2. 对组织

经济全球化及市场竞争的加剧,使得商业环境发生了根本变化。企事业单位组织机构更加庞大,关系更加复杂,跨行业、跨部门的工作日益增多,产品开发转向以团队为主,降低成本、增强企事业竞争力的压力也日益增大。这使得以项目为中心的组织管理模式更加适合组织的发展和竞争的需要,而组织是否拥有大量优秀的项目管理人员成为企事业单位生存、发展及参与国际竞争的关键。在项目管理领域,企事业单位需要一种行业标准,需要一种认可和证明,证明组织内项目管理人员个人在项目管理方面的知识、能力和水平。项目管理给项目管理人员提供了一个国际认可的标准,获项目管理资格证书人员的多少也必将成为一个企业的形象标志。

3. 在全球

在 PMI 的推动下,项目管理资格认证在西方已经超过 MBA、MPA,成为一种"金牌证书"。项目管理已在航天、电子、通信、计算机、软件开发、建筑、制药、金融等行业甚至政府机关内广泛应用。许多世界上著名的大公司如摩托罗拉、朗讯、虹志、摩根·斯坦利、惠普、诺基亚、贝尔乃至美国白宫、美国能源部和世界银行都采用项目管理的模式运作,并要求有关项目管理人员必须拥有项目管理资格证书。项目管理资格认证目前已被全球许多国家及项目管理界人士所认可,在世界各地区和跨国公司是可通用的认证。

二、项目管理资格证书的特点

1. 具有专业资质认证的权威性

中华人民共和国劳动和社会保障部是国内唯一具有颁发国家职业资格证书职能的权威机构。

2. 具有系统完善的认证标准

将知识和经验分为若干个核心要素及若干个附加要求进行考核。对中级以上还需对应试者的专业素质和能力水平及总体印象等各个方面进行综合考察。

3. 资质能力的划分更为科学

项目管理资格的每级证书分别表明了项目管理专人员的执业资质水平,中级以上还注明了专业方向。因此,项目管理资格证书更具科学性与合理性。

4. 培训考试体系完整

项目管理资格的培训考试采取标准授权方式,所有培训考试定点机构均需经过劳动社会保障部国家职业技能鉴定中心项目管理专业资格认证管理办公室审核、考察及认可。所有申报人员均需经过授权机构统一培训、统一考核及全国统考,从而确保了项目管理师证书的质量和含金量。

5. 认证程序严格、系统且完善

对每一级项目管理人员的认证程序都有严格的要求,其专家委员会集中了国内最负盛名的专家、教授和管理师,可以保证认证的公证、透明和有效性。

6. 是项目管理专业人员执业、求职、任职和发展的通行证

项目管理师资格证书是项目管理人员执业、求职、任职和发展的通行证,

是国内各企事业机构招聘人才的重要参考依据,国家承认,全国范围有效。毫无疑问,随着项目管理资格认证工作的逐步开展,项目管理资格证书将会具有更为广泛的社会影响力和社会认可度。

在项目管理界,企事业组织需要一种行业标准,需要一种认可和证明。能够证明组织内管理人员在项目管理专业方面的知识、能力、经验和创新意识,而项目管理师给管理人员提供了一个国内公认的标准,获得项目管理师证书人员的多少也必将成为一个企业的形象标志。

三、项目管理资格认证的类型

1. 中国项目管理师

中国项目管理师是由中华人民共和国劳动和社会保障部在全国范围内推行的国家职业资格认证体系,具有广泛的代表性和权威性,代表了当今国内项目管理专业资质认证的最高水平。项目管理师证书已成为项目管理人员执业、求职、任职的资格凭证,项目管理师证书是用人单位招聘录用人才的主要依据,国家承认,全国范围有效。

该职业共设四个等级:项目管理员(国家职业资格四级)、助理项目管理师(国家职业资格三级)、项目管理师(国家职业资格二级)、高级项目管理师(国家职业资格一级)。每个等级分别授予相应级别的证书。

劳动和社会保障部国家职业技能鉴定中心集中了一批国内项目管理领域知名的优秀专家,建立了项目管理资格认证专家委员会。该委员会进行了长达两年的不懈努力和科学论证,编写了《项目管理师国家职业标准》,并编撰了《项目管理师资格认证试用教材》。中国项目管理师培训考试采取标准授权方式,所有培训考试定点机构均需经过劳动和社会保障部国家职业技能鉴定中心项目管理专业资格认证管理办公室审核、考察及认可。

中国项目管理师突出了三种能力的培养:

(1) 良好的沟通能力,这已经成为项目管理专业人员首要的必备技能;

(2) 个人魅力,是指项目经理的个人品质对于团队的影响力;

(3) 组织能力,除了必备的专业知识和专业经验外,项目管理人员还要有较强的组织能力、宏观把握能力,对项目的框架、知识、绩效、立项、计划、执行、控制以及收尾等都要做到全盘把握。

2. 美国项目管理专业人士资格认证

PMP(Project Management Professional,PMP)考试是美国项目管理协

会(PMI)发起建立的资格认证考试,其目的是为了给项目管理人员提供统一的行业标准。PMP 于 1999 年在全球所有认证考试中第一个获得 ISO 9001 国际质量认证。除北美地区之外,南美、澳洲及亚太地区的发达国家,如日本、韩国等都以 PMP 作为衡量人才的重要标准。

PMP 考试作为项目管理资格认证考试,已在国际上树立了权威性,现在同时用英语、德语、法语、日语、西班牙语、葡萄牙语、中文等九种语言进行考试,现在全世界 130 多个国家和地区都设立了 PMP 考试机构。

创建于 1969 年的美国项目管理协会在 20 世纪 90 年代初设立了"项目管理知识体系",并健全了跨行业的"项目管理专业人员资格认证制度"。项目管理人员通过考试成为被认证的项目管理专业人员,从而为衡量合格的项目管理人员提供了客观标准。

中国首次 PMP 考试是 2000 年 6 月 11 日在北京、上海、广州、深圳举办的,共有 103 人参加。中国 31 名项目管理人员顺利通过了 PMP 考试。

美国项目管理协会(PMI)成立于 1969 年,是一个有着近 5 万名会员的国际性协会,是项目管理专业领域中最大的由研究人员、学者、顾问和经理组成的全球性专业组织。PMI 一直致力于项目管理领域的研究工作,其成员都在为探索科学的项目管理体系而努力。

PMP 需具备的知识结构如下。

1) 掌握项目生命周期

(1) 确定需求;

(2) 项目选择;

(3) 项目计划;

(4) 项目执行;

(5) 项目控制;

(6) 项目收尾。

2) 获得九个方面的基本能力

(1) 范围管理;

(2) 时间管理;

(3) 成本管理;

(4) 人力资源管理;

(5) 风险管理;

(6) 质量管理;

(7) 沟通管理；

(8) 采购管理；

(9) 集成管理。

3. 国际项目管理专业资质认证

国际项目管理专业资质认证（International Project Management Professional，IPMP）是国际项目管理协会（IPMA）在全球推行的四级项目管理专业资质认证体系的总称。IPMP 是对项目管理人员知识、经验和能力水平的综合评估，根据 IPMP 认证等级划分，获得 IPMP 各级项目管理认证的人员将分别具有负责大型国际项目、大型复杂项目、一般复杂项目或具有从事项目管理专业工作的能力。IPMP 主要在欧洲国家推行。

IPMA 依据国际项目管理专业资质标准，将项目管理专业人员资质认证划分为四个等级，即 A 级、B 级、C 级、D 级。

A 级证书对应的是认证的高级项目经理（Certificated Project Director）。获得该级认证的项目管理专业人员有能力指导一个公司（或一个分支机构）的包括有诸多项目的复杂规划，有能力管理该组织的所有项目，或者管理一项国际合作的复杂项目。

B 级证书对应的是认证的项目经理（Certificated Project Manager）。获得该级认证的项目管理专业人员可以管理一般复杂项目。

C 级证书对应的是认证的项目管理专家（Certificated Project Management Professional）。获得该级认证的项目管理专业人员能够管理一般非复杂项目，也可以在所有项目中辅助项目经理进行管理。

D 级证书对应的是认证的项目管理专业人员（Certificated Project Management Practitioner）。获得该级认证的项目管理人员具有项目管理从业的基本知识，并可以将其应用于某些领域。

References

[1] Project Management Institute(项目管理协会). 项目管理知识体系指南（PMBOK 指南）[M]. 许江林,等,译. 5 版. 北京:电子工业出版社,2013.

[2] 哈罗德·科兹纳. 项目管理:计划、进度和控制的系统方法[M]. 杨爱华,等,译. 11 版. 北京:电子工业出版社,2014.

[3] 科丽·科歌昂,叙泽特·布莱克莫尔,詹姆士·伍德. 项目管理精华:给非职业项目经理人的项目管理书[M]. 张月佳,译. 北京:中国青年出版社,2016.

[4] 康路晨,胡立朋. 项目管理工具箱[M]. 2 版. 北京:中国铁道出版社,2016.

[5] 孙科炎. 华为项目管理法[M]. 北京:机械工业出版社,2014.

[6] 克拉克·A 坎贝尔,米克·坎贝尔. 新版一页纸项目管理[M]. 王磊,胡丽英,译. 北京:东方出版社,2016.

[7] 王京刚. 项目管理实用必备全书[M]. 北京:民主与建设出版社,2014.

[8] 杰克·R 梅雷迪思,小塞缪尔·J 曼特尔. 项目管理:管理新视角[M]. 戚安邦,译. 7 版. 北京:中国人民大学出版社,2011.

[9] 克利福德·格雷,埃里克·拉森. 项目管理[M]. 郝金星,等,译. 4 版. 北京:人民邮电出版社,2013.

[10] 马克·莱顿. 敏捷项目管理:从入门到精通实战指南[M]. 傅永康,郭

雷华,钟晓华,译. 北京：人民邮电出版社,2015.

[11] 蒋昕伟. 漫画中国式项目管理[M]. 北京：东方出版社,2013.

[12] 戚安邦. 项目管理学[M]. 2版. 北京：科学出版社. 2017.

[13] 琳达·克雷兹·扎瓦尔,特里·瓦格纳. 从PMP到卓越项目经理：项目管理实战技巧与案例解析[M]. 郑佃锋,李利玲,李小玲,译. 2版. 北京：电子工业出版社,2015.

[14] 房西苑,周蓉翌. 项目管理融会贯通[M]. 北京：机械工业出版社,2010.

[15] 康路晨. 华为项目管理之道[M]. 北京：中国铁道出版社,2017.

[16] 詹姆斯·P 克莱门斯,杰克·吉多. 成功的项目管理[M]. 张金成,杨坤,译. 5版. 北京：电子工业出版社,2012.

[17] 克利福德·格雷,埃里克·拉森. 项目管理教程（双语教学版）[M]. 王立文,徐涛,张扬,译. 5版. 北京：人民邮电出版社,2012.

[18] 辛西娅·斯塔克波尔·斯奈德. 活用PMBOK指南：项目管理实战工具[M]. 赵弘,刘露明,译. 2版. 北京：电子工业出版社,2014.

[19] 哈罗德·科兹纳. 项目管理案例集[M]. 王丽珍,陈丽兰,译. 4版. 北京：电子工业出版社,2015.

[20] 娄·拉塞尔. 成功项目管理实用经典10步骤[M]. 陈俐,译. 北京：中国铁道出版社,2014.

[21] 加里·R 希肯斯. 项目管理：24步助你轻松搞定任何项目[M]. 张华,译. 北京：清华大学出版社,2013.

[22] 郭俊华. 公共项目管理[M]. 北京：上海交通大学出版社,2014.

[23] 张富民. 高效运作项目管理办公室：PMO实践、案例和启示[M]. 2版. 北京：电子工业出版社,2016.

[24] 孟宪和,曹蕾. 社会公众活动项目管理[M]. 北京：中国建筑工业出版社,2015.

[25] 秦椿林,张瑞林. 体育管理学[M]. 北京：高等教育出版社,2002.

[26] 秦椿林. 体育项目管理[M]. 北京：高等教育出版社,2005.

[27] 张瑞林,秦椿林. 体育管理学[M]. 2版. 北京：高等教育出版社. 2008.

[28] 约翰·艾伦,等. 大型活动项目管理[M]. 王增东,杨磊,译. 2版. 北京：机械工业出版社,2012.

[29] 罗伊玲. 节事活动策划与管理[M]. 武汉:华中科技大学出版社,2016.

[30] 瓦根. 活动项目策划与管理:旅游、文化、商务及体育活动[M]. 宿荣江,等,译. 北京:旅游教育出版社,2004.

[31] 黄海燕. 体育赛事管理[M]. 北京:人民体育出版社,2012.

[32] 陶卫宁. 体育赛事策划与管理[M]. 重庆:重庆大学出版社,2015.

[33] 刘清早. 体育赛事运作管理流程[M]. 北京:人民体育出版社,2010.

[34] 刘清早. 体育赛事运作管理手册[M]. 北京:人民体育出版社,2009.

[35] 刘清早. 体育赛事主题活动运作管理[M]. 北京:人民体育出版社,2013.

[36] 王守恒,叶庆晖. 体育赛事管理[M]. 北京:高等教育出版社,2007.

[37] 樊智军. 体育赛事的组织与管理[M]. 北京:人民体育出版社,2007.

[38] 陈帅. 我国大学生体育赛事项目管理研究[D]. 长春:东北师范大学,2012.

[39] 田刚. 大型体育赛事项目管理研究[D]. 南京:南京理工大学,2008.

[40] 汪力. 项目管理方法在2009上海ATP1000网球大师系列赛中的运用[D]. 上海:上海体育学院,2010.